Das Exempel der obsessiven Trauer

Textzeugnisse und Lebenszusammenhänge

In Erinnerung an Adalbert Adolf

Maria Christa Maennersdoerfer

Das Exempel der obsessiven Trauer

Textzeugnisse und Lebenszusammenhänge

Mit einem Geleitwort von Wolfgang Brückner

Peter W. Metzler Verlag

Die Deutsche Nationalbibliothek
verzeichnet das Werk in der Deutschen Nationalbibliographie
http://d-nb.de
Maennersdoerfer, Maria Christa:
Das Exempel der obsessiven Trauer
Textzeugnisse und Lebenszusammenhänge
Geleitwort von Wolfgang Brückner
Mit 13 Abbildungen
Duisburg: Metzler, Peter W., 2011
ISBN 978-3-936283-14-3

Abbildungsnachweise

Histoire de la veuve de Jérusalem et de ses cinq fils. 9. Jahrhundert.
Manuscrits orientaux, Codex syriaque 234, fol. 291a bis 293a.
Copyright © Bibliothèque nationale de France, Paris.

Thomas Cantimpré/Thomas Cantipratensis: Bonum universale
de apibus. Exempel. Blätter 129 v und 130 r, Köln, um 1473.
Abteilung Handschriften und Rara, Inc. 1151.
Copyright © Universitäts- und Landesbibliothek Bonn.

Jean Gerson: Gerson preaches to the people. Ms. 230, f. 39, ca. 1425.
Sermons sur la passion. Ms. 230, f. 57, ca. 1480.
Copyright © Bibliothèque de Valenciennes.

Titelblatt: Doctor keyserspergs Trostspiegel. Straßburg 1503.
Historische Sammlungen, Signatur UB Freiburg: 16./17. Jh. O 5535, ba.
Copyright © Universitätsbibliothek Freiburg im Breisgau.

Threnen-Krüglein. Druckschrift: Gregorius Ritzsch, Leipzig 1627, pp.
Copyright © Ratsschulbibliothek Zwickau, Sachsen.

Friedrich Beck: Das Thränenkrüglein. München 1856. Handschrift.
Goethe- und Schiller-Archiv, Nr. GSA 96/4372.
Copyright © Klassik Stiftung Weimar.

Redaktionelle Beratung: Nino Sologashvili
Gestaltung und Satz: Nicole Gehlen, königsblau-design, Heidelberg
Umschlagfoto: Reiner Wirtz
Printed in Germany 2011

ISBN 978-3-936283-14-3
www.metzler-verlag.de

Inhalt

Geleitwort

»Das Exempel« vom Tränenkrüglein oder Totenhemdchen möchte zugleich ein Exempel für moderne philologisch-volkskundliche Motiv- und Typenanalyse sein, wie sie in der *Enzyklopädie des Märchens. Handwörterbuch zur historischen und vergleichenden Erzählforschung* praktiziert wird und für das die Autorin, Frau Dr. Maria Christa Maennersdoerfer, schon Artikel geliefert hat. Ihre Vorstudien zur Typologie der Geschichte vom »Tränenkrüglein« (internationale Katalogisierung im ATU = Nr. 769) sind im *Jahrbuch für Europäische Ethnologie* der Jahrgänge 1 bis 3 erschienen. Nun breitet sie das von ihr eruierte Textcorpus der langen Wanderungsgeschichte durch die europäische Literatur zwischen dem 9. und dem 21. Jahrhundert aus, um an diesen Textzeugnissen die Lebenszusammenhänge »obsessiver Trauer« in Vergangenheit und Gegenwart zu demonstrieren.

Sie tut das nach eingehenden methodischen und theoretischen Erörterungen zur Absicherung der nachfolgenden Interpretationen. Es geht um die psychische Verarbeitung von Kinderverlust untröstlicher Mütter durch eine Beispielgeschichte, die im Verlauf der Jahrhunderte zeittypische Veränderungen erfahren hat in »verschiedenartigen, nebeneinander herlaufenden Gattungen und Textsorten: didaktisch-moralische Erzählung, Predigtexempel, vertontes Epicedium, populäres Flugblattlied, ‚konsolatorischer Brief', ‚geistliches Lied', Gelegenheitsgedicht, Märchen und ‚Volkverhal' in der Aufzeichnung der wissenschaftlichen Feldforschung. Das Internet schafft keine neue Gattung, aber einen neuen Gebrauch, der webseitenimmanent ablesbar ist.«

Ausgehend von der älteren geographisch-historischen, der sogenannten finnischen Methode der Erzählforschung, hat die Autorin jene Textverbreitungsübersicht mit Variantenvergleich und Requisitverschiebungen dazu genutzt, weitergehende, tieferlotende moderne Fragestellungen an das hier ausgebreitete Material zu stellen, sodass sie zu folgender Schlussaussage gelangt: »In seinem Kerngedanken beschreibt das Exempel den Lehrauftrag des Christentums von der Auferstehung Jesu als Ur-Trost der Menschheit. In diesem Zusammenhang geht die Geschichte über die Darstellung des

Frauenschicksals hinaus und umfasst textüberschreitend die allgemeine conditio humana von Leid und Tränen. Das Exempel bleibt in seiner Einfachheit lebensbezogen und wirkt vitalisierend, weil es der auszehrenden obsessiven Trauer einen Überlebensentwurf entgegenzusetzen hat.«

Die Studie verspricht tatsächlich ein Exempel sein zu können.

Würzburg, im Oktober 2010

Wolfgang Brückner

Vorwort

Die vorliegende Studie entstand aus zwei Aufträgen verschiedenen Ansatzes, die sich in ihrer Widersprüchlichkeit gleichermaßen belebt und gerieben haben. Da war erstens mein selbst gestellter Auftrag, dem Plot eines Grimm-Textes aus dem 19. Jahrhundert nachzugehen, von dem eine durch die Darstellung nicht gerechtfertigte Faszination übersprang. Die Unstimmigkeit der Textstruktur und die emotionale Unstimmigkeit von Kälte und Weinerlichkeit des ‚Totenhemdchens' provozierten die Suche nach unverfälschten Formen. Diese Suche musste an den diskontinuierlich vorhandenen Quellen ansetzen und in einer philologisch-archäologischen Spurensuche den leicht zu übersehenden Hinweisen folgen. Die Zusammenstellung vorhandener und das Aufspüren unbekannter Texte bot zwei Überraschungen: eine weit zurückreichende historische Komplexität und eine spirituelle Kraft, die erstaunlicherweise die einfachen populären Texte in ihren verschiedenen Facetten und Qualitäten über sich hinauswachsen ließen. Die Wertigkeiten der Texte rechtfertigten den hohen Arbeitsaufwand dieser Studie.

Es galt, nicht nur die Texte sprechen zu lassen, sondern auch die Bedingungen zu erforschen, welche sie ins Leben gerufen haben und immer noch wirken lassen. Das Rüstzeug für diese Untersuchungen bieten die Methoden der neueren Erzählforschung. Grundlegend sind die Methoden der philologischen Textanalyse, welche das in vielen Sprachen Gesagte und Geschriebene beim Wort nehmen. Ihnen gleichrangig zugeordnet sind die Methoden, welche individuelle Biographien, gesellschaftliches Leben und kulturelle Prägungen in ihren historischen Bedingtheiten und Performanzen rekonstruierend ins Auge fassen und zueinander in Vergleichsbeziehungen setzen. Dieses komplexe Geflecht findet seinen einfachen Fluchtpunkt in Thomas Cantimprés Aussage »Matris relatione didici quod narro – Aus einer Erzählung meiner Mutter habe ich erfahren, was ich jetzt erzähle«.

Mein zweiter Auftrag war eng verbunden mit der *Enzyklopädie des Märchens* und der Ausarbeitung des Stichwortes »Tränenkrüglein», das in 156 Zeilen à 45 Anschlägen auszuführen war. Diese Aufgabe verlangte von mir außer lexikalischer Kürze und Prägnanz eine Kenntnis des AaTh/ATU-Ansatzes, der mit der ‚geographisch-historischen Methode' der Folkloristik korrespondiert. Diese altbewährten Modelle erwiesen sich als hilfreiche, disziplinierende und arbeitsökonomische Stützen, die mir wichtig waren, um sie aber gleichzeitig zu überschreiten. Zu dem ersten erzählerischen Topos Cantimprés gesellte sich so mit der Sigle AaTh/ATU 769 ein zweiter, aus der Wissenschaftstechnik abgeleiteter Topos. Hierzu musste ich mir zunächst die entsprechende Methodologie vor Augen halten.

Siegburg, im Oktober 2010

Maria Christa Maennersdoerfer

Einführung

Der Komplex der obsessiven Trauer ist in mehrfacher Hinsicht zu spezifizieren: Er ist Teil weltweiter Glaubensvorstellungen in Wort, Bild und Brauchtum. Er ist Teil der mündlichen Überlieferung und der schriftlichen Literatur, in welcher diese Obsession in den verschiedensten Geschichten thematisiert wird. Er ist Gegenstand einer spezifischen erzählerischen Darstellung: In verschiedenen Varianten wird ‚eine Geschichte' erzählt, welcher in der Folkloristik die Typennummer AaTh 769 bzw. ATU 769 zugeordnet worden ist.

> *Eine Frau trauert obsessiv um ihr verstorbenes Kind. Sie beendet ihr endloses Weinen erst, nachdem das tote Kind sie in einer Vision darauf hinweist, dass sie damit sich selbst und auch ihm schade, weil es dadurch an der Glückseligkeit des Himmels gehindert werde.*

Diese ‚eine Geschichte' – im Folgenden *Referenzgeschichte* genannt – ist Gegenstand der vorliegenden Studie, die historisch und vergleichend angelegt ist. Das Fundament ihrer Methodologie liegt in dem Methodenspektrum, welches in der folkloristischen Typen- und Motivforschung sowie im Thesaurus der *Enzyklopädie des Märchens* entwickelt worden ist. Folgende Merkmale sind für diese Methodologie charakteristisch: systematische Verdichtung der Stoffdiskussion, Präzisierung der Terminologie, Vernetzung durch Querverweise, weiterführende Literaturangaben. Jene Artikel der Enzyklopädie, die den Typenstudien zuzuordnen sind, werden in ihrem Kern geprägt von den gültigen Prinzipien und Parametern einer sich erneuernden geographisch-historischen Methode sowie von der Themen-, Typen- und Motivforschung. Die vorliegende Studie erweitert diese Parameter um die Arbeit mit Originaltexten und um die Bestimmung ihres jeweiligen ‚Sitzes im Leben'.

1. Methodologie der historisch-vergleichenden Erzählforschung

1.1. Die analytischen Konzepte Variante, Erzähltyp und Motiv

Geschichten, die aufgrund struktureller und inhaltlicher Merkmale zusammengestellt und aufeinander bezogen werden können, heißen in der Terminologie der Erzählforschung ‚Varianten'. Varianten leben vom Vergleich und vom Kontrast und können darum nur in Bezug zueinander existieren. Sie vervollständigen sich gegenseitig in der Vielheit und Variabilität ihrer korrespondierenden Inhalte und vermitteln so in ihren jeweils unterschiedlichen Akzentuierungen das Gesamtbild einer Geschichte über Zeiten und Kulturen hinweg. Alle diese Varianten erzählen ‚diese eine Geschichte'.

Aus dem jeweils zusammengestellten Corpus von Varianten konstruiert die Erzählforschung den Erzähltyp (kurz Typ), indem sie Geschichten auf ihr erzählerisches Skelett reduziert. Der ‚Typ' ist eine abstrakte Einheit im Sinn eines wiederkehrenden und wiedererkennbaren semantischen Grundgerüstes. Dieses Gerüst ist in den meisten Erzählungen aus mehreren Episoden zusammengesetzt, die wiederum durch ‚Motive' getragen werden. Manche Erzähltypen sind so distinkt, dass sie keinerlei Motive miteinander teilen, andere Erzähltypen können dagegen motivische Verknüpfungen teilen. Einige Typen sind einepisodisch, d. h. nur mit einem einzigen Hauptmotiv ausgestattet.

Motive sind kleinere stoffliche Bauteile, welche eine Geschichte inhaltlich aufbauen. Motive lassen sich von Geschichte zu Geschichte, von Variante zu Variante und von Typ zu Typ miteinander vergleichen. Motive sind nur dadurch existent, dass sie als solche erkannt und benannt werden. Es ist die Erkenntnisabsicht des Forschers, die zu konkreten textsprachlich nahen Formulierungen oder aber zu abstrakten Formulierungen führt. Der Literaturwissenschaftler Ulrich Mölk (vgl. 1996: 1327) spricht hier von einem »beliebig hohen Raffungsniveau« und von der »Verantwortung des Interpreten«, ein Motiv zu formulieren. Motivformulierungen finden sich in Studien- und Referenzwerken der Erzählforschung und der Literaturwissenschaft, in Indizes und Lexika. Alle diese Vorgaben lassen sich immer wieder durch neue, aus den Texten selbst abgeleitete Formulierungen erweitern, über deren Praktikabilität die weitere Forschungsdiskussion entscheidet (vgl. Mölk 1996: 1328–1329).[1]

Die Konzepte ‚Variante' und ‚Typ' wurden von Antti Aarne zu Beginn des 20. Jahrhunderts als methodische Grundbestandteile der ‚Finnischen Schule' initiiert. Diese Methode war schon von den Brüdern Grimm vorgebildet worden. Sie hatten ihre *Kinder- und Hausmärchen* (KHM) durchnummeriert und ihren Erzählungen deutsche, europäische und später außereuropäische Varianten zugeordnet, welche sie in langwierigen Recherchen ermittelt hatten. Ihre Ergebnisse veröffentlichten sie zunächst in einem Anhang (vgl. Grimm 1812/15, II: LXI bis LXX), schon zehn Jahre später in einem eigenen dritten Annotationsband. Die zunehmend angehäuften Textmengen wurden von Johannes Bolte und Jirí Polívka in einem fünfbändigen Makrokommentar den Grimm'schen Referenztexten zugeordnet (vgl. Bolte & Polívka 1912–32).[2] Angeregt durch die Sammelaufrufe der Grimms und von dem Wunsch beseelt, sich auch in ihren Volkserzählungen als Nation definieren zu können, waren in einigen europäischen Ländern große Sammlungen entstanden. So wurde es zwingend notwendig, die Textmassen dieser Archive im Sinn einer bürokratischen Verwaltung zu ordnen, welche im Zeitalter der Industrialisierung verschiedene Verfahren entwickelt hatte, zum Beispiel Rechtschreibnormen, Klassifikationssysteme und verschiedene bürotechnische Rationalisierungsverfahren.

In der Archivorganisation der Erzählforschung übernahm der Finne Antti Amatus Aarne mit seinem *Verzeichnis der Märchentypen* (1910) eine Vorreiterrolle. Während sich sein Lehrer Kaarle Krohn bei Archivierung und Analyse auf das finnische Erzählgut beschränkt hatte, berücksichtigte Aarne darüber hinaus auch den internationalen Rahmen von Archivalien und Vergleichsperspektiven. Am 23. Juni 1908 schrieb Aarne an Krohn:

> »Als ich mich der handschriftlichen Märchensammlungen der Finnischen Literaturgesellschaft bediente, machte ich die Beobachtung, wie viel Mühe das Aufsuchen der Varianten verursacht und wie wenig Nutzen Ausländer davon haben, da sie nirgends erfahren können, was jene Sammlungen eigentlich enthalten. Zur Entfernung dieses Übelstandes kam mir der Ausweg in den Sinn, welchen ich hier mitteilen will, um zu erfahren, wie Du darüber

> denkst. An eine Herausgabe der einzelnen Varianten in deutscher oder irgendeiner anderen allgemein bekannten Sprache ist wohl wegen der hohen Kosten nicht zu denken; doch wäre es wohl schon eine grosse Hilfe, wenn man ein deutsches Verzeichnis über die verschiedenen Märchensammlungen und die in ihnen befindlichen einzelnen Märchen veröffentlichen würde. Trüge jedes Märchen einen von Sachkennern gegebenen treffenden Namen, so würde durch ein derartiges Verzeichnis der Inhalt unserer Sammlungen der ganzen Welt aufgedeckt werden. Ein ausländischer Forscher brauchte dann nur sich die nach dem Verzeichnis bestimmten Varianten aus unseren Sammlungen zu verschaffen. Ich glaube bestimmt, dass ein mit Sachkenntnis zusammengestelltes Verzeichnis grossen Nutzen bringen und im Auslande viel Aufsehen erregen würde.«[3]

Für sein Verzeichnis teilte Aarne die Märchen zunächst ihrem Inhalt entsprechend in drei Typen-Hauptgruppen ein.[4] Aarnes System bestand darin, dass er jedem einzelnen Typ sowohl seine Nummer als auch seinen Titel zuteilte. Die dem Erzählschema entsprechenden Varianten wurden geographisch und

---

[1] Der Folklorist will Textmassen klassifizieren, archivieren und vergleichen; er braucht Kompatibilität mit anderen Folkloristen. Der Literaturwissenschaftler und Philologe will ein Textcorpus qualitativ und aus der Textbasis selbst heraus analysieren. Die hoch komplexe Diskussion um den schwer zu definierenden Begriff ‚Motiv' zeigt auch der *EM*-Artikel von Natascha Würzbach (1999), die folkloristische und literaturwissenschaftliche Perspektiven miteinander kombiniert.

[2] Die Grimm-Variante zu AaTh/ATU 769 trägt die Sigle KHM 109, ‚Das Todtenhemdchen'. Bolte und Polívka fügen ihr in Band II (1915) eine Reihe von deutschsprachigen, flämischen, französischen und slawischen Textbelegen zu; alle stammen aus dem 19. Jahrhundert (Bolte & Polívka 1915: 485–490). Vgl. Uther, Hans-Jörg. 2008. Handbuch zu den ‚Kinder- und Hausmärchen' der Brüder Grimm.

[3] Zitiert in Krohn (1926b: 8–9, Kursivdruck ist Sperrdruck im Original).

[4] Hauptgruppen: I. Tiermärchen, II. Eigentliche Märchen, III. Schwänke. Die zweite Gruppe wurde weiter unterteilt: A. Zaubermärchen, B. Legendenartige Märchen, C. Novellenartige Märchen, D. Märchen vom dummen Teufel.

bibliographisch ihrem Typ zugeordnet. Im Jahr 1913 hat Aarne sein Programm und seine Methodik in dem *Leitfaden der Vergleichenden Märchenforschung* festgeschrieben. Aarnes Name wurde Konzept.[5] Stith Thompson hat Aarnes Verzeichnis 1928 und 1961 revidiert, wesentlich erweitert und die Erzählforschung mit dem Tale-Type-Index und der AaTh-Nomenklatur international standardisiert.[6] Thompsons weiterführende Erkenntnis war, dass nicht nur Typen, sondern auch Motive (motifs) als untergeordnete Einheiten der Typen für die Analyse der Herkunftsorte und für die Verbreitungswege der Märchen von Bedeutung sind. Darum ließ er seinem Typenindex in den 1930er-Jahren den fünfbändigen *Motif-Index of Folk-Literature* folgen, dessen revidierte sechsbändige Fassung das derzeit gültige Referenzwerk ist. Die letzte große Revision des Aarne-Thompson-Index wurde im Jahr 2004 von Hans-Jörg Uther mit seinem dreibändigen Index *The Types of International Folktales* und der neuen Nomenklatur ATU realisiert.

[5] Vgl. Rausmaa (1969/70: 35).

[6] Weitere Präzisierungen der Methode wurden von Kaarle Krohn *(Die folkloristische Arbeitsmethodik,* 1926a) und bürokratisch penibel von Walter Anderson *(Die geographisch-historische Methode,* 1934/40) ausgearbeitet.

1. 2. Die geographisch-historische Methode und ihre Kritik

Parallel zur Verwaltung des Archivs entwickelte Aarne auch das Anwendungsfeld für seine Typenklassifikation. Es galt, geographische und historische Zuordnungen für die immer gewaltiger werdende Masse der international gesammelten Märchen aufzustellen. Für jedes einzelne Märchen sollten nicht nur sein historischer Entstehungsort, sondern auch seine durch Aufzeichnungsorte markierten Wanderwege ermittelt werden. Diese Bedingungen machen die Typenmonographie zum wichtigsten Medium der Erzählforschung im Sinn der historisch-geographischen Methode: Der nummerierte und durch den Titel beschriebene Erzähltyp steht im Zentrum der Monographie, alle Textquellen, die seinem Handlungsschema entsprechen, werden gesammelt, katalogisiert und systematisiert. Antti Aarne selbst war es, der die erste Typenmonographie veröffentlicht hat: *Der tiersprachenkundige Mann und seine neugierige Frau* (1914). Einige der weiteren Leitfassungen waren: Kurt Rankes *Die zwei Brüder* (1934); Warren Roberts' *The Tale of the Kind and the Unkind Girls* (1958); Christine Goldbergs *The Three Oranges* (1997). Kennzeichnend für diese Monographien aus der Reihe Folklore Fellows' Communications sind:

- eine immense Menge an kürzeren oder längeren (Goldberg-)Inhaltsangaben
- die Aufgliederung der Geschichte in ihre Motive
- Hypothesen zu Herkunft und Ausbreitung der Märchen; historisierende Tendenzen durch Bezugnahme auf jahrhundertealte Erzählwerke der Weltliteratur, zum Beispiel Giovanni Boccaccio, Decamerone (1348/53) Giambattista Basile, Pentamerone (veröff. 1634/36)
- ‚Rekonstruktion' der diachron konzipierten ‚Urform' (Aarne, Ranke)
- Konstruktion der synchron gedachten ‚Normalform' (Roberts, Goldberg)

Die neue dynamische Sichtweise der Performanz- und Kontextforschung (1960er-/1970er-Jahre) revolutionierte die gesamte Erzählforschung und forderte ihre Weiterentwicklung. Auch die alte geographisch-historische Methode samt Typenindex und Typenmonographie wurde einer durchgreifenden Kritik unterzogen. Lutz Röhrich (1984) hat zusammenfassend folgende Hauptpunkte der Kritik referiert:

- Rekonstruktion einer Urform, in die allgemein allzu wenig objektive historische Fakten und allzu viel subjektive Interpretation eingegangen sei. Über einen Ursprungsort und eine Ursprungszeit vermöge sie nur in einigen günstig gelagerten Fällen Auskunft zu geben.
- Verkennung der Kreativität des Erzählers, der seine Geschichte immer wieder neu akzentuieren könne, ohne sich sklavisch an ‚ein Original' halten zu müssen
- »sinnlose Materialanhäufungen« mit einer gewissen Unlesbarkeit der Monographien
- Verzerrungen der Ergebnisse durch ungleiche Dokumentationsstände innerhalb der einzelnen Länder des indoeuropäischen Kontinuums
- unkritische Vermischung von mündlich und schriftlich verfassten Textformen, von denen erstere als dominant und ‚älter' angesehen wurden
- unklare Überlappungen zu anderen Erzähltypen
- Idee der ‚Kontamination' gegenüber der ‚Reinheit' von Texten
- allzu lineare Vorstellungen von Ausbreitung[7].

Gerade durch die berechtigte und erfrischend polemisch vorgebrachte Fundamentalkritik hat die Typenuntersuchung neue Impulse bekommen. Im Gegensatz zu der älteren Folkloristik steht nun nicht mehr ‚das Märchen' für sich allein als autonomes Gebilde im Interesse der Forschung, sondern auch die hinter seinen Varianten stehende Kultur- und Mentalitätsgeschichte.[8] Ein selbstverständlicher, ebenfalls neu hinzukommender Bereich ist die literarisch-künstlerische Adaptionsfähigkeit der Texte, die durch Einzelfelder der Kontextforschung bestimmt wird. Die moderne Folkloristik strebt dabei auch eine eindeutig definierte Fachterminologie an, während die frühere Folkloristik aus praktischen Gründen noch Unschärfen dulden konnte (und wollte).

Typenmonographien und -indizes besitzen nicht mehr die normative Autorität der früheren Jahrzehnte. Sie können jedoch weiterhin Vorgaben und Anregungen für vergleichende Studien bieten. Lutz Röhrich hat eine eigenständige Form der Monographie in seinem Buch entwickelt: *Wage es, den Frosch zu küssen. Das Grimmsche Märchen Nr. 1 in seinen Wandlungen (1987).* Röhrichs Referenztext ist primär kein AaTh-Typ, sondern das KHM Nr. 1 (mit Komponenten von AaTh 433 und AaTh 441). Röhrich ergänzt die Annotationen der Grimms und von Bolte & Polívka wesentlich um Nachdichtungen, literarische Bearbeitungen, visuelle Umsetzungen, Bilder und Karikaturen. Er zeigt nicht nur die Abbildungen der Texte und Bilder, sondern vermittelt auch ihre Produktions- und Bedeutungszusammenhänge. Auf diese Weise zeigt Röhrich nicht allein das Feld von Erzähltexten; mit der Darstellung des jeweiligen ‚Sitzes im Leben' legt er gleichzeitig auch das Feld von Rezeptionsvorgängen dar.

Als Publikationstyp im Sinn der neueren Denkweise haben die zahlreichen Typenstudien der *Enzyklopädie des Märchens*[9] eine Zwischenstellung zwischen dem AaTh/ATU-Eintrag und der Typenmonographie. Bestandteile dieser Artikel sind:

---

[7] Liste nach Röhrich (in *EM* 5/1984: 1018–1025).

[8] Die frühen Verfechter der geographisch-historischen Methode begegneten der bereits zeitgenössisch geäußerten Kritik, dass ihre Methode »allzu mechanisch, allzu mathematisch, ohne tiefen Einblick in das Dichterische, das Psychologische« sei (so H. Ellekilde in Krohn 1926a: 21) mit der Feststellung: »Die Märchenforschung ist mit der Auffindung der Urform, des Entstehungsortes, der Entstehungszeit und der Wanderungswege der Märchen keineswegs erschöpft. ‚Erst danach', hat Kaarle Krohn einmal scherzhaft geäußert, ‚beginnt eigentlich die Märchenforschung' (Aarne 1914: 56).« Trotz dieser Einsicht ist die Folkloristik dann doch in der reinen Klassifikationsarbeit stecken geblieben. Zeitgleich zur Formulierung der geographisch-historischen Methode wurde zum Beispiel in der Ethnologie die ähnlich mit der Kartographie arbeitende Kulturkreislehre entwickelt (hierzu Schott 1996). Die Beziehung dieser beiden auffällig ähnlichen Methoden zueinander ist bisher nicht diskutiert worden. Ihre Klärung, die Fragen der Interdisziplinarität einschließt, bleibt daher Desiderat.

[9] Die Stichwörter für diesen Typenartikel sind deutschsprachig unter ‚Erzähltypen' in der *EM* (4, 1984: 348–375) aufgelistet.

- Stichwort, AaTh/ATU-Sigle, Typenname
- die kurze Inhaltsangabe (Normalform), die auch Alternativoptionen in der Handlungserzählung vermerkt
- die geographische Verbreitung der Erzählung, wie sie in Typenindizes, Typenmonographien und Texteditionen erkennbar wird
- Abgrenzung von anderen AaTh/ATU-Typen, evtl. Kritik der gegebenen AaTh/ATU-Klassifizierung
- Einzelmotive und ihre ökotypische Variation
- die Forschungsgeschichte der Texteditionen und Textanalysen
- literarische Ausformungen mündlichen Erzählgutes
- Merkmale des Erzählens[10]
- die wichtigsten Interpretationen (literaturwissenschaftlich, ethnologisch, psychologisch)
- Querverweise auf andere Stichwörter (Erzähltypen, Motive, Forschernamen, geographische Bezüge, Erzählstruktur, Hermeneutik)
- eine größtmögliche Bibliographie der Primär- und Sekundärliteratur nach neustem Stand.

Auf diese Weise können die enzyklopädischen Artikel dem immensen Kosmos der internationalen Märchen und ihrer Erforschung eine Struktur geben. Die *EM*-Stichwörter stehen als Mittler zwischen der notwendigerweise kurzen Anzeigefunktion der Indizes einerseits und der mehr oder weniger komplex ausgeführten Dokumentations-, Analyse- und Präsentationsfunktion der Typenmonographien andererseits. *EM*-Artikel können den noch zu planenden und neu zu erarbeitenden Monographien Anhaltspunkte und Strukturierungsmerkmale bieten.

[10] Hierzu zählen: ‚Biologie des Erzählguts' (in *EM* 2/1979), ‚Kontext' (in *EM* 8/1996), ‚Performanz' (in *EM* 10/2002) und ‚Sitz im Leben' (in *EM* 12,2/2006).

1. 3. Einordnung des Typs 769 in das System der geographisch-historischen Methode

Der Erzähltyp AaTh/ATU 769 wurde in der Forschung nicht von Anfang an als ein solcher definiert. Man sollte sich die Entwicklung dieser Sigle im Detail ansehen und beobachten, auf welche Weise der zu untersuchende Typ 769 in der GHM-Systematik Schritt für Schritt seine Konstitution, seine Konturen, seine Abgrenzung und seinen Fokus erhalten hat. Für die weitere Forschung wird Tragfähiges und Problematisches erkennbar: Es ist zu klären, in welcher Weise Typ 769 vom ersten bis zum letzten Hauptindex in dem Erscheinungszeitraum 1910 bis 2004 behandelt worden ist. Die Erörterung bezieht die *Enzyklopädie des Märchens* mit ein, die auf diesen Hauptindizes aufgebaut ist und die dem zu untersuchenden Typ den deutschen Namen »Tränenkrüglein« verliehen hat. Aufgrund des systemischen Charakters dieser historisch und wissenschaftsgeschichtlich orientierten Klärung der stufenweisen Etablierung des Typs sind nicht nur vorhandene Belege wichtig, sondern in gleicher Weise auch die Nulleinträge von Bedeutung. Signifikant ist folgende Reihe von 1910 bis 2004:

1910: Antti Aarnes *Verzeichnis der Märchentypen* (1910: 33–36), welches finnisches Erzählgut und Texte nach Grundtvig (dänisch) und Grimm (KHM) klassifiziert, gliedert unter der Kategorie »B. *Legendenartige Märchen*« die Gruppe »750–779. Gott belohnt und straft« ein. Ihre 30 angezeigten Nummern werden de facto nur durch 21 Nummern gefüllt. Zwischen den belegten Nummern 765 und 780 ist eine von Aarne nicht näher begründete Lücke gelassen, wie er denn solche Felder für spätere Einfügungen vorgesehen habe. Zu diesen Nulleinträgen gehört die Platzhalternummer 769.[11]

[11] BP II und ATU, die den Erzähltyp 769 (bzw. KHM 109) geographisch am extensivsten dokumentieren, verzeichnen für den gesamten skandinavischen, d. h. auch Aarnes finnischen, Raum keinen einzigen Beleg. Als nördlichsten Traditionsraum nennen Bolte & Polívka das Holsteinische (vgl. BP II: 487, mit der Quelle Müllenhoff 1845: 144, Nr. 196 ‚Die weinende Mutter').

1928: Die Nummer 769 fehlt ebenso in der ersten Revision von Aarnes *Verzeichnis* durch Stith Thompson im Jahre 1928, der er den international maßgeblich gewordenen Titel *The Types of the Folk-Tale* gegeben hat: Hierin wird die Lücke 765 bis 780 nur mit den Nummern 768 und 770 gefüllt. Nummer 769 wird weiter offengelassen (vgl. Aarne-Thompson 1928: 121).

1932 bis 36: Nach der Idee, dass nicht nur ganze Geschichten (‚Erzähltypen') miteinander vergleichbar sind, sondern auch ihre kleineren Bauteile, erstellt Thompson den fünfbändigen Motivindex *Motif-Index of Folk-Literature* (1932–36). Hierin verzeichnet er in Band II (1933) in der Gruppe E. *Death* das Motiv E.324 *Dead child's friendly return to parents* (das er in seinem später überarbeiteten Typenindex mit identischer Formulierung zum Erzähltyp AaTh 769 erhebt, s. Diskussion unter ‚1961').

1935: Bereits sieben Jahre nach Erscheinen des Aarne-Thompson-Index (1928) fordert man seine Revision auf dem Erzählforscherkongress in Lund 1935. Thompson übernimmt diese Aufgabe und publiziert 1938 einen ‚tentative plan', in dem er den verschiedenen Typengruppen unterschiedliche Grade der Ausarbeitung zuerkennt. Die Typengruppe 300 bis 999 erhält mit der Markierung »[to be] expanded radically« die höchste Priorität (vgl. Thompson 1938: 107). Ob er mit dem Motiv E.324 bereits den Erzähltyp vorgedacht hat, bleibt unklärbar.

1946: In seinem Einführungswerk *The Folktale* (Thompson 1946), das einen ausführlichen qualitativen Kommentar zu den bis dahin verfassten Indexwerken enthält, geht Thompson nicht auf Th-Mot E.324 und die offene Typennummer 769 ein. Allerdings diskutiert er mit dem in seinem *Motif-Index* (Bd. II, 1933) verzeichneten Motiv E.361 *Return from the dead to stop weeping* ein sehr nahe an Th-Mot E.324 liegendes Motiv (vgl. Thompson 1946: 256). Vom Titel her erfasst E.361 den zur Diskussion stehenden Erzähltyp AaTh 769 treffender als E.324; jedoch verweisen Thompsons Quellenbelege bei E.361 auf Erzählungen, die mit der Referenzgeschichte nichts zu tun haben. Hier zeigt sich die oft kritisierte Mehrdeutigkeit vieler Typen- und

Motivnummern, auf deren Feinabstimmung es Thompson unter dem Primat der praktischen Verwendbarkeit von Tausenden von Klassifikationssiglen zunächst nicht ankommen konnte. Kritik und Differenzierung können erst Aufgabe einer spezifischen Typenstudie wie der vorliegenden sein.

1956: Im erweiterten sechsbändigen *Motif-Index of Folk-Literature* (1955–58) verzeichnet Thompson in Band III weiterhin das Motiv E.324 *Dead child's friendly return to parents* (vgl. Thompson 1956, III: 431). Neben den schon 1933 genannten Quellen führt er hierunter auch drei spätere Indexwerke an, deren Autoren Thompsons Typen- und Motivschemata für ihre Klassifikation aufgegriffen hatten.[12]

1961: AaTh 769 erscheint zum ersten Mal im Index *The Types of the Folktale* von Aarne/Thompson (1961), und zwar unter dem Typennamen *Dead Child's Friendly Return to Parents* mit dem Zusatz »Frequently to stop weeping« (vgl. Aarne/Thompson 1961: 266). Mit dem Typennamen folgt Thompson dem Motivnamen von Th-Mot E.324 seiner Indizes von 1933 und 1956. Mit der Formulierung des Zusatzes folgt Thompson seiner Motivformulierung von E.361. Die unter dem Typ AaTh 769 aufgeführten Quellen sind identisch mit den Quellen der Motivindexeinträge (vgl. Thompson 1956). Zuerst wurde also das Motiv erkannt (in der Kombination von E.324 und E.361), dann

[12] Es sind folgende Werke: – (1) Der Typenindex (!) litauischer Volksmärchen von Jonas Balys (1936). Hierin wird die fragliche Nummer mit gesternter Markierung, d. h. unsicherem Klassifikationsstatus, als *769 verzeichnet. Mit dem Typennamen *The Letter of a Dead Man Released from Purgatory* und der entsprechenden Inhaltsangabe wird damit jedoch eine gänzlich andere Geschichte als AaTh/ATU 769 erzählt. AaTh und ATU katalogisieren diesen litauischen Inhalt gar nicht, d. h. weder unter einer anderen Nummer noch mit dieser Inhaltsangabe. Balys liefert keine Motivklassifikation (!). – (2) Der Motivindex mittelalterlicher spanischer Exempeltexte von John Esten Keller (1949). Er führt weder Motiv E.324 noch Motiv E.361 an, auch eine Typenklassifikation ist hier nicht gegeben. Für die Werke von Keller und Balys bleibt unklar, warum Thompson (1956) sie überhaupt unter E.324 anführt. – (3) Die Dissertation des Thompson-Schülers Ernest W. Baughman (1953), die englische und nordamerikanische Volkserzählungen nach Typen und Motiven klassifiziert. Hier erscheint das Motiv E.324 (aber nicht der Typ AaTh 769).

folgte daraus 1961 bei unveränderter Quellengrundlage und ohne weitere Reflexion die Etablierung des Typs AaTh 769. Die Belege für diese Motive und für den Typ stammen teils aus verschiedenen europäischen (England, Irland u. a.) und außereuropäischen Erzählkulturen (China, Pawnee-Indianer, Eskimo) teils aus Bolte & Polívka (vgl. BP II: 465 f.), welche europäische und außereuropäische Text- und Motivbezüge zu KHM 109 verzeichnen. Die Überprüfung aller über Europa hinausgehenden BP- und AaTh-Belege ergab, dass die jeweiligen Erzählungen nicht nur die Referenzgeschichte erzählen, sondern auch alle möglichen anderen Geschichten um das Beweinen von Toten. Thompson hat in AaTh 769 also eine relativ große Kategorie gesehen, in die er sowohl die Varianten der vorliegenden Studie als auch diverse andere Geschichten eingeordnet hat. Aus der Sicht der vorliegenden Studie ist außer dieser Unschärfe der Einordnung auch Thompsons Typenname zu kritisieren, der ausschließlich auf das Kind als Handlungsträger fokussiert und so die Doppelpoligkeit der Handlungsträger ‚Mutter ↔ Kind' außer Acht lässt.

1972 und 1984: Zu der gleichen Zeit, als Thompsons Typen- und Motivklassifikation auf dem Gipfel ihrer Anerkennung steht und weltweit das führende Modell der Erzählforschung darstellt, arbeitet der Göttinger Erzählforscher Kurt Ranke seit 1955 an der Idee, Motive, Typen, Stoffe und andere Merkmale der Erzählungen der Welt in einer Enzyklopädie zu erfassen. Als Nachfolgewerk zu Bolte & Polívka (1913–1932) und zu dem abgebrochenen *Handwörterbuch des deutschen Märchens* (1934–40) gedacht, entwickelt Ranke die international ausgerichtete *Enzyklopädie des Märchens.* Ihr Untertitel *Handwörterbuch zur historischen und vergleichenden Erzählforschung* weist darauf hin, dass es hierbei nicht um ein bloßes Indexwerk gehen sollte, sondern um eine historisch-kritische und komparative Darstellung von Erzähltypen und Erzählmotiven, die sich in ihrer Stichwortauswahl wesentlich von Thompsons Klassifikationen leiten lässt. 1957 wird in Göttingen die Arbeitsstelle ‚Enzyklopädie des Märchens' gegründet, deren Arbeit u. a. darin besteht, ein Stichwortregister zu entwickeln, geeignete Textmaterialien zu archivieren und Autoren zu gewinnen (vgl. Ranke 1959: 280–281). Als Korrespondenzorgan wird 1958 die Zeitschrift *Fabula* gegründet. Seit den

1960er-Jahren werden die von Kurt Ranke und später von Hans-Jörg Uther herausgegebenen Einzelbände der Reihe *Märchen der Weltliteratur* mit AaTh- und Th-Mot-Registern versehen. 1973 gründet Ranke den Herausgeber- und Redaktionsstab.[13] 1975 erscheint die erste Lieferung der Enzyklopädie. Bereits mit Beginn der Planungen 1955 hat Ranke ein Stichwortregister zusammengestellt, das von etwa 20 % der 250 international angeschriebenen Erzählforscher revidiert und ergänzt worden ist (vgl. Uther 1974: 252–253), d. h. auf einem relativ großen Konsens in der internationalen Erzählforschung beruht. Zu den *EM*-Stichwörtern gehört u. a. eine große Anzahl von AaTh-Typen, denen deutsche Typennamen gegeben wurden. In der ersten gedruckten Stichwortliste von 1972 ist AaTh 769 unter dem Titel ‚Tränenkrüglein' eingetragen und im Stichwort ‚Erzähltypen' in Band 4 der *EM* dauerhaft verankert worden.[14] Im Hinblick auf den Enzyklopädiebenutzer haben die Herausgeber hiermit also einen Titel favorisiert, der auf die Erzählung *Das Tränenkrüglein* in Ludwig Bechsteins populärer Leseedition *Deutsches Märchenbuch* (1845) zurückgeht. In der publizierten Stichwortliste von 1991 wird zusätzlich das Stichwort *Totenhemdchen* aufgelistet, das offenkundig auf Grimms KHM 109 *Das Totenhemdchen* zurückzuführen ist. Jedoch ist es in dieser Liste nur ein Verweisstichwort und damit der Bechstein-Fassung untergeordnet. Die Herausgeber führen mit *Tränenkrüglein* allerdings insofern eine Ambivalenz fort, als sie einerseits mit der Typennummer AaTh 769 die große Geschichtenbreite Thompsons einschließen, andererseits aber mit Grimm und Bechstein im engeren Sinn auf diejenigen Varianten verweisen, welche als Referenzgeschichte den alleinigen Gegenstand der vorliegenden Studie ausmachen.

---

[13] Herausgeber der ersten Bände waren außer Kurt Ranke die Philologen und Erzählforscher Hermann Bausinger, Wolfgang Brückner, Max Lüthi, Lutz Röhrich und Rudolf Schenda (bis Bd. 4, 1984); als Redakteure dieser ersten Publikationsjahre zeichnen Lotte Baumann, Ines Köhler (Köhler-Zülch ab Bd. 9), Elfriede Moser-Rath, Ernst Heinrich Rehermann, Hans-Jörg Uther und (ab Bd. 2, 1979) Reiner Wehse verantwortlich.

[14] Siehe ‚Erzähltypen' (ohne Einzelautorenangabe, d. h. von den Herausgebern getragen) in *Enzyklopädie des Märchens* 4, 1984: 348–375, hier 359.

2004: Mit der Aarne-Thompson-Revision (1997–2004) übernimmt Hans-Jörg Uther den Typ AaTh 769 (1961) unter der Sigle ATU 769. Neu sind hier: 1) der Typenname *The Child's Grave*, der den Typennamen *Dead Child's Friendly Return to Parents* ablöst; 2) die von Thompson (1946) angeführte, in einem Index aber noch nicht verzeichnete Doppelmarkierung Th-Mot E.324 und E.361; 3) die Inhaltsangabe des Erzähltyps in zwei Formen und 4) neuere Quellen. Hierzu folgender Kommentar:

zu 1) Unter dem Aspekt der schlagwortartigen und damit praktischen Verkürzung des Typennamens *The Child's Grave* bringt Uther eine Verbesserung gegenüber Thompson. Uthers Formulierung ist semantisch weiter gefasst; er lädt im Grunde dazu ein, auch noch andere Geschichten, in denen ein Kindergrab vorkommt, unter diesem ‚endlosen' Typennamen zu subsumieren. Aus der Sicht der vorliegenden Studie reduziert der ATU-Typenname ‚Das Grab des Kindes' die Geschichte nach Maßgabe der angegebenen Varianten des 19. Jahrhunderts auf eine statische Totenruhe, während die Intention der mittelalterlichen Redaktionen dynamisch sowohl die wechselseitige Erfüllung vom Glück des Kindes im Paradies als auch die erneuerte Lebenskraft der auf der Erde weiterlebenden Mutter fokussiert. Meine Formulierung versucht, die Doppelpoligkeit des Typs zu beachten: *Dead Child's Heavenly Prosperity Reciprocally Depends on Mother's Earthly Contentment.*

zu 2) Die Doppelmarkierung von Th-Mot E.324 und Th-Mot E.361 erhöht die Zahl möglicher weiterer Zuordnungen. Wer jedoch die Referenzgeschichte der vorliegenden Studie bearbeitet, muss sich die für ihn zutreffenden Belege aus dem ganzen Quellenvolumen herausfiltern, anstatt eindeutige Angaben nutzen zu können.

zu 3) In seiner ausführlichen Inhaltsangabe des Erzähltyps ist Uther differenzierter als Thompson. Er unterscheidet zwei verschiedene Formen (»two different forms«), die diesen einen Erzähltyp konstituieren: Seine

Form 1 folgt der Bechstein-Fassung, seine Form 2 der Grimm-Fassung; allerdings überkreuzen sich in diesen beiden Formen die jeweiligen Requisiten ‚jug' (Krug) und ‚shroud' (Gewand).

zu 4) Die von Uther deutlich mehr hinzugefügten neueren Quellen unterstützen eine Verbreitung von ATU 769 im west-, süd- und osteuropäischen Raum. Thompsons außereuropäische Belege (China, Pawnee, Eskimo) wurden zu Recht ausgegliedert, da sie nur das einzelne Th-Mot E.324 verwenden, nicht aber die Referenzgeschichte erzählen. Die beiden südafrikanischen Belege sind europäische Extensionen.

Die Diskussion der Indizes von 1910 bis 2004 sowie der *Enzyklopädie des Märchens* hat Konzepte und Parameter herauskristallisiert, die der vorliegenden Studie zugrunde gelegt werden können. Der folkloristische Ansatz GHM/AaTh/ATU/EM bietet durch seine Systematik mit abgesicherter interdisziplinärer Terminologie für die Arbeit mit Texten und ihren wechselseitigen Beziehungen einen Orientierungsrahmen. In der neueren Wissenschaftsentwicklung ist diese Systematik nicht mehr hermetisch autoritär geprägt, sondern offen für die Auswahl und den Ausbau anderer Methodenelemente. In der Verbindung mit kontextorientierten Ansätzen bietet der folkloristische Ansatz ein Instrumentarium, das eine neue, flexible Erzählforschung zulässt. Die Literaturwissenschaft bietet Möglichkeiten des methodischen Anbaus, indem sie die Analyse des Einzeltextes in seiner Originalsprache in den Mittelpunkt stellt. Sie argumentiert aus dem Wortlaut des Textes selbst, erörtert Übersetzungsdifferenzen und sieht den Text als Schöpfung, deren individueller Autorenschaft unter Einbeziehung des Kontextes nachzugehen ist.

1. 4. Ergänzende Parameter

Im Hinblick auf die Kritik an der geographisch-historischen Methode, auf die Fortschritte in der Kontextforschung und auf die Besonderheiten des Referenztexts kommen ergänzend neun Parameter hinzu, die auf jede einzelne Variante angewendet werden.

1. *Geographische Ausdehnung:* Die Forschungsliteratur gibt für AaTh/ATU 769 eine Fülle von europäischen, jedoch nur einige wenige außereuropäische Belege an. Die im AaTh-Index angegebenen chinesischen, Pawnee- und Eskimo-Quellen wurden autoptisch überprüft und stellten sich hinsichtlich der Referenzgeschichte als Nullbelege heraus. Dieser Befund deckt sich mit dem Ausschluss der außereuropäischen Belege aus dem ATU-Index durch Uther, der keine weiteren außereuropäischen Quellen hinzufügt.[15] Es ist für die Studie AaTh/ATU 769 fundamental wichtig, dass es im Rahmen dieser Untersuchung gelungen ist, eine syrisch-christliche Variante (in zwei Versionen) sicherzustellen und ihren Überlieferungs- und Bedeutungszusammenhang zu klären.

2. *Historische Betrachtungsweise:* In der Analyse geht es darum, die Texte in ihren historischen Bedingtheiten und Potentialen zu sehen. Es ist zu fragen, unter welchen geschichtlichen Gegebenheiten eine Textproduktion entstanden und wesentlich geformt worden ist. Die vergleichende Analyse der Texte in ihrer seriellen Abfolge bliebe jedoch ahistorisch, falls sie ausschließlich deren textliche Strukturen und Inhaltsmomente aufeinander bezöge, ohne ihre Kontexte zu berücksichtigen. Historisch wird die Betrachtungsweise erst, wenn aus allen Lebensbereichen diejenigen historischen Zusammenhänge ermittelt werden, welche das Verständnis der Texte erhellen können. Wenn neben der literarischen Geschichte auch

---

[15] Die außereuropäischen Belege bei Bolte & Polívka (1915) zeigen bereits in ihren Inhaltsangaben, dass sie nur zum weiten motivischen Umfeld von KHM 109 gehören.

die Mentalitätsgeschichte in die Analyse miteinbezogen wird, entsteht für jeden einzelnen Text des Corpus eine historische »Momentaufnahme«, sodass die serielle Abfolge aller Varianten dann in einem zeitlichen Bogen von mehr als 1000 Jahren (9.–21. Jahrhundert) überblickt werden kann. In diesem Sinn folgt die Analyse den Historikern der ‚Annales' und ihrem Konzept der »longue durée«. Die »lange Dauer« beschreibt eine »langsame Zeit« jenseits von »Momentaufnahmen«, in welcher wiederkehrende Strukturen, Gedankeneinheiten und erzählerische Bilder in ihrer Gesamtheit überschaut und als Konstanten begriffen werden.[16]

3. *Sitz im Leben:* Im Sinn der Historizität gilt es, für jeden Einzeltext den jeweiligen ‚Sitz im Leben' seiner Zeit, seines Ortes und seiner Sprachgemeinschaft zu erkennen. Die Analyse zeigt, wie ein Text von Menschen produziert, gebraucht und verstanden worden ist. Der Terminus ‚Sitz im Leben' wurde 1909 von Hermann Gunkel im Rahmen seiner Exegese des Alten Testaments eingeführt und von der Erzählforschung nachhaltig adaptiert.[17]

»[Die Teiltexte der Bibel bestanden] ursprünglich nicht auf dem Papier, sondern im Leben … das Siegeslied wurde dem heimkehrenden Sieger entgegen von den Mädchen angestimmt, das Leichenlied an der Bahre des Toten von Klageweibern gesungen … Die Aufgabe der Forschung ist, dasjenige Stück des Volkslebens, zu dem die betreffende Gattung gehört, deutlich zu machen und so eins aus dem andern zu verstehen.«[18]

---

[16] Braudel (1958: 725–753).

[17] Gunkel (1909: 1193); zur aktuellen Diskussion siehe Wagner (1996), Ehlich (2000), Grünwaldt (2004) und Brückner (2006).

[18] Gunkel (1909: 1193).

»Wer die Gattung verstehen will, muß sich jedesmal die ganze Situation deutlich machen und fragen: Wer ist es, der redet? Wer sind die Zuhörer? Welche Stimmung beherrscht die Situation? Welche Wirkung wird erstrebt? ... Wer sich in diesen Ursprung der Gattungen vertieft, wird erkennen, daß sie fast sämtlich ursprünglich nicht geschrieben, sondern gesprochen bestanden haben.«[19]

In dieser Weise ist auch die vorliegende Studie bestrebt, ihre Textdokumente, soweit sie rekonstruierbar sind, nach den Merkmalen der Biographie, Literalität, Oralität und Performanz[20] zu verstehen. Im Hinblick auf die ‚Erzähler auf der Kanzel' (vgl. Moser-Rath 1959) und ihre Bedeutung im vorliegenden Erzählcorpus wird dem Terminus technicus ‚Sitz im Leben' der Vorzug vor anderen Fachbegriffen gegeben.

4. *Analyse der Erzählstruktur:* In einem ersten analytischen Schritt ist der jeweilige Einzeltext des Corpus in seiner niedergelegten Originalsprache als in sich geschlossenes Gebilde zu untersuchen. Die im Textcorpus vorhandenen Sprachen sind: Syrisch, Mittellateinisch, Altfranzösisch, Ostmittelniederländisch, Flämisch, Frühneuhochdeutsch (alle mit beigefügten Arbeitsübersetzungen) und Hochdeutsch. An einigen Textstellen rekurriert die mit Übersetzungen arbeitende Analyse auf Einzelwörter und Zitate in der jeweiligen Originalsprache.[21] Die Semantik des jeweiligen Textes wird

---

[19] Gunkel (1913) in Wagner (1996: 123).

[20] Hierzu Braid (2002).

[21] Die vorliegende Studie ist durch die textnahen Übersetzungen von Spezialisten möglich gewesen. Folgenden Philologen bin ich zu großem Dank verpflichtet:
Syrisch > Prof. Dr. Peter Nagel (Pariser Manuskript) mit Unterstützung von Dr. Gisela Fuchs und Dr. Wilhelm Peter Schneemelcher (Londoner Manuskript), Universität Bonn; *Altfranzösisch* > Dr. Birgit Tappert, Universität Bonn; *Lateinisch (Mittelalter)* > Dr. Gerhard Henn, Universität Würzburg; *Ostmittelniederländisch* > Dr. Christina M. Stutvoet-Joanknecht, Apeldoorn (vgl. auch Stutvoet-Joanknecht 1990); *Flämisch* > Dr. Harlinda Lox, Gent.

sowohl nach Maßgabe des damaligen wie des heutigen Kulturverständnisses geklärt. Im Fokus der Textanalyse liegt die Erzählhandlung an ihren Schauplätzen und in ihren Zeiten. Die Erzählstruktur wird analysiert im Zusammenspiel der handelnden Figuren, in der Verteilung ihrer Rollen, in ihren wörtlichen Reden und in ihren Requisiten. Zu beachten sind Rahmenbauteile (Prolog, Epilog) mit bewertenden Kommentarreden vor und nach der eigentlichen Geschichte. Auch die Einordnung des einzelnen Exempels in ein größeres Werkganzes, zum Beispiel seine Exempelsammlung, ist für das Textverständnis von großer Bedeutung.

Bereits vom zweiten Einzeltext an wird jede weitere Erzählung mit den jeweils vorher diskutierten Texten vergleichend und kontrastierend in Beziehung gesetzt. Die Einzeltextforschung wird so zur Variantenforschung. Bei der Analyse der Varianten zu ATU 769 ist die Tatsache erleichternd, dass es sich bei allen Texten um eine eingliedrige Erzählung handelt. Sie besteht aus einem einzigen Kernmotiv mit zwei gleich gewichteten und wechselseitig aufeinander bezogenen Handlungsträgern. Ihre Mängel und Konflikte spiegeln einander. Die Aufhebung des Konfliktes folgt einem dialektischen Mechanismus. Meine literaturwissenschaftliche Motivformulierung, die den Versuch wagt, speziell das dialektische Wesen des Kernmotivs zu formulieren, lautet:[22] *am Paradiesglück gehindertes totes Kind fordert die Mutter auf, diese Störung durch Unterlassen ihres endlosen Weinens zu beheben/trostlose Mutter wird wieder lebensfähig durch Befolgen der Anordnung ihres Kindes, das unmäßige Weinen zu unterlassen.*

5. *Medialität:* Sie fragt danach, wie sich Mündlichkeit und Schriftlichkeit der Texte zueinander verhalten. Zeitgleich zum Ausbau der geographisch-historischen Methode wurde die Mündlichkeit der Texte *(Oralität)* in den

---

[22] Meine Formulierung folgt Ulrich Mölk (vgl. 1996: 1327), der dazu ermutigt, Motive nicht nur nach vorgefundenen Bezeichnungen, sondern auch frei zu formulieren. Mölk legimitiert damit das Verfahren, über folkloristische Festsetzungen (AaTh/ATU) hinaus zu Formulierungen zu gelangen, die sich aus den Texten selbst heraus ergeben.

1920er- bis 1930er-Jahren neu definiert[23], war jedoch zunächst noch keine ernsthafte Alternative. Erst die Erweiterung des Literaturbegriffs und die Demokratisierung der audiovisuellen Aufzeichnungsmedien in den 1960er- bis 1980er-Jahren führten einen Paradigmenwechsel herbei (vgl. Braid 2002). Die Schriftlichkeit der Literatur *(Literalität)* wurde ihres bis dahin kaum infrage gestellten Primats enthoben. Nicht nur primär orale Texte der Feldforschung wurden nach den Parametern der Mündlichkeit untersucht, sondern auch Schriftdokumente wurden nun auf ihre oralen Substrate hin analysiert. Ein Beispiel ist die Forschung des Mediävisten Paul Zumthor (1984), der die oralen Funktionen mittelalterlicher Epenmanuskripte im Hinblick auf die Situation des Vortragens, auf die Persönlichkeit des Wortkünstlers und auf die Aufnahme durch das Publikum nach Beobachtungen heutigen Erzählens und Vortragens durch Analogieschluss aufdeckte (vgl. Zumthor 1990).

Alle Texte des Untersuchungscorpus liegen in schriftlicher Form vor. Die meisten stammen aus der mündlichen Kommunikation, in die sie auch wieder zurückgeführt werden sollten: Ein Exempel ist früher einmal ‚erzählt worden'; der schreibkundige Autor trifft die Entscheidung, es ‚aufzuzeichnen'; seine Intention ist, dass es bei passender Gelegenheit wieder mündlich ‚vorgetragen werde', zum Beispiel als Kanzelrede. Ein Lied wird gesungen, im Epicedium verschriftet und soll wieder gesungen werden. Ein Gedichttext wird von seinem Autor notiert, soll vorgetragen und erneut vorgetragen werden. Jeder Text des Corpus trägt verbale und gelegentlich materiale Spuren dieser hin- und hergehenden Mündlichkeit und Schriftlichkeit, die analysiert werden sollen. Ihre Beachtung trägt zur Analyse des Sitzes im Leben des Textes bei. Spuren der im Text aufscheinenden Oralität sind Redewendungen wie »Ich habe gehört …« oder »mir ist erzählt worden …« – Spuren der Literalität sind Zitate und Verweise auf

[23] Federführend war hier der Homerforscher Milman Parry 1928 bis 37 mit der Aufstellung der Formeltheorie (vgl. Holbek 1984b: 1417 f.).

vorhergegangenes Schrifttum sowie Gebrauchsspuren am Papier, welche Rückschlüsse auf den Einsatz des Schriftdokuments zulassen.

Faksimile: Ein Mittel zur Repräsentation der Originaltexte in ihrem aktuellen Erscheinungsbild samt Knicken und Flecken ist die Bereitstellung von Faksimiles. Ohne methodisch reflektiert zu werden, dienen sie der Illustration und Ausschmückung des einheitlich-gleichförmigen Druckbildes. Ein Faksimile ermöglicht es dem Leser aber auch, den Originaltext in seiner eigenen Schriftlichkeit zu ‚sehen', die sich in der vergleichenden Ansicht der Textdokumente immer als eine Vielfalt von Formen zeigt. Es präsentiert eine dem Original entsprechende Leiblichkeit des Textzeugnisses. Walter Benjamin spricht von der »Aura« des Originals, die durch die technische Reproduktion zerstört werde (vgl. Benjamin 1977 [1936]: 13–14). Er hat recht in seiner Betrachtungsweise. Jedoch ist zu bedenken: Mit Blick auf die üblichen ‚Bleiwüsten' in wissenschaftlichen Publikationen kann der Abdruck eines Faksimiles dennoch die Aura der Originaldokumente in wesentlichen Aspekten annähernd spiegeln. Denn ein Faksimile holt die originale Leistung des Schreibers oder des Druckers, dessen Werk einmal im Archiv versunken ist, wieder hervor samt dem nachfolgenden Gebrauch. Das Faksimile trägt so zu einer Darstellung und Klärung des Sitzes im Leben bei.

6. *Autorenschaft:* Durch die Biographie des Autors bekommt der Text ein persönliches Gesicht und einen individuellen Status in der Text- und Literaturgeschichte. Sie zeigt seine Herkunfts- und Produktionsgeschichte sowie Aspekte seines Wirkens und Nachwirkens. Sie gibt Hinweise auf seine Quellen, seine Motivation, seine Auseinandersetzungen, seine Verwendung zu Lebzeiten und seine Einbettung im Gesamtwerk. Die Biographierecherche trägt so zur Bestimmung des ‚Sitzes im Leben' wesentlich bei. Mit Ausnahme des syrischen Anonymus (Text Nr. 1), der einer literaturgeschichtlich unzulänglich beschriebenen Periode zugeordnet wird, konnten für alle Autoren biografische und zeitgeschichtliche Materialien herangezogen werden. In Paratexten, welche die Autoren mehr

oder weniger den Zeitkonventionen entsprechend dem Werk beigefügt haben, erscheinen Angaben, die auf das Werk konkret zugeschnitten sind. Mit ihnen geben die Autoren Aufschluss über ihr Sammeln, Schreiben, literarisches Programm und Wirken.[24]

7. *Gattungszugehörigkeit:* Sie fragt nach der Zuordnung literarischer Texte zu einem Regelwerk von Formgebrauch und Formgestaltung in ihrer jeweiligen Überlieferungsgeschichte und Terminologie. Der Verlauf der Textforschung hat gezeigt, dass ATU 769 sich in den unterschiedlichsten Gattungen manifestiert. Bestimmbar sind die Textgattungen: *Exemplum*[25], *Predigt*[26], Kondolenzbrief, *Epicedium*[27], *Zeitungslied*[28], *Gelegenheitsgedicht* und *Märchen*. Übergeordnete Sammlungen, in denen diese Texte in Werkzusammenhängen erscheinen, sind selbst wiederum als Gattungen zu klassifizieren: als *Exempelsammlung*, als *Predigtzyklus*, als Märchenanthologie. Sie geben dem einzelnen Erzähltext seinen Platz in dem jeweils größeren

[24] Nach Gérard Genette (1989) handelt es sich bei »Paratexten« um ‚Schwellen' (s. den französischen Titel *Seuils*), um Beitexte in einem Druckwerk, welche den Haupttext ‚auszeichnen', erläutern, vermitteln und »im vollsten Sinn des Wortes *präsentieren*: ihn *präsent* machen« (vgl. Genette 1989: 9). Die wichtigsten Paratexte sind die Titelseite sowie Vor- und Nachwörter, Widmungen, Motti, Inhaltsverzeichnisse und Register. Sie alle geben Auskunft zum Autor, zur technischen und verlegerischen Produktion, zu den gewünschten Adressaten und zur Stellung des Druckwerks in einem größeren Ganzen von Literatur und Performanz. Nachfolgend wichtig sind zum Beispiel die Titelseite und der Vorspann des *Magnum Speculum Exemplorum* oder die ausführlichen Vorwörter im Œuvre von Johannes Wilhelm Wolf, welche die einzigen Quellen zu Wolfs Werkgenese und zum Status des untersuchten Textes liefern.

[25] Der Terminus ‚Exempel' bzw. ‚Exemplum' wird je nach historischem Sprachgebrauch und disziplinärem Gesichtspunkt unterschiedlich definiert und verwendet. Nach Christoph Daxelmüller ist »das *exemplum* eine funktionale Einheit, die sich durch den Kontext definiert und in Regestform eine Geschichte in belehrender *(educatio)*, beweisender *(demonstratio)*, illustrierender *(illustratio)*, überzeugender *(persuasio)*, argumentierender *(argumentatio)*, moralisierender *(moralisatio)* und unterhaltender *(declaratio)* Absicht erzählt. Es konkretisiert eine abstrakte Aussage oder dient der Deduktion wissenschaftlicher Thesen.« (vgl. Daxelmüller 1991: 80–81). »Es zielt immer und beruht stets auf Wahrhaftigkeit in ihrer unterschiedlichen intellektuellen, konfessionellen oder sozialen Gradation.« (vgl. Daxelmüller 1984: 643).

Ordnungs- und Funktionsrahmen. Dass ATU 769 in so unterschiedlichen Gattungen erscheinen kann, ist in der Einepisodigkeit der Erzählung begründet.

Dem Erzähltyp 769 ist im Rahmen des gesamten ATU-Corpus (es umfasst Fabeln, Märchen, Legenden, Anekdoten und scherzhafte Erzählungen) eine Sonderstellung hinsichtlich seiner psychischen Ausrichtung zuzuordnen. Für ihn sind zwei Wesensmerkmale charakteristisch, die mithilfe der folgenden beiden ergänzenden, allgemein wenig beachteten Parameter analysiert werden können.

8. *Emotionskomponente*[29]: Das Kernmotiv der Erzählung ATU 769 ist außerordentlich affektgeladen und affektgetragen. Durch den Tod ihres Kindes gerät eine Frau außer sich. Ihr Weinen (Schreien) ist in seiner Maßlosigkeit explosiv und destruktiv. Sie gefährdet nicht nur die Glückseligkeit des Kindes, sondern ist auf dem Wege, sich selbst zu zerstören und dabei auch die Ordnung der Gesellschaft zu gefährden.[30] Dieses Kernmotiv spricht in hohem Maße die Gemeinschaft der Erzähler (Prediger) und Zuhörer (Leser) an, die zu allen Zeiten in der Traditionskette der Erzählung die allgemein menschliche Erfahrung des Todes und seiner sozialen Folgen miteinander geteilt hat.

---

[26] Hierzu Brückner (2002) für die historische und vergleichende Erzählforschung.

[27] Im Rahmen der Gelegenheitsdichtung *(Casualcarmina)* bezeichnet *Epicedium* (alias *Epitaphium)* ein Begräbnisgedicht; allgemeine Strukturteile dieser Gattung sind Lob – Klage – Trost (vgl. Krummacher 1974: 97).

[28] Seit dem 15. Jahrhundert erschienen Liedtexte zu verschiedenen Anlässen in Ein- und Mehrblattdrucken (vgl. Brednich 1984: 1345 f.).

[29] Terminus technicus nach El-Shamy (1981).

[30] Diese Substanz wird hauptsächlich in Text I sichtbar, der damit eine nicht in allen Texten offensichtliche leitmotivische Funktion übernimmt.

»Die affektiven Komponenten der Volkserzählung sind nur aus den tatsächlichen Erfahrungen des Erzählers und der Rezipienten erkennbar, bei denen sie eine Reihe psychologischer Prozesse auslösen wie Ego-Involvement, (positive oder negative) Identifikation und Formgebung, Sympathie, Empathie und Katharsis. Das Vorhandensein oder Fehlen solcher Prozesse führt, je nach Art und Intensität des von der jeweiligen Person empfundenen Gefühls, zu einer Steigerung oder Minderung der Disposition, die betreffende Erzählung zu erinnern oder wiederzuerzählen.«
(vgl. El-Shamy 1981: 1393).

Zur Analyse des Sitzes im Leben der einzelnen Varianten gehören demnach nicht nur die äußeren historischen, sondern auch die inneren emotionalen Funktionen und Beziehungen zwischen Text und Erzählgemeinschaft.[31]

9. *Stellenwert der Vision:* Ein Schlüsselelement in ATU 769 ist das Phänomen der Vision, die in dieser fiktionalen Geschichte das tragende narrative Element ist. Das visionäre Momentum offenbart sich im Text, wenn die Frau und das tote Kind miteinander sprechen.

»Von einer Vision sprechen wir dann, wenn ein Mensch das Erlebnis hat, aus seiner Umwelt auf außernatürliche Weise in einen anderen Raum versetzt zu werden, er diesen Raum beziehungsweise dessen Inhalte als beschreibbares Bild schaut, diese Versetzung in Ekstase (oder im Schlaf) geschieht, und ihm dadurch bisher Verborgenes offenbar wird. Die Elemente, die dafür konstituierend sind, daß wir von einer ‚Vision' sprechen …, sind also die Eindrücke des *Raumwechsels,* des Waltens einer *übermenschlichen Macht*, der bildhaften *Beschreibbarkeit*, der *Ekstase* (oder des *Traumes*) sowie der *Offenbarung.*« (vgl. Dinzelbacher 1981: 29).

---

[31] Die Erzählforschung verwendet in diesem Zusammenhang auch den Begriff ‚Identifikation' (s. Lehmann 1993).

Alle diese neun Parameter sind auf die Analyse von ATU 769 eigens zugeschnitten und werden in der nachfolgenden Diskussion der einzelnen Erzähltexte aufgegriffen.[32]

[32] Der Analyse anderer Erzähltypen könnten damit Anhaltspunkte geliefert werden, mit denen die von Röhrich (1984) eingeforderte modernisierte Erzähltypenforschung weitergeführt werden kann.

1. 5. Methodik der Typenstudie 769 im Internet

Das Exempel der obsessiven Trauer ist etwa seit dem Jahr 2000 im Internet präsent. Da die Erzählforschung in diesem Medium methodisch noch in den Anfängen steht, wird die Diskussion des Forschungsstandes bezüglich des Typs 769 eigens besprochen und die Methodik seiner Internet-Textzusammenstellung erläutert.

Erzählforschung und Internet

Seit Mitte der 1990er-Jahre reflektiert man in der Erzählforschung die Verwendung von Erzähltexten im Internet. Jedoch fehlt es immer noch an Theorie, Standortbestimmung und allgemeingültiger Methodik einer Analyse der Texte selbst und ihrer vielfältigen Kontexte. Die bisher vorhandenen Studien beschreiben spezielle Themen und Textgattungen, drucken Beispieltexte ab und reflektieren die Bedingungen des Virtuellen und der Autorenschaft. So machte Schneider (1996) den Anfang mit einer Analyse von »mailing lists« und »newsgroups«, d. h. mit einer Analyse von dialogischen Korrespondenz- und Diskussionsforen, die sich über Erlebnisberichte von Träumen, über »out-of-body-experiences«, außerirdische Besucher, Probleme der Lebensbewältigung, Erotika und Witze austauschten. Methodisch Ähnliches legten Schwibbe & Spieker (1999) in einer Studie über ‚virtuelle Friedhöfe' vor, die vor allem auf die Nutzer der Totengedenk-Webseiten eingeht und auf die Bedeutung, welche die Nutzer den Webneuigkeiten beimessen.

Allgemeinere Definitionen, Terminologieklärungen und erste Methodenschritte werden dagegen in der Medienpädagogik angestrebt. Adalbert Wichert (2004) hat im Rahmen der Hochschuldidaktik einen Abriss zu Definition, Beschreibung und Bewertung von Hypertexten vorgestellt. Joachim Pfeiffer (2004) hat den Abriss weiter um Darstellungen zu Newsgroups, Foren und Chats ergänzt, welche den maßgeblichen Gattungszusammenhang zum Kontext des Exempels der obsessiven Trauer herstellen. In diesen Artikeln wird deutlich, dass sich zur Beschreibung des Mediums »Internet«

eine eigene Metasprache herausbildet, welche die bisherige Metasprache der Literaturwissenschaft und der Erzählforschung unumgänglich ergänzt. Dass eine Theoriebildung für die interaktive ‚Textgattung Blog bzw. Weblog' noch zu vermissen ist, wird besonders deutlich an Walkers Stichwort ‚Blog' in der *Routledge Encyclopedia of Narrative Theory* (vgl. Walker 2005), welche in ihren übrigen Stichwörtern reiche Literaturangaben machen kann, während für diese ‚Textgattung' nur auf beispielgebende Textseiten verwiesen wird.

Die Ausarbeitung neuer Textzusammenhänge im Internet wird in dieser Schwellensituation der Erzählforschung folglich noch eine gewisse Zeit empirisch bleiben. Die Beschreibung einer komplexen, visuell ausgestalteten Webseite wäre zum Beispiel nach Maßgabe der kunstwissenschaftlichen Bildbeschreibung in Worte zu fassen, damit ihr Charakteristikum dauerhaft nachvollziehbar bleibt, wenn sie später vom Netz genommen worden ist. Weil das Internet in seiner Textpräsenz flüchtig ist, der Textforscher jedoch seine Analyse auf einer zitier- und nachprüfbaren Textgrundlage herzustellen hat, ist es praktisch und notwendig, die Erzähltexte und ihre signifikanten Textumgebungen im Printausdruck zu fixieren, um Dokumente zu erstellen, die archiviert werden können. Die Frage, wie umfangreich hoch komplexe Webseiten zu erfassen sind, kann an dieser Stelle nicht geklärt werden. Typenstudien nach Maßgabe des ATU-Index, die Internetquellen berücksichtigen, sind bisher nicht in Erscheinung getreten. Jedoch ist im verwandten Zusammenhang auf Rolf Wilhelm Brednichs Bearbeitung von Witzen und modernen Sagen zu verweisen, deren Texte teilweise dem Internet entnommen wurden (vgl. Brednich 2005).

Auswahl der Internettexte

Das Auffinden geeigneter Texte und Kontexte zu ATU 769 gelang mithilfe von Stichwortabfragen mittels der Suchmaschine »Google«. Suchbegriffe der Recherche vom 22.10.2007 waren ‚Tränenkrüglein', ‚Tränenkrug' und ‚Totenhemdchen' mit jeweils 1010, 331 und 796 Treffern.[33] Signifikant für die Referenzgeschichte waren lediglich die Webseiten mit dem Suchbegriff

‚Tränenkrüglein', und auch diese nur, soweit sie offen zugänglich und nicht passwortgeschützt waren.[34] Kriterien für die Auswahl aussagekräftiger Webseiten für die vorliegende Variantenstudie waren:

(1) *Die Vollständigkeit des Textes:* Es kamen nur integrale Erzähltexte infrage. Die bloße Erwähnung des Titels oder kurze Paraphrasen sollten nicht genügen.[35] Es galt zu überprüfen, auf welche Quelle der Internettext zurückgeht, ob er wortgleich übernommen oder neu erzählt oder kommentiert worden ist.

(2) *Die Komplexität der Kontexte:* Es waren nur solche Webseiten von Bedeutung, auf denen der Referenztext ‚Tränenkrüglein' in einem vielfältigen Gefüge von Kontextfunktionen verwendet worden ist. Zu überprüfen war, welche Funktionen die Webseite hat und mit welchen anderen Funktionstexten die Referenzerzählung kombiniert wurde. Die Fragen an den Kontext lauten: Wer betreibt die Webseite? Welche Ziele verfolgt sie? Welchen Nutzerkreis will sie ansprechen? Welche begleitenden Texte sind festzustellen? Es lag in der Absicht der Recherche, die Aussagen der

---

[33] Zur Dynamik der Trefferquote: Am 26.11.2007 und 24.12.2007 ergab ‚Tränenkrüglein' 1490 und 1470, ‚Tränenkrug' 519 und 518, ‚Totenhemdchen' 962 und 3290 Treffer.

[34] Während der Recherche im Oktober/November 2007 führte ‚Totenhemdchen' in der Regel zu KHM 109, ohne dass signifikant neue Textzusammenhänge erkennbar wurden. Am auffälligsten waren einige Webseiten, auf denen der Regisseur Christian Petzold in Interviews wiederholt angab, dass sein Spielfilm *Gespenster* (Deutschland 2005) wesentlich durch Grimms *Totenhemdchen*-Fassung inspiriert worden sei. Die inhaltlichen Korrespondenzen zwischen Film- und Märchenplot liegen jedoch so weit auseinander, dass sie für die vorliegende Studie nicht in Betracht kommen. Die Abfrage ‚Tränenkrug' ergab ebenfalls keine nennenswerten Ergebnisse. Die Suchabfrage der Siglen »AaTh 769« (alias AT 769) und »ATU 769« führte im Wesentlichen zu Nullanzeigen.

[35] Hierzu gehört zum Beispiel, dass der Lyriker Peter Rühmkorf sein Tagebuch als ‚Tränenkrüglein' bezeichnet. Ein anderer Treffer ist das Rilke-Gedicht ‚Tränenkrüglein' in den Vertonungen von Paul Hindemith und Georg Schumann. Auch die als ‚Tränenkrüglein' bezeichneten Balsamarien und Verkaufsartikel waren keine Gegenstände der vorliegenden Studie.

> Webseiten für sich selbst sprechen zu lassen, um ein Ausufern der Untersuchung zu vermeiden. Daher wurde auch davon abgesehen, weitere Informationen durch Befragung der Verfasser oder Webseitenbetreiber zu gewinnen.

Nach diesen Kriterien waren acht durch das Stichwort ‚Tränenkrüglein' und das Thema Tod und Trauer miteinander verwandte Webseiten für diese Studie wichtig.[36]

---

[36] Wegen der geringen Griffigkeit des Kompositums ‚Tränenkrüglein' in anderen Sprachen, in denen es zumeist genitivisch und mit variablen Substantiven ausgedrückt wird, beschränkte sich die Internetrecherche auf deutschsprachige Webseiten.

1. 6. Zusammenstellung des Textcorpus

Die Typenstudie zu dem ‚Exempel der obsessiven Trauer' entstand rückblickend gesehen aus der philologischen Betrachtung einiger markanter Texte: aus Grimms ‚Totenhemdchen', aus der Exempelfassung von Thomas Cantimpré und aus einer didaktischen Erzählung des Codex syriaque. Der Typeneintrag AaTh 769 bestätigte die Erkenntnis, dass es sich bei den zugrunde gelegten Geschichten um einen definierten ‚Erzähltyp' mit Textvarianz handelt. Die bisherigen Einzelbetrachtungen, die bereits unterschiedliche Erzählmerkmale kontrastiv beachtet hatten, weiteten sich nun zu einer Typenstudie aus, welche Stabilität, Varianz und historische Dynamik der Geschichten in ihrer Gesamtheit vergleichend überblicken wollte. Darum richtete sich mein Interesse auf die Suche nach einer möglichst breiten Textbasis.

Diese Suche zielte zunächst – wie in der Erzählforschung üblich – nach geeigneten Varianten in bereits gedruckt oder handschriftlich vorliegenden Texten. Ein vorrangiges Interesse galt dem ältesten Beleg, der in verschiedenen Recherchen ermittelt werden konnte. Der Schlüssel zur Gestaltung des Corpus lag in der Entdeckung und Verfolgung dreier Spuren in der wissenschaftlichen Literatur, die Johann Wilhelm Wolf (1845), Arent Jan Wensinck (1915) und Karl Meuli (1943) ausgelegt hatten. Sie führten zu der ersten Quelle des Exempels im Codex syriaque des 9. Jahrhunderts. Durch sie wurde der Anfang einer Traditionskette von historisch datierten, philologisch zu erschließenden Texten gesetzt, die wesentlich berühmten Predigern des Mittelalters zuzuordnen sind. Diesem Corpus fügten sich dann weitere Textfunde hinzu, welche teils durch Internet-Datenbanken, vor allem aber durch Zusammenarbeit mit Archivaren in Berlin, Weimar, Zwickau und Wien ermittelt werden konnten. Die hier zusammengetragenen Varianten (zehn Texte) sind bis in das frühe 17. Jahrhundert datierbar.

Das 19. Jahrhundert war im Vergleich zur frühen Neuzeit leicht als überreich belegt zu erkennen[37], sodass hier eine plausible und qualitativ definierte Auswahl getroffen werden musste. Ein auffälliges Datum ist das Jahr 1845, in dem 30 Jahre nach der Fassung der Brüder Grimm (1815) die beiden letzten Leitvarianten unter der Herausgeberschaft von Ludwig Bechstein und Johannes Wilhelm Wolf erschienen waren (vgl. Bechstein 1845, Wolf 1845). Außer diesen drei Autoren ist der Landschaftsmaler und Altphilologe Friedrich Christian Beck, der die Referenzgeschichte unabhängig vom Vorbild Grimm als ‚Gelegenheitsgedicht' im Volksliedton verfasst hat, eine eigene Darstellung wert (‚Märchen am Aller Heiligen Tage', 1856). Die Überprüfung der zahlreichen Belegtexte in Bolte & Polívka (1915) ergab, dass über diese vier, dem Corpus eingefügten Varianten hinaus nichts paradigmatisch Neues mehr feststellbar war, sodass sich ihre Diskussion erübrigt.

Die Wichtigkeit der Ressource Internet als Textbeiträger (nicht als Recherche-Instrument) wurde erst kurz vor Abschluss der Arbeit erkannt. Die Abfrage lieferte für die Textsuche acht aussagekräftige Webseiten, denen paradigmatische Leitfunktionen zugesprochen werden können. Sie wurden aus einer weitaus größeren Anzahl ähnlicher Webseiten herausgefiltert.

Jedem dieser 14 klassisch-konventionell dokumentierten Texte und der einen Exempelfassung mit drei Webkontexten in acht Gebrauchsanwendungen ist im Folgenden ein eigenes Kapitel gewidmet.

---

[37] Vgl. die Variantenangaben unter KHM 109 in Bolte & Polívka (1915).

2. Diskussion der Texte

2. 1. Codex syriaque (9. Jahrhundert)

Drei Quellenhinweise haben zum ältesten Text des Untersuchungscorpus geführt. Es ist Johann Wilhelm Wolf (1845), welcher dem Titel ‚Mutterthränen' eine philologisch genaue Quellenangabe beifügt: »Thom. Cantiprat. Bonum universale de apibus II., c. 53. § 17. p. 501. ed. Colven.« (Wolf 1845: 162–163, Nr. 42). Seine Anmerkung zu der Geschichte überrascht mit der Mitteilung: »Dieselbe Sage ist auch muhammedanisch; doch muß ich leider die näheren Nachweise darüber für ein anderes Mal ersparen.« An anderer Stelle klagt er, getrennt von seiner Bibliothek und seinen »Collektaneen« zu sein, die er so reich gesammelt habe (vgl. Wolf 1845: xii). Wolf behauptet, Belege und Erkenntniswege zu besitzen, die für die weiterführende Forschung eine Schlüsselrolle spielen könnten. Aber seine angeblichen Nachweise bleiben »verschollen« und so gibt uns Wolf statt einer Klärung dieses Rätsel auf. 70 Jahre nach Wolf stellt Arent Jan Wensinck eine syrische Geschichte mit der Thematik der obsessiven Trauer, die er in zwei Fassungen entdeckt hat, in einem knappen Ausschnitt vor (vgl. Wensinck 1915: 31). Durch die Kriegsumstände eingeschränkt, greift Karl Meuli 1943 diesen Ausschnitt auf und setzt ihn mit einem Exempel von Thomas von Cantimpré in Verbindung, ohne allerdings die vollständigen Textzusammenhänge diskutieren zu können (vgl. Meuli 1975 [1943]: 387).

Der vollständige Text der Erzählung ist in folgendem Dokument überliefert:

> »Erzählung über eine Witwe und ihre fünf Söhne«,
> Codex syriaque 234, fol. 291a–293a, 3ff.
> Bibliothèque nationale de France, Paris,
> Manuscrits occidentaux.
> Département des Manuscrits, Fond Syriaque, Cote 234.
> Beginn: äußere Kolumne, Mitte, nach der syrischen Absatznummer 33.
> Ende: innere Kolumne, Zeile 2.

Dieser syrische Text, der die zugrunde gelegte Quelle darstellt, wurde von dem Bonner Orientalisten Peter Nagel ins Deutsche übersetzt und kommentiert (Nagel 2004). Ergänzend wurde eine Textvariante im Cod. Add. 14, 535, fol. 45b–47a der British Library, London, »Erzählung über eine Frau in Jerusalem« (»An account of a woman of Jerusalem«) eingesehen und von Peter Nagel unter Mitarbeit von Gisela Fuchs und Peter Schneemelcher (Nagel – Fuchs – Schneemelcher 2003) übersetzt. Diese Übersetzung wird hier nicht weiter untersucht, jedoch als interessanter Aspekt zum Vergleich mit aufgeführt. Mit diesen syrischen Dokumenten liegen die frühesten Zeugnisse für den Erzähltyp ATU 769 vor.

Autorenschaft und Textcharakteristika

Der Autor des syrischen Textes ist unbekannt. Zu den beiden genannten Textfassungen bemerkt Peter Nagel:

> »Der Londoner Text ist in der älteren edessenischen Schrift Estrangelâ niedergeschrieben, der Pariser Text in der jüngeren westsyrischen (jakobitischen) Schrift Serṭô. Der Pariser Text ist von routinierter, aber etwas flüchtiger Hand geschrieben ...« (Nagel 2003).
> »Die Pariser Handschrift scheint mir etwas jünger als die Londoner, jedoch besagt das nichts für das Alter an sich. Der Pariser Text ist recht zielstrebig abgefasst, der Londoner etwas umständlich und langatmig. Texte solcher Art haben die Tendenz zum Wachstum, nicht zur Verkürzung. Nach meinem Eindruck bietet der Pariser Text eine ältere Überlieferungsstufe, wenn auch die Abschrift jünger sein mag als die Londoner Fassung« (Nagel 2004).

Übersetzung des Pariser Textes (Codex syriaque 234, fol. 291a–293a)

> »Wiederum (im Sinne von ‚Abschrift‘). Eine Erzählung über eine Witwe und ihre fünf Söhne«. Ihr (Plur.) Gebet sei mit uns. Amen.

(291a, äußere Kol.) Geliebte! Es erzählte einer von den Heiligen und sagte: Es war eine Witwe aus Jerusalem aus vornehmer Familie. Sie erregte große Bewunderung, weil sie fünf Söhne hatte. Und sie zog sie auf in aller Aufrichtigkeit, die für freie Menschen angemessen ist; und sie wurden geliebt (291b, äußere Kol.) von der ganzen Stadt, nicht nur wegen ihrer Schönheit, sondern wegen ihrer Vortrefflichkeit. Ihre Mutter wollte aber ihre älteren Söhne in den Bund der Ehe bringen. Und als sie darum besorgt war, geschah es, dass sie das Ende traf, und die drei starben binnen weniger Tage. Und die Frau fiel in großen Kummer und trauerte. Da sie aber Hoffnung und Trost in ihren beiden jüngeren Söhnen fand, minderte sich in kurzer Zeit vollständig ihre Trauer über jene, die dahingegangen waren. Und als die Jüngeren herangewachsen waren, wollte sie auch ihnen Frauen bringen. Und als sie in dieser Erwägung war, traf sie (Plural) das Ende, und sie starben wie ihre Gefährten. Daraufhin verlor jene Frau ihre ganze Hoffnung und fiel in Trauer und großes Leid entsprechend der hl. Schrift über den Greis Jakob: Es erhoben sich seine Söhne und alle Angehörigen seines Hauses, um ihn über Josef zu trösten (291b, innere Kol.), aber er wollte sich nicht trösten lassen, indem er im Schmerz seiner Seele sagte: »Ich werde hinabgehen in die Scheol, indem ich traurig bin über meinen Sohn« [Gen. 37,35]. So geschah es auch dieser Frau.

Es kamen viele zusammen, um sie zu trösten, aber sie wollte sich nicht trösten lassen. Auch der Patriarch, weil er sie und ihre Söhne liebte, kam viele Male zu ihr mit dem Klerus und erreichte nichts. Und sie war nahe daran, zugrundezugehen ob der Menge ihrer Trauer und ihres Weinens. Daraufhin sandte der Patriarch zu einem von den Heiligen, der eingeschlossen auf dem Ölberg lebte, ein Mann, der ausgezeichnet war durch alle Vortrefflichkeiten, und er redete mit keinem Menschen, es sei denn, er wurde gezwungen. Und er [sc. der Patriarch] überredete ihn, diese bekümmerte Frau zu empfangen, mit ihr zu reden und sie zu trösten.

Der Heilige aber empfing den Befehl des Priesteroberhauptes (292a, innere Kol.) und sandte Botschaft. Man brachte sie zu ihm, und er redete (beharrlich) mit ihr und tröstete sie. Sie aber nahm überhaupt nichts an. Und als der Heilige sah, dass menschliche Überredungen versagten, gebot er ihr, nach Gethsemane hinabzugehen und dort über dem Grab der Gottesmutter drei Nachtwachen zu verbringen. Und er sandte denen, die den Platz innehatten, Botschaft, sie nicht zu hindern.

Und in der dritten Nacht befiel sie ein Erstarren (stupor), und sie sah in einer Vision die heilige und gnadenvolle Herrin Maria, wie sie auf dem Thron der Herrlichkeit erhoben war, und vor ihr und rings um sie gingen Scharen und Chöre von Lobpreisenden. Und sie sah ihre drei älteren Söhne, wie sie Kerzen trugen und in weiße Gewänder gekleidet waren. Und sie gingen in jenem Chor, (292a, äußere Kol.) der Psalmen sang vor der (heiligen) Herrin Maria. Und als sie vorübergezogen und gegangen waren, sah sie auch ihre beiden jüngeren Söhne, über die sie trauerte. Diese gingen hinter den Scharen, indem sie trauerten und ihre Gesichter betrübt waren. Und als sie sie sah, stürzte sie auf sie zu. Sie aber wandten sich ab im Zorn und sagten: »Komm uns nicht näher! Denn durch deinen Schmerz und deine übermäßige Trauer über uns hast du uns ausgeschlossen von der Begleitung und der Freude unserer Brüder. Aber wenn du gewillt bist, deine Seele nicht zugrundezurichten und uns gleich mit, geh und tue (alles), was jener Heiliger dir geboten hat.« Daraufhin, als sie diese (Dinge) sah und hörte, schmerzte es sie sehr in ihrem Sinn, weil sie zur Ursache des Mangels geworden war (fol. 292b, äußere Kol.) an sich selbst [andere Übersetzungsmöglichkeit: *an ihrer Seele*] und an ihren Söhnen. Danach ging sie hinauf zu dem Heiligen und erzählte ihm alles, was sie gesehen und gehört hatte. Und sie ließ sich von ihm überzeugen, dass er ihr etwas rate, das besser war für sie. Er aber gebot ihr, die Gewänder der Trauer abzulegen und ihr Herz zu trösten von dem Schmerz und für ihre Söhne eine Opfergabe und eine Seelenmesse darzubringen und die Armen zu erquicken und alle, die bei ihr waren in ihrer Trauer, und in der Kirche zu bleiben in Fasten und Gebet.

Sie aber ging und tat, wie er ihr geboten hatte. Und nach ein(ig)er Zeit bat sie den Heiligen, er möge Gott bitten, dass er [sc. Gott] sie wissen lasse, ob ihre Buße angenommen sei und ob er ihre Söhne zueinander gebracht habe. Der Heilige aber gebot ihr, dass sie gehe und tue wie das letzte Mal.

Und als sie also tat, erschien (fol. 292b, innere Kol.) ihr die selige Herrin Maria, wie sie erhoben war von den himmlischen Scharen, und sie sah alle ihre fünf Söhne beisammen unter den lobpreisenden Scharen, wie sie sich freuten und frohlockten in ihren Gewändern. Und sie ging hinauf zu dem Heiligen in großer Freude und erzählte ihm, was sie gesehen hatte.

Er aber gebot ihr, zu gehen und ihre Angelegenheiten gut zu ordnen, weil ihr Hingang zu ihnen nahe war. Sie aber tat, wie er ihr geboten hatte, und sie schied ab aus dieser Welt, indem sie ein schönes Beispiel war für die, welche *(die)* nach ihr (kämen), wie es der selige Hiob war: damit kein Mensch über Gebühr Trauer hege über *ihren* [im Ms. versehentlich: *seinen*] Tod wie solche, die keine Hoffnung haben [vgl. 1 Thess. 4, 13], wie der Apostel sagt, sondern (dass) wir warten [die grammatische Form gestattet auch zu übersetzen: dass er wartet … dass er ererbt. Wegen des paränetischen Schlusses ist die 1. Pers. Plur. vorzuziehen], dass wir mit den Verstorbenen gehen und das unvergängliche Leben ererben.

(fol. 293a) Zu Ende ist die Erzählung über die Witwe und ihre Söhne.

Der Erzählkern der Geschichte besagt: Eine Witwe verfällt nach dem Verlust ihrer gesamten Familie in Erstarrung und obsessive Verstörung. Die Geschichte erzählt den existenziellen Weg dieser Frau, ihr Nicht-zur-Ruhe-Kommen bis hin zur Aufhebung der Lebensblockade durch göttliche Intervention. Der syrische Text ist seiner Funktion nach eine moralisch-didaktische Erzählung; ihrem Genre gemäß wird sie folgerichtig vom Ende her konzipiert und zielgerichtet auf eine Belehrung hin entwickelt. Die Geschichte will zum Ende ein »schönes Beispiel« aufzeigen, aber auch ihr Anfang hat sein Gewicht. Der Schreiber setzt dem Titel: »Eine Erzählung über eine Witwe und ihre fünf Söhne« die wichtige Bemerkung voran »Wiederum«. Das ist eine bibliographische Angabe mit der Bedeutung »abgeschrieben aus einer anderen Erzählung«. Das weist darauf hin, dass ein weitläufig kursierendes Erzählen von allgemein anerkannter Bedeutsamkeit vorausgegangen war. Als Scheitelpunkt wurde die Geschichte dann für so wichtig gehalten, dass sie auch schriftlich fixiert und immer wieder abgeschrieben wurde. Sie ist aus einem Guss erzählt und schließt literarische Vorformen aus. Es ist die Verschriftlichung gewesen, welche diese Disziplin des Erzählens unterstützt hat. Vom Text her ist die Geschichte vollständig überliefert. Der Text ist Teil einer Sammelhandschrift, die der Schreiber offensichtlich beliebig nach Gefallen zusammengestellt hat. Seine Stellung in diesem Dossier kann im Rahmen der vorliegenden Studie nicht miteinbezogen werden. Wir erfahren nichts über seinen Sitz im Leben. Sicher ist lediglich, dass es sich um eine Erzählung des christlichen Orients handelt. Dieser orientalisch-christliche Traditionsstrang der Geschichte ist bis in das frühe 16. Jahrhundert dokumentiert[38], zeitgleich mit den Predigten Geilers von Kaysersberg in Straßburg.[39] Nicht nur der Autor ist unbekannt, es bleiben auch die Adressaten verborgen, die mit der Anrede »Geliebte« (sinngemäß entsprechend dem lateinischen »carissimi«) angesprochen werden. Unklar bleibt auch der historische Rahmen der Erzählung.[40] Handelt es sich um die Reminiszenz einer christlichen Gemeinde, welche sich in der nun islamisierten Umwelt zurechtfinden muss? Erinnert sie sich in der schwierigen Gegenwart an ihr vergangenes goldenes Zeitalter?[41]

[38] Professor Hubert Kaufhold, Universität München, schreibt hierzu (E-Mail an die Autorin vom 28. September 2007): »Es gibt [zu diesem christlich-syrischen Referenztext des 9. Jahrhunderts] eine christlich-arabische Übersetzung. Sie steht am Schluß der Handschrift Paris syr. 192 (fol. 118v bis 126r ?), die 1512 A. D. im Bischoi-Kloster in Ägypten geschrieben wurde. [...] Die[se] arabische Version ist sicherlich aus dem Syrischen übersetzt, denn sie trägt in der Handschrift noch die syrische Überschrift, die der von Paris syr. 234 ähnlich, aber ausführlicher ist: ‚Ferner: Geschichte einer Frau aus Jerusalem und ihrer fünf Söhne, welche diejenigen tadelt und beschämt, die über das Maß hinaus über ihre Lieben trauern (und) lehrt, nicht (zu)viel über ihre Verstorbenen zu weinen.' Dann geht es arabisch weiter (in Karschuni, d. h. Arabisch in syrischer Schrift): ‚Geliebte, es erzählte einer von den Heiligen, dass in Jerusalem eine verwitwete Frau war, ...' ... Die Übersetzung könnte wegen der Abweichungen auf eine andere Version als die der Handschrift Paris syr. 234 zurückgehen. Den arabischen Text erwähnt kurz bereits Georg Graf in seiner »Geschichte der christlichen arabischen Literatur«, Band I, Vatikanstadt 1944 (= Studi e Testi 118), S. 554 (»Geschichte einer Witwe in Jerusalem und ihrer 5 Söhne«). Er gibt als Beleg nur die Pariser Handschrift 192 an. Ich habe auch keinen weiteren arabischen entdecken können.« In dieser Literaturgeschichte ordnet Graf den Text in den 4. Abschnitt ‚Hagiographie' (1944: 487–555), Kapitel 10 ‚Volkserzählungen' (549–555), Autorengruppe ‚Laien' (553–555, hier 554) ein.« Ob die Referenzgeschichte auch im heutigen arabischen Christentum noch eine Rolle spielt, kann im Rahmen dieser Studie nicht weiterverfolgt werden.

[39] Mehr hierzu in Kapitel 2. 5.

[40] Der Herausgeber des Londoner Codex nimmt das frühe 9. Jahrhundert an (vgl. Wright 1871, No. DCCXVII). Dieser Zeitzuordnung folgt auch Peter Nagel, der anmerkt, dass die Geschichte damit aber keineswegs datiert wird, da die Handschrift nicht mit der Entstehung des Textes identisch ist.

[41] In Hasan El-Shamys (2004) Typenindex von Volkserzählungen der rezenten arabisch-muslimischen Welt ist Typ 769 nicht verzeichnet; desgleichen fehlt Th-Mot E.324 in seinem Motivindex (vgl. El-Shamy 1995). Im Index zeitgenössischer jüdischer Erzählungen belegt Heda Jason (vgl. 1965: 166) drei jüdisch-orientalische Varianten, die im israelischen Folklorearchiv in Haifa inventarisiert sind (Belege Tunis: IFA 3289, Pal Orient: IFA 859, Pal Ashken: IFA 715). In ihrem Typenindex von 1975 belegt Jason den Typ AaTh 769 mit zwei marokkanischen Erzähltexten (vgl. Jason 1975: 34, IFA 5607, IFA 6832). Frau Jason schickte mir diese Texte nach der Veröffentlichung von Ziporah Kagan (1964: 29–32, 85–86, im Inhaltsverzeichnis mit ‚A woman who might not weep' betitelt) zu und bemerkte dazu: »AT's [AaTh's] story is typically christian« (Dr. Heda Jason, Brief an Autorin, Jerusalem, 22. Januar 2006). Die Autorin dankt Frau Nizza Speidel für die Übersetzung aus dem Ivrit ins Deutsche.
Diese beiden marokkanischen Texte sind keine Varianten zum Referenztext 769, sondern mehrepisodische Erzählungen mit nur zum Teil verwandter Motivik und anderer Erzählintention und -botschaft.

Übersetzung des Londoner Textes (British Library, Syriac Manuscripts, Cod. Add. 14, 535, fol. 45b–47a)

Erzählung über eine Frau in Jerusalem

(fol. 45b) Es war einmal eine Frau in Jerusalem, eine Witwe aus vornehmer Familie, und sie war reich an Gütern und Wohlstand der Welt. Sie hatte fünf Söhne und zog sie auf in Disziplin und in der Lehre der Weisheit und in aller Aufrichtigkeit, die für freie Menschen angemessen ist. Und als sie in das heiratsfähige Alter kamen und sie sozusagen von der ganzen Bevölkerung der Stadt geliebt und gelobt wurden – nicht allein wegen der Anmut ihrer Schönheit, sondern auch wegen der Weisheit und der Art ihres aufrechten Wandels, den sie erworben hatten –, wollte ihre Mutter sie nach Sitte der Welt in den Bund der Ehe führen und ihnen ihr Haus und ihr Vermögen überschreiben. Und als sie besorgt und bereit war, sie zu verloben, brachte sie ihren älteren Söhnen Frauen. Da geschah es – es traf sie das Ende, und die drei starben binnen weniger Tage. Und als sie genügend darüber getrauert hatte, zumal sie Hoffnung und Trost fand in den beiden, die übriggeblieben waren, wurde in kurzer Zeit ihre Trauer über die, die gestorben waren, gemildert und verging.

Und als nach geraumer Zeit ihre beiden jüngeren Söhne älter wurden und heranwuchsen, wollte sie auch ihnen Frauen bringen und durch sie (sc. die Söhne) den Niedergang ihres Hauses wieder aufrichten. Und als sie bereit war, sie zu verbinden und die Hochzeit auszurichten, wie es in der Welt üblich ist, kam der Tag ihres Endes und auch diese starben wie ihre Brüder. Und als jene Frau auf diese Weise aus all ihrer Hoffnung fiel und sie in Herzensleid und zu völliger Kinderlosigkeit kam, fiel sie in Trauer und großes Elend. Und wie über den Greis Jakob geschrieben steht, dass seine Söhne und alle Angehörigen seines Hauses sich erhoben, um ihn zu trösten und zu besänftigen über Josef, und er sich nicht trösten lassen wollte, sondern im Schmerz seiner Seele sagte: »Ich werde hinabgehen in die Scheol, indem ich traurig bin über meinen Sohn« (Gen. 37, 35) – so geschah es auch dieser Frau. Denn als viele

Nachbarn und Familienangehörige zu ihr kamen, um sie zu ermutigen und zu trösten über den Tod ihrer Söhne, wollte sie sich nicht trösten lassen. Und auch der heilige Patriarch der Stadt, weil er ihre Söhne geliebt hatte, schickte viele Male Botschaft und ließ sie zu sich kommen und würdigte sie der Unterredung mit ihr (sic). Aber sogar vor ihm weigerte sie sich, sich umstimmen zu lassen und ihren Kummer zu lindern und den Schmerz (fol. 46a) ihres Sinnes zu lösen. Und als die Zeit ihrer Trauer sich hinzog und sie nahe daran war, zugrundezugehen und durch die Menge ihres Weinens und ihres Elends zu vergehen, da sandte der Heilige Gottes, der Patriarch, zu einem Inklusen, der auf dem Ölberg war, ein Mann, der durch Vortrefflichkeit ausgezeichnet war, und auch durch göttliche Visionen war seine Seele sehr erleuchtet. Diesen überredete der heilige Patriarch, dass der die Last der Trennung (von seiner Abgeschiedenheit) auf sich nehme wegen jener Frau und sich bemühe, sie umzustimmen, sie aufzurichten und zu trösten. Der Heilige aber, da er dem Gebot des Priesteroberhauptes gehorsam war, obwohl er nicht gewohnt war, mit Frauen *Umgang zu haben* (andere Übersetzungsmöglichkeit: *sich zu unterhalten*), empfing jene Frau. Und mit vielen Worten ermahnte er sie, und als sie nicht einmal seiner Überredungskraft oder dem Gewicht seiner Vortrefflichkeit zustimmte und also alle menschlichen Überredungen ihr gegenüber ins Leere gingen, flehte er zu Gott, der alles vermag, dass er sie auf andere Weise zwinge, auf etwas zu hören, was besser ist, und gebot ihr, zu der verehrungswürdigen Kirche der heiligen Herrin (*Herrin:* syrisch *mart (i)*, gleiche Wortbildung wie MaDonna) Maria, der Gottesmutter, die in Gethsemane ist, zu gehen und dort drei Nächte in Wachen und Gebet zu verbringen. Und er sandte denen, die die Kirche bewachen, Botschaft, sie nicht daran zu hindern.

Und als sie kam und tat, wie jener Selige ihr geboten hatte, befiel sie in der dritten Nacht ein Erstarren (stupor), und sie sah in einer Vision die heilige und gnadenvolle Herrin Maria, wie sie auf dem Thron der Herrlichkeit erhoben war, und vor ihr her und von allen Seiten rings um sie gingen Scharen und Chöre von Lobpreisenden. Und als beim Anblick dieses Wunders jene schmerzerfüllte Frau erstaunte und sich wunderte, sah sie ihre drei älteren

Söhne, wie sie Kerzen trugen und in prächtige und weiße Gewänder gekleidet waren. Und sie gingen mit dem Chor (derer), die vor der heiligen (Jungfrau) Psalmen sangen. Und als sie vorübergezogen und gegangen waren, sah sie ferner auch ihre zwei jüngeren Söhne, über die sie trauerte. Diese gingen hinter jener Schar von fern, indem sie bekümmert und ihre Gesichter betrübt waren. Und als ihre Mutter sie sah, stürzte sie auf sie zu. Sie aber wandten sich ab in zornigem Tadel und sagten zu ihr: »Komm uns nicht näher! Denn durch deinen übermäßigen Schmerz und durch die Menge deiner Trauer über uns hast du uns ausgeschlossen von der Begleitung und der Freude unserer Brüder und derer, die bei ihnen sind. Und jetzt, wenn (fol. 46b) du deine Seele nicht verlieren und auch uns zusammen mit dir (nicht) schädigen willst, geh und höre und tue, was jener Selige dir geboten hat.«

Als nun jene schmerzerfüllte Frau erstaunte über das, was sie gesehen und gehört hatte, reute es sie, und zerknirscht in ihrem Sinn, weil sie zur Ursache des Schadens an ihrer Seele und an ihren Söhnen geworden war, entfernte sie sich und ging zu dem Seligen, der sie geschickt hatte, und erzählte ihm alles, was sie gesehen und gehört hatte. Und als sie wirklich so überzeugt wurde, den Rat jenes Mannes anzunehmen, gebot er ihr, zu gehen und die Gewänder ihrer Trauer abzulegen und solche anzulegen, die ihrem Trost angemessen waren, und ihr Herz zu trösten von dem Schmerz und ihr Angesicht aufzuheitern von der Betrübnis und ihren Söhnen eine Opfergabe und eine Seelenmesse (*Seelenmesse*: »agape pro mortui quiete habita«. Brockelmann, Lexikon Syriacum ed. secunda 1928, col. 419b) darzubringen und die Armen und Elenden und alle ihre Nächsten/Nachbarn, die bei *ihr* (*ihr:* im Text versehentlich »*bei ihm*«) waren in ihrer Trauer, aufzunehmen und zu erquicken und die Bedürftigen und Bedrängten zu besuchen (vgl. Mt. 25, 36) und allezeit in der Kirche zu bleiben im Gebet und Flehen. Jene Frau aber ging hin und tat alles, was ihr geboten war, und nach geraumer Zeit bat sie jenen Heiligen, er möge zu Gott bitten und sie künftig wissen lassen, ob Gott ihre Buße angenommen und auch ihre beiden jüngeren Söhne zu ihren älteren Brüdern gebracht habe.

Der Selige aber, während er bat, dass (Gott) ihren Sinn völlig zur Ruhe bringe, nahm ihre Bitte an. Und er gebot ihr, zu gehen und zu tun wie jenes erste Mal. Und als sie also tat, erschien ihr erneut jene frühere Vision der seligen und von Heiligkeit erfüllten Herrin Maria, wie sie erhoben war und verehrt von jenen heiligen himmlischen Scharen. Und jene Frau sah alle ihre fünf Söhne zusammen unter den Scharen der Lobpreisenden, indem sie sich freuten und frohlockten in ihren Gewändern. Und als ihr Sinn sich freute und fröhlich war über das, was sie gesehen hatte, kehrte sie um zu dem Heiligen, der sie geschickt hatte, und gab ihm Kunde über die Freude und die vollkommene Tröstung, die Gott ihr erwiesen hatte. Der Selige aber gebot ihr, zu gehen und zu sorgen und in guter Weise ihre Angelegenheiten zu ordnen, weil ihr nicht viel Zeit verbleiben würde nach diesen (Geschehnissen). Und nun, da sie alle ihre Werke in der Furcht Gottes besorgt hatte, schied sie von der Welt ab, indem Gott sie als Spiegel und Beispiel gab für die nach ihr gleich dem seligen Hiob, damit kein Mensch über das gebotene Maß hinaus Trauer und Schmerz über ihren Tod hege und wir wie Menschen würden, »die keine Hoffnung haben« (1 Thess. 4,13) (fol. 47a) nach dem Wort des Apostels, sondern indem wir zu Tische liegen (vgl. Lk. 13, 29) in der sicheren Zuversicht auf Gott und auf die Verheißung des neuen Lebens der wahren Welt, die nicht vergeht und nicht enden wird. Auf sie wollen wir hoffen und warten, damit wir uns freuen mit den Verstorbenen und getröstet werden durch diese Güter, die nicht vergehen von Ewigkeit zu Ewigkeit. Amen.

Interpretation in der Erzählstruktur (Codex syriaque)

Das »schöne Beispiel« – wie wird es entwickelt? Es beginnt damit, dass in dieser Familie alles heil ist und eine Fülle und Überfülle an Kindern, Ansehen und Reichtum besteht. Dann folgt der heillose Absturz der Frau in die Katastrophe ihrer Familie und in ihr endloses Geschrei, dem sie sich ausliefert. Dieses obsessive, lebensfeindliche Schreien ist die zusätzliche persönliche Katastrophe dieser Frau, welche noch schwerer wiegt als der Verlust der Familie. Sie hat sich selbst gleich mitverloren. In der Geschichte werden Leiden und Tränen der Frau nicht um ihrer selbst willen dargestellt. Im Gegenteil, es geht nicht darum, dass die Frau weint, sondern darum, dass sie aufhören soll zu weinen. Es geht um den Weg aus der katastrophalen Erstarrung zurück in ein sinnvolles Leben; einen außergewöhnlichen Weg, den die Frau gleich zweimal geht; das erste Mal auf Anweisung des Inklusen unter dem Schutz vorauseilender Boten. Das zweite Mal macht sich die Frau aus eigenem Antrieb und zu ihrer eigenen Überprüfung auf den gleichen Weg. Und dieses zweite Mal ist darum auch nur verkürzt wie ein Nachhall des ersten Weges ausgeführt. So ist der Erzählbogen gespannt.

Knapp und ohne sprachliche Umwege erzählt, führt der Weg der weinenden Frau durch eine biblische Topographie, die der bibelkundige Leser versteht und sinngemäß anzuwenden weiß. Der Erzähler hat sich jedoch einige Freiheiten erlaubt, indem er die objektive biblische Wirklichkeit und seine eigenen fiktionalen Intentionen geschickt mischt. Da ist Jerusalem, die Metropole von gesellschaftlichem Leben, Treiben und Arbeiten, das Zentrum geistlicher und weltlicher Verwaltung mit dem Patriarchen als »Priesteroberhaupt« an der Spitze. Aber die gesellschaftlichen und auch die spirituellen Kräfte des städtischen Kosmos bemühen sich vergebens um die unentwegt schreiende Frau; hier kann der Tod und sein Geheimnis nicht durchschaut werden. Der Weg der obsessiv Weinenden muss aus dem geschäftigen, banalen Jerusalem heraus und auf den Ölberg hingeführt werden zu dem biblischen Ort, an den sich Jesus häufig zurückgezogen hat. Auf der Höhe dieses Berges und als ersten Höhepunkt der Geschichte trifft sie auf den Inklusen. Dieser freiwillig in die Höhle Eingeschlossene ist ein den Menschen enthobener »Athlet Gottes«, der seinen extremen Lebensweg der äußersten Askese an der Nachfolge Jesu orientiert. Nur er kann der Weinenden die lebensweisende Aufgabe stellen, indem er ihr aufträgt, »nach Gethsemane hinabzugehen« an den biblischen Ort der Passion Jesu und den fiktiven Ort der Grabstätte Marias, der Mutter des Getöteten, die nach allem Weinen hier als gekrönte Himmelskönigin erscheint. Der Weise schickt sie an diesen Ort, an dem sich auch für die Frau etwas verändern kann. Die dritte Nachtwache bringt die entscheidende Initiation und schmerzhafte Transformation. Gerade in der Starre des Stupor, dem kleinen Tod, ist sie nicht mehr die im Weinen Erstarrte. Ihre Augen erhalten die Fähigkeit zu visionären Einblicken in eine lichtvolle Anderswelt.

Erst nach und nach kann sie die Gewandsymbolik durchschauen und verstehen, dass die Gewänder ihrer Söhne Ausdruck einer inneren Befindlichkeit sind (vgl. Of. 4,4). In ihrer neuen Sicht als »Nachfolgerin Jesu« in Leiden, Tod und Auferstehung gemäß der Bibel muss sie erkennen, dass durch ihre eigene Schuld auch der Himmel imperfekt ist. Nur die maßvoll betrauerten drei älteren Söhne sind ihr entrückt und dürfen in den weißen Gewändern der Erlösten am Festzug der Seligen teilnehmen. Mit den von der Glückseligkeit Ausgeschlossenen kann sich die Mutter in der Erdensprache verständigen. Auf Erden können sich unzufriedene Kinder heftig beschweren, und so sind der Unmut der jüngeren Söhne und ihre Forderung nach Abhilfe fast eine Alltagsszene. Erst jetzt, nach der eigenen bereuenden Erkenntnis und nachdem die Söhne sie energisch dazu aufgefordert haben, findet sie den Weg zurück wieder hinauf auf den Ölberg zu dem Weisen, der ihr eine überfamiliäre Aufgabe zuweist und sie auffordert, »ihre Gewänder der Trauer« abzulegen. Auf seine Weisung hin geht sie dann weiter hinunter in den Alltag zurück nach Jerusalem, aber in ein sozial neu geordnetes Leben, das sie in einem zweiten Weg überprüfen darf. In der zweiten Schau sieht sie, dass nun alle ihre Söhne gemeinsam »frohlocken in ihren Gewändern«. Der Erzähler erweitert an dieser Stelle den Fluss seiner Erzählung und öffnet dem Zuhörer noch ein zusätzliches Erkenntnisfenster, indem er auf den alttestamentlichen Hiob und den Paulus des Neuen Testamentes vergleichend hinweist und damit die Lehre nicht nur bildhaft ordnet, sondern auch ausdrücklich formulieren kann: nicht über Gebühr zu trauern, »wie solche, die keine Hoffnung haben« (1. Thess. 4,13). Die Witwe, die ihr Leben geordnet hat, ist dann reif für einen ebenso geordneten Tod und darüber hinaus reif für ein Weiterleben im Gedächtnis kommender Generationen als »schönes Beispiel«.

Die syrische Geschichte, eine mit Analogien arbeitende Erzählung, hat sich von der kanonischen Bibelrezeption entfernt. Sie übernimmt in einem literarischen Umbau Einzelelemente anderer Herkunft, um ihr didaktisches Anliegen ins Bild zu setzen:[42] Auf ihrem Weg der Tränen pilgert die Frau an den Ort des transzendierten, überwundenen Leidens, aus dem Krönung geworden ist. Das sind fiktive Vorstellungen von Leiden und Krönung der

Gottesmutter, mit denen der Erzähler außerkanonische Geschichten in eine lebenspraktische Tat umsetzen will. Die weinende Frau folgt dem Vorbild der Gottesmutter und kann im Sinn der Nachfolge selbst ein Beispiel werden. Dies ist die didaktische Botschaft der Geschichte, mit welcher die zentrale Glaubenswahrheit der Erlösung popularisiert wird.

[42] Zum Topos der um ein Kind wehklagenden Frau vgl. die Kindheitsevangelien und Andreasakten (Schneemelcher 1990: 358; 1997: 125). Analog hierzu ist hinzuweisen auf die Figur der Rachel (s. Ritter 2003).

2. 2. Exempel ATU 769 von Thomas Cantimpré (13. Jahrhundert)

Zentrale Elemente des syrischen Erzähltextes erscheinen ca. 400 Jahre später in dem Exempel 243 von Thomas Cantimpré.[43] Wiederkehrend ist hier das konkrete Motiv der Behinderung der Glückseligkeit eines Toten durch die zu tränenreiche Trauer einer Weiterlebenden. Wiederkehrend ist auch die Anweisung an die Weinende, sie möge die zu starke Trauer beenden, indem sie sich Gott und den Armen zuwende. Neu an der Überlieferungssituation ist, dass mit Cantimpré die Anonymität des Erzählens beendet wird. Die Erzählung bekommt einen Autor, ein Gesicht. Neu an der Überlieferungssituation ist auch, dass dieser Cantimpré den Text im Werkzusammenhang seines *Bonum universale de apibus* (Alles Gute über Bienen) erscheinen lässt.

Lebensdaten von Thomas Cantimpré im Werkbezug

Thomas Cantimpré alias Cantipratanus, Cantipratensis (Klostername), Henry Guillaume Brabançon, Brabantinus, Willem Henri van Bellinghen (Familienname), Angehöriger der Adelsfamilie De (Du) Mont, wurde ca. 1201 in Leeuw-Saint Pierre, südwestlich von Brüssel, geboren.[44] In seinem fünften Lebensjahr kommt er zur Vorbereitung auf den Priesterdienst nach Lüttich und wird 1217 Novize bei den Augustinerchorherren in Cantimpré bei Cambrai. Im Jahr 1232 tritt er zum Dominikanerorden (ordo praedicatorum) über. Er stirbt ca. 1270 als Subprior des Klosters in Löwen. Seine Lehrmeister und

---

[43] Zugrunde gelegte Quelle: Thomas Cantimpratensis, *Bonum universale de proprietatibus apum*, Köln: vermutlich Goiswin Gops und Johann Schilling, um 1473. Bl. 115r–116r und 129v–130r. Im Besitz der Universitäts- und Landesbibliothek Bonn, Inkunabel 1151, Signatur Cop. 1218. Übersetzung ins Deutsche von Dr. Gerhard Henn, Universität Würzburg. (2004) Ergänzend wurde gelesen: *Thomas von Cantimprés Exempeltext in Georg Colvenerius, Thomae Cantipratani Miraculorum et exemplorum memorabilium sui temporis libri duo.* Opera et studio Georgii Colvenerii. 3. Aufl. Duaci [Douai]: Bellerus, 1627. II, c. 53, § 17.

[44] Details lesen sich lebhaft nach bei Kaufmann (1899), van der Vet (1902), Hermant (1937), Platelle (1972), Stutvoet-Joanknecht (1990), Schürer (2005) sowie Hoffmann & Uther (2009).

Vorbilder sind vor allem seit 1217 der Kreuzzugsprediger und Exempeldichter Jacques de Vitry und seit 1232 Albertus Magnus als Naturforscher und Enzyklopädist (Kölner Studienzeit). Methodische Anregungen könnte auch das naturgeschichtliche Werk des damals schon verstorbenen Alexander Neckam gebracht haben (Pariser Studienjahre). Zu Cantimprés Hauptwerken gehören die Naturenzyklopädie *De natura rerum* (vermutlich 1225 bis ca. 1241) und sein kulturgeschichtlich bedeutendes Compendium, das *Bonum universale de apibus* (vermutlich 1258/1263). Seine Werksprache ist dem Zeitgebrauch entsprechend das Lateinische.[45] Dass er fließend Französisch gesprochen hat, ist als sicher anzunehmen. Seine Muttersprache ist wahrscheinlich der Brabanter Dialekt des Ostmittelniederländischen gewesen. Er selbst bezeichnet seinen früh verstorbenen Jugendfreund und Mitbruder Julianus aus dem Kloster Cantimpré als »een landgenoot uit Brabant« (Stutvoet 1990: 8*).[46] Erkennbar wird seine Mehrsprachigkeit auch an einigen Glossen, mit denen er den Versuch unternimmt, lateinische Ausdrücke auf Flämisch zu paraphrasieren. Als Prediger ist er fallweise auf die lateinische Sprache angewiesen, da er in einer multilingualen historischen Landschaft gewirkt hat, die von vielerlei Dialekten durchflochten war. Nach seinem Übertritt zu den Dominikanern wird ihm vom Orden jedoch das Kloster in Löwen als Lebensmittelpunkt zugewiesen, weil er als Brabantiner den dortigen Dialekt beherrscht hat und er die Gläubigen als Prediger in ihrer Volkssprache ansprechen konnte.

---

[45] In Bezug auf das Exempel ATU 769 ist davon auszugehen, dass Cantimpré die antiken Schriftsteller Seneca und Tacitus geschätzt hat. Es ist nicht auszuschließen, dass ihm der Satz aus der *Germania* bekannt war: »‚Lamenta ac lacrimas cito, dolorem et tristiam tarde ponunt. Feminis lugere honestum est, viris meminisse'. Jammern und Weinen währen nicht lange; Schmerz und Trauer aber schwinden nur langsam. Den Frauen ziemt laute Klage, den Männern stilles Gedenken.« (Tacitus, *Germania*, 27, 1, Übs. Curt Woyte, Bamberg 1983, p. 30).

[46] Cantimpré über seinen Jugendfreund: »carissimus meus et compatriota Iulianus … ex partibus Brabantie clara de stirpe originem ducens« (Godding 1981: 271).

Übersetzung des Exempels ATU 769 von Thomas Cantimpré mit Prolog und Epilog

Prolog (Fle. pete. ieiuna. vigila.)

Weine, bitte, faste, wache, gib (den Armen) und vergilt
(was Gott an dir tut und noch tun wird), feiere (die Eucharistie).
Weine, d. h. flenne nicht maßlos wie die andern, die keine
Hoffnung haben. Sondern gemäß dem Ecclesiasticus (dem Verfasser
des Buches Jesus Sirach) vergieße Tränen über den Toten, d. h.
richte sie nach oben, zu Gott natürlich, Tränen nämlich mildern
die Hitze des Fegefeuers.
Wenn du aber andere Tränen, maßlose Tränen um den Toten
weinst, sind sie vergeblich und keine Kühlung bringen sie.

Exempel (Matris relatione didici quod narro)

Aus einer Erzählung meiner Mutter habe ich erfahren (gelernt),
was ich (jetzt) erzähle:
Meine Großmutter hatte einen Sohn, ihren Erstgeborenen,
von hervorragender Begabung und auffallender Anmut. Als
dieser starb, trauerte sie untröstlich, und tatsächlich gab es da
einen deutlichen Hinweis auf sein Leiden im Jenseits. Denn außer
diesem Sohn hatte sie noch einen anderen, der – verführt vom
Prangen der Eitelkeit – ein Verschwender war.
Als die Mutter, wie gesagt, zunächst untröstlich um den Erstgeborenen laut wehklagte, erschienen ihr junge Leute auf einer
ganz bestimmten Straße (im Traum), die unter großer Freude und
Heiterkeit dahinzogen. Als sie im Gedenken an ihren Sohn unter
den jungen Leuten ihn nicht sah und (deshalb) weinte, siehe, da
bemerkte sie, daß ihr Sohn (weitab) hinter ihnen schleppenden
Fußes ihnen folgte. Zu ihm nun sprach die Mutter mit lauter
Stimme und (sagte): »Was ist, mein Sohn, daß du so allein gehst,

hinter ihnen zurückgeblieben?« Er zeigte nun an der Seite seines Gewandes einen gewaltigen, schweren Wassersack und sagte: »Sieh hier Mutter, diese Tränen, die du um mich sinn- und nutzlos vergossen hast, durch deren Gewicht ich gehindert werde, den andern zu folgen.
Wende dich also mit deinen Tränen an Gott, öffne angesichts des Leibes Christi gegenwärtig in der heiligen Messe dein frommes und gottgeweihtes Herz. Dann werde ich befreit werden von dem Ungemach, das mich jetzt (so) belastet.«

Epilog (Nota tamen lector)

Merke doch, Leser, daß – nach Gottes Fügung der Mutter zum Trost oder als Zurechtweisung – der junge Mann gesagt hat, daß er durch ihre sinnlosen Tränen gehindert werde am gemeinsamen Gehen mit den Genossen. Weil einerseits durch die Verdienste der Lebenden den Seelen der Toten geholfen werden kann, so können sie auch ganz und gar behindert werden durch Verdienste, die gar keine sind. Mit Blick auf die Hilfe der Verstorbenen begreift man (jetzt): wo man sagt »bitte« da heißt dies »bete«. Daher wird im zweiten Makkabäerbuch gesagt: »Heilig und heilsam ist der Gedanke, für die Toten zu beten, auf daß sie von ihren Sünden erlöst werden.«

Textstruktur des Exempels im Vergleich mit der syrischen Erzählung

Cantimpré setzt dem Exempel einen Prolog voraus, in welchem er zielgerichtet in sieben Imperativen den großen Rahmen einer christlichen Lebenskultur mit ihrem Aufruf zu Disziplin und Mäßigung der Trauer vorgibt. Mit der sprachlichen Geste der Aufforderung »Weine! bitte! faste! wache! gib! (Almosen) vergilt! (was Gott an dir tut und noch tun wird) feiere! (die Eucharistie)« hat er sich von Anfang an einem Publikum als Prediger zugewendet. Anschließend grenzt er sofort ab: Gemäßigtes Weinen *(fle)* im Sinn des Ecclesiasticus ist gestattet (vgl. Sir 22,11 ff.); ebenso ist Trauern erlaubt im Sinn des Paulus (vgl. 1. Thess. 4,13), der schon im syrischen Text als Quintessenz zitiert worden ist. Das folgende Exempel ist zwar auch ohne Prolog ein in sich selbst verständlicher Text, aber es wird durch die Vorrede in den größeren Zusammenhang der Bußpraxis seiner Zeit eingebettet. Durch sie wurde der Glaubende auch mittels der Angst vor den ewigen Qualen des Höllenfeuers zu Treue und Gehorsam gegenüber der Kirche erzogen, da sie imstande ist, den Verängstigten als Zuflucht der Sünder einen starken Halt zu gewähren. Cantimpré selbst ist unter dem Einfluss dieser Bußpraxis zeitlebens von einem sich wiederholenden Albtraum gequält worden.[47] Das Fegefeuer der zeitlichen Leiden konnte jedoch auch durch Tränen der Reue und Buße, die Gott gütig stimmten, gelöscht werden. Nur diese Tränen lässt Cantimpré als sinnvoll gelten. Die Mutter des Exempels dagegen trauert nicht um die Verfehlungen des Sohnes, sondern beweint den Verlust ihres Kindes. Zur Herausarbeitung dieses Gegensatzes bezeichnet Cantimpré hier solche Tränen als unnütz. In diesem Sinn kann also der Prolog Auskunft über die Intention des Exempels geben, weil Cantimpré »Tränen« interpretiert und differenziert bewertet. Gleichzeitig wird der Zuhörer durch den Prolog zur Aufmerksamkeit angeregt, was für eine Botschaft kommen möge.

Das Exempel wird mit einem biographischen Bezug eingeleitet, seine Mutter habe diese Geschichte von ihrer Mutter erzählt bekommen. Der kritische Leser fragt: Wie genau ist der Hinweis auf diese beiden neuen Autoritäten? Inwieweit ist er biographisch real; inwieweit ist er verschwommen, geschönt oder Teil einer rhetorischen Strategie? Mit seinem ersten Satz will sich Cantimpré

[47] In seiner *Vita Christinae Mirabilis* (1232) zeichnet Cantimpré zur Erbauung *(aedificatio)* des Lesers oder Hörers ausführlich sein abschreckendes Bild des Purgatoriums. Seine Protagonistin beschreibt als »Augenzeugin« die Schrecken dieses Ortes. Im Zustand ihres Scheintodes glaubt sie zunächst, bereits die Hölle gesehen zu haben und folgt unter diesem Eindruck dem Anruf Gottes, freiwillig in die Welt zurückzukehren, um die Lebenden vor den zeitlichen, aber unvorstellbaren Strafen des Fegefeuers zu warnen und für die Toten stellvertretend zu leiden (vgl. Kraml 2008: 64; Brückner 1984: 108 f.; Ausgabe Cantimpré 1727).

als jemand autorisieren, der die Geschichte selbst aus erster Hand gehört hat; und damit will er den Beweis der Wahrheit gegenüber den Zuhörenden festigen. Mit dem zweiten Satz eröffnet er die fiktionale Handlung. Schon mit dem dritten Satz nimmt er aber eine andere Erzählebene ein, die Position des allwissenden Erzählers, indem er etwas über die Geschichte Hinausgehendes sieht; und er appelliert damit ein zweites Mal an die Neugier und Aufmerksamkeit der Hörenden. Durch den Appell hat er sich schon mit diesem dritten Satz von der Familiengeschichte gelöst und taucht dann mit dem vierten Satz in eine fiktionale Geschichte von allgemeiner Gültigkeit ein. In diesen vier ersten Sätzen hat Cantimpré also drei verschiedene Erzählebenen miteinander verwoben: Die Ebene der quasi biographischen Quelle *(matris relatione didici)*, die fiktionale Ebene der Handlung *(avia mea filium habuit)*, die Ebene des Erzählens zur Erregung der Aufmerksamkeit *(nec forte sine presagio)* und im vierten Satz wiederum die rein fiktionale Ebene der Handlung *(nam post illum alium habuit)*. Dieses Hin und Her der Perspektiven ist als eine Ausdrucksweise mündlichen Erzählens aufzufassen, die Cantimpré auf diese Weise aufgreift und rhetorisch so gekonnt verarbeitet, dass die Zuhörer einen Anknüpfungspunkt an ihr eigenes Erleben haben und sich selbst betroffen in die Rede eingebunden fühlen können.

Es ist nicht auszuschließen, dass Cantimpré in seinem Exempel zwei selbstständige Geschichten, die er einmal gehört hat, nebeneinanderstellte; und da er kein gedankenloser Kompilator gewesen ist, bleibt noch zu fragen, warum er das getan hat. Aber durch dieses zweigeteilte Exempel geht ein roter Faden: Da gibt es das Element der von Generation zu Generation und von Cantimprés Mutter überlieferten dunklen Familiengeschichte des missratenen Sohnes der Großmutter mütterlicherseits, dessen Leben Leid verursacht hat. Damit nur lose verbunden gibt es die Geschichte einer obsessiv »laut wehklagenden« Frau, die den Tod des guten Sohnes betrauert.[48] Nur in diesem zweiten Erzählstrang gibt es so große motivische Ähnlichkeiten mit dem syrischen Text, dass eine Abhängigkeit kaum infrage zu stellen ist; nur für diesen Teil muss es also eine Stoffzirkulation gegeben haben, die bis in den Orient gereicht hat.

Das gesamte Exempel ist bei Cantimpré äußerst knapp erzählt und jede Interpretation geht sehr schnell über den Text hinaus. So kann sich die Sinnstruktur des Textes am besten im Vergleich mit der syrischen Erzählung entfalten. Der syrische Text hat andere Steigerungseffekte und ein anderes Weltbild. Die Söhne sind der Mutter vom Wesenszug gleich lieb, sie werden nur in der sich steigernden Trauer anders behandelt. Cantimpré bringt eine manichäische Opposition ins Spiel und arbeitet mit dem westlichen Gegensatz von gut und böse, in dem auch die Mutterliebe nicht gleichmäßig verteilt ist. Der Älteste ist »von hervorragender Begabung und auffallender Anmut«, der Zweitgeborene übt den von Cantimpré offensichtlich wenig geschätzten Kriegsdienst aus; seine Existenz dient auch als Negativfolie, um das Leid der Mutter über den Tod des guten Sohnes noch zu erhöhen, da dieser zweite Sohn, »verführt vom Prangen der Eitelkeit, ein Verschwender war.« In der syrischen Geschichte schließen sich die beiden Brüdergruppen zum Erweis der Erlösung zu einer geschlossenen Gruppe zusammen. In der Cantimpré-Rezeption wird der erste Erzählstrang, die Familiengeschichte vom missratenen Sohn, welche seine Mutter gerade mit so viel persönlicher Betroffenheit erzählt hat, allein im *Byen Boeck* noch erwähnt; sie gerät später in Vergessenheit samt dem Quellenverweis »Ick hebbe van mynre moder ghehort dat ic nu vertelle« (Stutvoet 1990: 221), der dann keinen Funktionswert mehr hat. In dem zweiten Erzählstrang bleibt der episch so eindrucksvolle Weg der Tränen, wie wir ihn aus dem syrischen Text kennen, ganz unmarkiert. Die Frau sieht den Sohn »auf einer ganz bestimmten Straße« gehend, d. h., sie sieht im Traum.

---

[48] In seiner Beweinungsdarstellung knüpft Cantimpré an eine Bildvorstellung der Volksfrömmigkeit an. Die vier Evangelisten berichten, dass Jesus nach der Kreuzabnahme in Linnen gewickelt wurde. Die Legende erzählt, wie der in Linnen gewickelte tote Sohn seiner Mutter Maria in den Schoß gelegt und von ihr beweint wurde. Diesem Urbild entsprechend liegt der mit Leinen umhüllte Sohn im Schoß der avia; die Tränen der »untröstlich um den Erstgeborenen Wehklagenden«, die so auf das Leinen fallen, durchnässen es so sehr, dass der Sohn im Paradies eine schwere Wasserblase seitlich in der Gewandfalte schleppen muss, deren Last ihn beim Gehen im Festzug der Seligen behindert.

Gemeinsam wiederum ist beiden Texten, dass die zu sehr Betrauerten in ihrer Glückseligkeit behindert sind und dass ihre Unvollkommenheit und Belastung an ihren Gewändern erkennbar ist. Trauer ist Schwere. Aber die Motive sind verschieden ausgedrückt. Im syrischen Text leiden die Söhne mehr unter einer mentalen Beschwerde, die Gewänder sind nicht weiß.[49] Cantimpré dagegen baut die Vorstellung der Schwere noch aus und findet ein sehr starkes Bild: Die Toga des Betrauerten ist seitlich *(toga lateralis)* von Tränen so durchnässt und beschwert, dass der Beweinte nur schleppenden Fußes *(lento gradu)* folgen kann. In der syrischen Fassung gibt der Inkluse die Anweisung zur Umkehr. Die wunderbare Gestalt des orientalischen Weisen ist aber nicht in den europäischen Kontext übertragen worden, bei Cantimpré weist ihr allein der Sohn den Weg. Auch der wichtige Gedanke der Armenfürsorge *(cum elemosinis pauperum)* als ein Hinaustreten aus der blockierenden, egoistischen Trauer ist von Cantimpré aufgegriffen worden, wenn auch nicht so ausführlich wie im syrischen Text. Cantimpré predigte in diesen schwierigen Zeiten sozialer und wirtschaftlicher Umbrüche oftmals vor Verarmten, die genauso darbten wie er selbst auch.[50]

Es sind die drei entscheidenden erzählerischen Elemente (zu tiefe Trauer, Gewändersymbolik, Hinwendung der Tränen zu Gott und zu den Armen), die den Texten gemeinsam sind, aber sie sind verschieden eingebaut. Im Epilog wendet sich Cantimpré an denjenigen, der sein Exempel lesen oder vorlesen will: »*Nota tamen lector.*« Er schreibt also nicht nur für sich selbst, sondern vor allem zum Nutzen anderer und formuliert noch einmal ausdrücklich, aber sehr behutsam sein Predigtanliegen, »Trost und Weisung« zu geben. Wie schon im Prolog verwebt er erzählende und ermahnende Sprache. Der syrische Erzähler dagegen benötigt keinen besonderen Epilog, weil er sein didaktisches Anliegen in die Geschichte episch erzählend eingebracht hat.

---

[49] Vgl. die Gewändermetaphorik in Off. 4,4.

[50] Vgl. Pirenne (1946: 84).

Die beiden Geschichten gehören verschiedenen Gattungen an. Die syrische ist eine voll auserzählte moralisch-didaktische Geschichte, die nicht fantastisch Gemeintes, sondern real geglaubtes Faktum ist. Ihr Verfasser will Tatsachen erzählen. Cantimpré stimmt dem syrischen Erzähler inhaltlich im Wesentlichen zu, aber erzählerisch bietet er im Vergleich nur eine reduzierte Geschichte, jedoch von der hohen Kunstfertigkeit und der Disziplin eines rhetorisch geschulten Predigers, der einem Denkgebäude verpflichtet ist. Sein Beruf ist es zu predigen, und mit erzählerischen Momenten kann er sein Anliegen ins Bild setzen. Da er ein origineller Schreiber und kein Abschreiber ist, hat er nur übernommen, was in seine Exempel-Idee passte. Er hat für seine Zuhörer etwas Neues zusammengestellt und es in die Makrostruktur seiner enzyklopädisch anmutenden Sammlung eingebaut – so, wie er in seiner Studienzeit in Paris geschult worden war. Sein Exempel ist in der Beschränkung auf die Hauptbilder so knapp angelegt, dass es wie eine Gedächtnisstütze anmutet, die für eine immer wieder einzusetzende Erzählung gedacht ist. Aber diese Reduktion ist Gewinn. Was im Einzelnen genau fixiert ist, kann sich erzählerisch nicht mehr weiterentwickeln, kann sich nicht mehr an eine neue Situation anpassen. In seiner Unvollständigkeit jedoch ist das Exempel jederzeit neu und je nach Gelegenheit zu erzählen.

Herkunftsgeschichte

Wie kommt es, dass Cantimprés Exempel aus dem 13. Jahrhundert der wahrscheinlich 400 Jahre älteren syrischen Erzählung in den entscheidenden Motiven so stark ähnlich ist? Wie könnte der Stoff zu Cantimpré gekommen sein? Die Vermittlungswege des Mittelalters sind vielfältig verflochten und bleiben in einer Mischung von Möglichem, Wahrscheinlichem und Sicherem immer hypothetisch. Wir können uns in einem philologisch so ungesicherten Raum an diese Fragen nur Stufe um Stufe herantasten.

Möglich ist folgende Annahme: Der syrische Text wäre Teil eines nicht näher bestimmbaren erzählerischen Urgrundes, aus dem diese Geschichte in Brabant entstehen konnte. »Mutter und Großmutter« gälten dann im übertragenen

Sinn als die Traditionsträger einer Volksüberlieferung. Die Geschichte hätte es dann in Brabant als Volksgut »immer schon« gegeben. Cantimpré hätte aus dieser schon länger kursierenden mündlichen Zirkulation geschöpft, wir hätten aber nur ihn als zufällig einzig erhaltene früheste schriftliche Quelle.

Mit größerer Wahrscheinlichkeit aber schöpfte Cantimpré nicht nur aus der allgemeinen Quelle, aus dem Volksmund Brabants. Das Motiv vom missratenen Sohn ist nach seiner eigenen Aussage eine von der Mutter authentisch überlieferte Geschichte. Für die zweite Erzählung von der »laut wehklagenden Frau« muss es noch eine weitere Quelle geben. Die Tatsache, dass Cantimpré in den drei tragenden Motiven so nah am syrischen Text ist, legt eine Übernahme aus dem Orient nahe. Entscheidend bei der Bewertung der Zusammenhänge ist, dass Cantimpré nicht nur allgemein christliche, kanonische Vorstellungen übernommen und weitertradiert hat, sondern auch außerkanonische, individuelle Detailverästelungen und originelle Gedanken adaptiert hat, die wir an keiner anderen Stelle finden außer in diesem syrischen Text. Zwar ist Cantimprés Predigtzusammenhang allgemein christlich; aber die Bildhaftigkeit der Hauptmotive ist nicht nur Bestandteil aus dem allgemeinen christlichen Kulturgut. Was Cantimpré übernimmt, ist die einzigartige Bildidee aus der Imagination eines Erzählers, die sich nach Syrien zurückverfolgen lässt, wenn wir auch die Übernahme nicht lückenlos herleiten können. Als Vermittler kommen Kreuzfahrer infrage, die von Mittel- und Westeuropa aus das Heilige Land in mehreren Schüben kriegerisch heimgesucht und als Rückkehrer die Geschichte mit nach Brabant gebracht haben.[51]

Aber Cantimpré hält selbst noch eine zusätzliche Überraschung bereit, die darauf hinweist, dass er nicht ausschließlich aus einer allgemeinen Quelle der Kreuzfahrertradition geschöpft hat. Im *Bonum universale* erwähnt er mehrfach, dass es in seiner eigenen Familie eine lebhafte Erzählkultur gab, an der nicht nur Großmutter, Mutter und Tante beteiligt waren. Auch der Patriarch der Familie war Erzähler.[52] Es ist nicht auszuschließen, dass es der eigene Vater gewesen ist, der – selbst Kreuzfahrer – bei der Überlieferung der Geschichte eine Rolle gespielt hat. Cantimpré ist mit biographischen Angaben außerordentlich zurückhaltend gewesen. Die folgende Schwellensituation schildert er jedoch mit erstaunlicher Offenheit.

Nach eigenen Aussagen hat Cantimprés Vater im Heer von Richard Löwenherz Kriegsdienst geleistet und ist eine nicht näher beschriebene Gewissenslast aus dieser Zeit sein Leben lang nicht losgeworden, auch nicht durch eine Bußfahrt ins Heilige Land. Thomas Cantimpré zitiert den Vater:

> *Sed et patrum meum, ut me adhuc puerum ad litterarium studium, et vitam caelibem provocaret, saepius mihi cum lacrymis et devotione referentem audivi. Cum mare, inquit, transmissem, terram sanctam, ac Hierosolymam visitare, veni in montem, quem Nigerum vocant: ubi sparsim multi viri sancti vitam eremiticam ducentes, Domino serviebant. Uni ergo eorum peccata mea confessus, responsus accepi me de facili culpas meas per poenitentiam non posse diluere, sed si filium haberem, et hunc ad litteras ponerem fieretque sacerdos idoneus Christo potissime per hunc me posse iuvari. Huius occasione consilii in scholas datus sum: et spero divina suffragante gratia, quod tam per me etsi minus idoneum, quam per alios, quos publice in sermonibus, vel secrete in consilio ad orandum pro illo inducere efficaciter potui, adiutus sit multis modis. Mihi quoque Christus testis sit, quod, si quando pro eo celebrare distulissem, alias impeditus, ipse mihi apparebat in somnis; et manibus ostensis, plagis plurimis vulneratus, me utique, quare patrem filius non iuvarem, sinceriter arguebat.*
> (BUA II, 53, § 32)

---

[51] Der von Cantimpré so bewunderte Jacques de Vitry, Bischof von Akkon, später Titularbischof von Tusculum, wird zwar im Bienenbuch mehrfach mit einem »ut audivi« oder »quid olim audierim« zitiert, jedoch gibt es keinen Hinweis, dass er als Beiträger des Exempels ATU 769 infrage kommen könnte (vgl. Crane 1890, Funk 1909, Tubach 1969, Bremond 1993).

[52] Zum Beispiel erzählte der Vater auch Geschichten über eine berühmte Wunderquelle in der Bretagne (vgl. BUA II, 37, 28).

> »Aber ich hörte auch von meinem Vater unter Tränen und Verwünschungen [d. h., falls Cantimpré nicht spurt] folgende Geschichte, um mich schon als kleiner Junge zur Beschäftigung mit den Wissenschaften und zu einem ehelosen Leben aufzurufen. Als ich das Meer – so erzählte er – überquert hatte, um das Heilige Land und Jerusalem zu besuchen, kam ich an einen Berg, den sie Niger (den Schwarzen) nennen, wo viele heilige Männer weit auseinander ein Leben als Einsiedler führten und so Gott dem Herrn dienten. Als ich nun einem von ihnen meine Sünden bekannt hatte, erhielt ich zur Antwort, dass ich nicht so ohne Weiteres meine Verfehlungen durch Reue abwaschen könne, aber, wenn ich einen Sohn hätte, diesen zum Studium der Wissenschaften brächte und er ein Christus würdiger Priester würde, dann könnte mir am ehesten durch diesen Sohn geholfen werden. Aufgrund dieser Empfehlung, die sich bei dieser Gelegenheit ergeben hatte (occasione), schickte man mich auf die Schule; und mit dem Beistand der göttlichen Gnade hoffe ich, meinem Vater auf vielfache Weise geholfen zu haben. Deshalb, weil ich, sowohl persönlich, obgleich ich dazu weniger geeignet war, als auch durch andere, die ich ganz offen in Gesprächen oder auch mit vertraulichen Bitten (auxilio) mit Erfolg veranlassen konnte, für ihn zu beten. Christus selbst soll dafür mein Zeuge sein; denn wenn ich einmal – irgendwie gehindert – für meinen Vater die Messe zu lesen verschoben hatte, erschien mir Christus leibhaft im Traum; er zeigte mir seine (durchbohrten) Hände und fragte mich, verletzt von unzähligen Geißelhieben, unter ernsthaften Vorwürfen (arguere) jedenfalls, warum ich als Sohn meinem Vater nicht zu Hilfe käme.«[53]

Diese Beschreibung des Schreckenstraumes wirft ein neues Licht auf den inneren Zusammenhang der beiden Erzählabschnitte des Exempels; sie erst

[53] Für die Übersetzung aus dem Lateinischen danke ich Dr. Gerhard Henn, Universität Würzburg (2004).

zeigt die Bedeutung der ersten Geschichte, die von dem dunklen Familiengeheimnis mütterlicherseits und von der Trauer jener avia um ihren guten Sohn berichtete. Von dem Albtraum aus gesehen erscheint diese erste Erzählung als Parallelgeschichte, als Spiegelung der zweiten dunklen Geschichte, in welcher der schuldbeladene Vater im Mittelpunkt steht. Er hat dem jungen Sohn und zukünftigen Priester sehr offen die zwanghaften Zusammenhänge erklärt. Unausgesprochen, aber als klare Schlussfolgerung ist dabei die Angst des Vaters um das seinerzeit vorgeburtlich geopferte Kind unüberhörbar, was dem Sohn zustoßen werde, wenn er das Versprechen des Vaters nicht einlöst, und ob es dann wiederum eine endlos trauernde Mutter geben könne? Unter den vielen Erzählungen des Vaters hat in diesem dramatischen Zusammenhang auch die beruhigende Trostgeschichte von der Erlösung der ‚laut wehklagenden Frau' ihren Sitz im Leben.

Stellung des Exempels im Werkganzen des Bonum universale

Cantimpré hat dieses Exempel nicht nur als Einzelstück verfasst, es ist vielmehr auch Teil eines großen Kompendiums, in dem es fest verortet ist. Das Exempel fordert daher zu einer doppelten Sehweise heraus. Es zieht den mikroskopischen Blick als Einzelnes auf sich, aber es verlangt auch den Blick auf die Makrostruktur des Gesamtwerks und auf die Intention seines Autors.

Das *Bonum universale de apibus* ist ein Spätwerk, das als solches auch die Entwicklung und Verflechtung der persönlichen Lebensaufgaben des Verfassers widerspiegelt: Cantimpré ist Prediger, Naturwissenschaftler, Enzyklopädist, Visionär.

Der Prediger Cantimpré fällt mit dem Übertritt zum modernen Dominikanerorden (Ordo Praedicatorum) seine persönliche Lebensentscheidung. Er beweist mit diesem Entschluss, dass er seine vorgeburtliche Vorherbestimmung durch den Vater überwunden hat, indem er sich nun selbstbewusst als Prediger definiert.

Der Naturforscher Cantimpré stellt nicht nur das Streben nach umfassender Naturerkenntnis in den Mittelpunkt seiner Studien. Die Natur ist ihm auch ein Spiegel des heilsgeschichtlichen Geschehens im Sinn der *analogia entis* und somit ein Abbild der Ordnung innerhalb der menschlichen Beziehungen.

Der Enzyklopädist Cantimpré ordnet in »Alles Gute über Bienen« sein Werk einer durchlaufenden Idee unter, einer Zielvorstellung, die er auf der Makroebene des ganzen Buches konsequent durchhält. Er beschreibt eine auf den Dominikanerorden bezogene *Civitas Dei*, in der er der Ordensgemeinschaft das ideale Bild des gewaltlos staatenbildenden Bienenvolkes unterlegt. Im Bienenstaat sieht er den von Gott in die Schöpfung gelegten Entwurf einer christlichen Gesellschaft in ihrer Vollkommenheit. Jedes Kapitel des *Bonum universale* beginnt mit einem Gedanken aus *De natura rerum*. Damit hat Cantimpré seinem schriftlichen Lebenswerk einen inneren Zusammenhalt gegeben, indem er seine beiden Hauptwerke an den verschiedensten Stellen immer wieder miteinander vernetzt. Jedes Thema wird mit einem »Sermo« erläutert und mit einem Exempel oder einer Exempelkette illustriert. In dieser zweiten Vernetzung verwebt er auch das jeweils einzelne der 299 Exempel und kann es so über die Singularität seines begrenzten Predigtanliegens hinausführen im Sinn eines konsequent strukturierten Gesamtwerks. Das ist der Erzählstil einer aufgeklärten, wissenschaftlichen Persönlichkeit, die auch im Predigtbereich der Gefahr der Geschwätzigkeit entgeht und die Rede ökonomisch-diszipliniert einteilen kann.[54]

Der Visionär Cantimpré setzt als Schlussstein seines Exempel-Mosaiks die aus heutiger Sicht sehr dunkle Geschichte vom Tod des Ketzers in dem großen Brand einer Kirche (vgl. Colv. II, 57, § 68). Im anschließenden Epilog teilt Cantimpré explizit mit, wie er sich selbst und seinen Adressatenkreis vorstellt. Er sieht sich als Dokumentator und wünscht, dass das Buch bleibend zum Nutzen anderer gelesen oder vorgelesen wird. Diese Gemeinschaft der Lesenden will er ebenfalls in die Verdienste einbeziehen, die er durch das Schreiben seines Buches erworben hat. Damit fügt er sich selbst konsequent in die Ordnung des Buches ein und schafft dadurch eine dritte Vernetzung: Er verwebt also seine beiden Hauptwerke miteinander, verfugt die 299 Mosaiksteine seiner Exempel untereinander und verortet im Epilog sich selbst in seinem Werk. Das kleine Exempel ATU 769 von wenigen Zeilen wird von diesem dreifach vernetzten Lebenswerk keineswegs erdrückt, im Gegenteil, es ist fest justiert und geschützt an dem ihm gemäßen Platz: II. Buch, Kapitel 53, § 17. Das Kapitel handelt von den vier eschatologischen Dingen und beschreibt den Zustand der Seele zwischen Tod und Auferstehung im Sinne der mentalitätsgeschichtlich noch jungen Lehre des Fegefeuers (cf. Le Goff 1984). Der einleitende Satz aus *De rerum natura* erläutert, dass die Bienen im Winter von dem leben müssen, was sie im Sommer gesammelt haben.

Wirkungsgeschichte

Cantimpré hat die syrische Erzählung als Dokumentator in seine Zeit, in das europäische Mittelalter, übersetzt, und die Umsetzung der drei Hauptmotive ist ihm so gut gelungen, dass das Exempel seine Strahlkraft bis in die Zeit seiner »Nachfolger« im ausgehenden Mittelalter behielt. Ihm wurde eine

[54] Im Detail ist sein persönlicher Erzählton farbig nachlesbar in der Geschichte »aus der alten Zeit« vom wiederkehrenden Toten (Cantimpré in Colvenerius II, 49, § 6). Seine gelassene Heiterkeit wird deutlich bei der Schilderung einer eigentlich bitteren Hungerszene, die seine dominikanische Lebensform (Wanderprediger zu Fuß in Begleitung von Ordensbrüdern, Bettelmönche ohne Geldbörse) exemplarisch sichtbar macht: »Ich kam zu Fuß in ein mir unbekanntes Dorf, durch den langen Weg so ermüdet, dass mir ganz schwach wurde. Die Brüder gingen in das Haus der Ortsgeistlichen, fanden aber nicht einmal ein Stück schwarzes Hausbrot. Sie gingen durch den ganzen Ort, ohne etwas aufzutreiben; endlich erhielten sie von einem armen Weiblein, das am Ende des Ortes wohnte, ein Stück Kleienbrot, unter jenen Umständen eine große Gabe, ja für mich eine sehr große. Wir ließen uns unter einem Dornstrauch nieder und verzehrten das Brot. Obwohl aber die Kleienspitzen, die noch im Brot steckten, den Gaumen höchst unangenehm kitzelten und kratzten, glaubte ich doch, niemals in meinem Leben etwas so Gutes gegessen zu haben.« (Colv. II, 10, § 9) Sein Esprit überrascht eine ganze Gesellschaft, wenn er ein junges Mädchen vor dem aufdringlichen Kleriker in Schutz nimmt (vgl. Colv. II, 30, § 51). Seine satirische Fähigkeit zeigt er in der Darstellung einer Teufelserscheinung, in welcher der Satan das Gesicht eines Mitbruders hat (vgl. Colv. II, 57, § 40).

doppelte Wirkungsgeschichte zuteil: in der Rezeption des *Bonum universale* als Gesamtwerk und in der Rezeption des Exempels ATU 769 als Predigtvorlage.[55]

Von besonderer Bedeutung für die Verbreitung des Exempels war die frühe Übersetzung des gesamten Werks aus dem Lateinischen in die Volkssprachen Französisch und Niederländisch. Fast 200 Jahre nach der Entstehung des *Bonum universale* lehnten Klosterfrauen aus dem Umfeld der *Devotio Moderna* ihre neu zu schaffende Konstitution an das monarchisch-zentralistische Konzept des *Bonum universale* an. So erschloss sich ein neuer Übersetzer- und Leserkreis aus den Schwesternhäusern der Windesheimer Observanz im Bistum Utrecht (vgl. Stutvoet 1990: *130 ff.). Das Exempel 769 wird im *Byen Boeck* fast wörtlich nach Cantimpré übersetzt. Nur der Wassersack befindet sich nicht *»toga lateralis«*, sondern in der Kapuze. Die zentrale Stelle lautet:

> »Do toende he siner moder ene grote borde waters de he in synre hoyken droech. ende sede. Se moder dit sint de tranen de du vnnuttelicke vor my vth ghestort heuest. ende mit deser borden werde ick ghehindert dat ick den anderen nicht volghen en kann.
>
> Da wies er seiner Mutter eine große Wasserlast, die er in seiner Mantelkapuze trug und sagte: ‚Sieh Mutter, das sind die Tränen, die du unnütz auf mich ausgerichtet hast, und mit dieser Bürde werde ich so behindert, dass ich den anderen nicht folgen kann.‘«[56]

[55] Werkfolge in Auswahl nach Stutvoet-Joanknecht (1990): Eine Original-Hs. *Bonum universale de apibus* ist nicht erhalten, aber ungefähr 100 Abschriften. *S. 1; Inkunabel ca. 1473 in Köln als »Liber quid dicitur *Bonum universale de apibus*« *S. 47; kanonische Ausgabe des lat. Textes durch Georg Colvenerius. Douai 3. 1627: erste Übersetzung ins Ostmittelniederländische »vermutlich« 1451, Hs. »F« Textfassung Bibliothek Strasbourg, »Der Byen Boeck« *S. 57; erster Druck (Inkunabel) in ostmittelniederländischer Sprache 1488 in Zwolle, Drucker Peter van Os. *S. 58; Übersetzung ins Französische im Auftrag des französischen Königs: Hs. »Le bien universel des mousches à miel«, Brüssel 1372; Stutvoet a. a. O. *S. 161.

[56] Handschrift F Strasbourg, Bibliothèque Nationale et Universitaire. (Übersetzung Stutvoet, 2004).

2. 3. Das Exempel von Jean Gerson (15. Jahrhundert)

> »Hört alle her, Kleine und Große, Söhne und Töchter und andere einfache Leute! Ich werde euch auf Französisch euer ABC aufschreiben, welches das ‚Vater Unser' enthält, das Gott aus seinem eigenen Munde schuf; ... Wenn ihr mehr erfahren wollt, verweise ich euch auf »die Kunde vom seligen Sterben ...«[57]

> »Der Arme hat gewöhnlich kein Brot zu essen, außer vielleicht etwas Roggen oder Gerste ... Sie haben vier bis sechs Kinder am Herd oder im Backofen, wenn er warm ist ... Wohl sollte solches Elend genügen, da kommen diese Lumpenkerle, die alles aufladen ... und suchen den, der zahlt ...«[58]

> »So wie die Motte das Kleid zerfrißt und der Wurm das Holz durchbohrt, so beeinträchtigt die Traurigkeit das Herz des Menschen.«[59]

Es ist Johannes Gerson, ein bereits arrivierter Gelehrter und Kirchenpolitiker, der sich im Jahr 1400 einer einschneidenden Neuorientierung seiner Lebensaufgabe unterzieht und es als seine vordringliche Aufgabe erkennt, sich den »einfachen Christen«, den Kindern und Jugendlichen und ihrem Seelenheil zuzuwenden.[60] Er will die »illiterati« in ihrer Sprache, in ihrer Gedankenwelt erreichen und in den heilsnotwendigen Glaubensfragen unterweisen. Etwa

---

[57] Gerson, ‚ABC für einfache Leute', 1401, in Burger (2002: 221–222).

[58] Gerson, ‚Vivat rex', politische Predigt, am 7. November 1405 vor dem französischen Regenten gehalten, in Huizinga (1969: 79).

[59] Gerson, Zitat aus ‚Consolation sur la mort des amis', 1403, in Gerson (1966, VII: 320).

[60] Brief vom 1. April 1400 an seinen früheren Lehrer Pierre d'Ailly, in dem er den Zustand der Kirche beklagt, s. Burger (2002: 213).

140 Jahre nach Thomas Cantimpré hat mit Gerson ein zweiter biographisch bekannter Prediger die Aussagekraft des Exempels wahrgenommen, in sein Œuvre eingebaut und so tradiert.

Lebensdaten von Johannes Gerson im Werkbezug

Jean Gerson (alias Jean le Charlier, Jean bzw. Jehan de Gerson) wurde am 14. Dezember 1363 als erstes von zwölf Kindern einer Bauernfamilie in Gerson-lès-Barby nahe des Ardennenortes Rethel geboren. In den Jahren 1377 bis 1392 konnte er als Stipendiat des Burgunderherzogs Philipps des Kühnen, der auch Graf von Rethel war, an der Universität Paris Theologie studieren (vgl. Burger 2002: 212). Von 1393 bis 1411 war Gerson vom Burgunderherzog, dem er zu politischer Loyalität verpflichtet war, als Dekan des Kapitels Saint-Donatien in Brügge eingesetzt worden. Hier, nicht weit von Cantimprés Stammland, lernte er die niederländische Form der *Devotio Moderna* und ihre ernsthafte, nüchterne Volksfrömmigkeit kennen. Er schätzte ihren Gehorsam und ihre Rechtgläubigkeit und verteidigte sogar die »Brüder vom gemeinsamen Leben«, die um die Zulässigkeit ihrer Organisationsform gegenüber den Vertretern der Bettelorden kämpften. Im Jahr 1395 wurde Gerson Kanzler der Universität Paris als Nachfolger seines Lehrers Pierre d'Ailly, welcher Anhänger des Herzogs von Orléans war. Damit war für Gerson eine nachhaltige Konfliktsituation vorgezeichnet. Schon 1399 beschloss Gerson, das Kanzleramt und die Gelehrtenlaufbahn zugunsten seiner Pfründe in Brügge aufzugeben, was aber der Burgunderherzog verhinderte. Als Kanzler spielte Gerson eine herausragende Rolle beim Großen Abendländischen Schisma (1378–1417) und beim Konzil von Konstanz (1414–1418). Für Gerson gab es nicht nur die äußeren, politisch bestimmten Konflikte, sondern auch den dauernden Zwiespalt zwischen einer »Vita activa« und einer »Vita contemplativa«.[61] 1419 zog sich Gerson nach langem Exil als »Doctor Consolatorius« in die Stille des Kollegiatsstifts St. Paul nach Lyon zu seinem Bruder zurück, wo er bis zu seinem Tod am 12. Juli 1429 seine fruchtbarste literarische Phase erlebte. Von der Bevölkerung als Seliger verehrt, wurden seinem Grab Wunderereignisse zugesprochen.[62]

Diskussion des Exempels

Das Exempel ist Teil einer mittelfranzösisch verfassten Schrift, die den Titel »Consolation sur la mort des amis« trägt.[63] Sie ist in neun durchgezählte Überlegungseinheiten untergliedert, deren Zählungsmotivation hier nicht nachgegangen werden kann. Jedem einzelnen Abschnitt wird die Bezeichnung »consideracion« (alternativ »consideration«) vorangestellt. Der Textherausgeber Palémon Glorieux datiert das Dokument auf das Jahr 1403 »sans doute«. Adressaten waren nach seiner Einschätzung zunächst Gersons fünf leibliche Schwestern, die sich zu einer christlichen Laiengemeinschaft im Sinn von Gersons Reformvorstellungen zusammengeschlossen hatten. Aber der Text sollte als Leser auch andere geistliche und weltliche »indocti« erreichen, denen Gerson ein verlässliches und leicht verständliches Grundwissen in der Volkssprache vermitteln wollte. Als Modell für andere Prediger konnte der Text letztlich zum festen Bestandteil für Gersons reformerisches Konzept werden. Im Jahr 1407 verwendete Gerson ihn selbst als Vorlage für eine Predigt in der Kirche Saint Severin in Paris.[64]

[61] Gerson war der Verfasser wegweisender theoretischer Schriften zu Einheit, Recht und Papstmacht der Kirche sowie zur Grundlegung seiner mystischen Lehre (*De mystica theologia*, 1408; *De consolatione theologiae,* 1418).

[62] Quellen für diesen biographischen Abschnitt sind Beß (1899), Glorieux (1960), Pascoe (1973: 4–15), Bautz (1990) und Burger (2002).

[63] Zugrunde gelegte Quelle: Jean Gerson, »Consolation sur la mort des amis« [ca. 1403] nach der Edition von Glorieux (1966, VII: 316–326).

[64] Vgl. Glorieux (1966, VII: xv, xxxv). Unter T' f.5v–15v fügt Glorieux die offensichtlich zeitgenössische, anonym verfasste Anmerkung an: »Cy commence un sermon des mors fait a Paris a Saint Severin lan de grace 1407 par referent pere en Dieu maistre Jehan de Gerson excellent maistre et docteur en theologie et chancelier de leglise de Paris, ‚Sancta et salubris.' Pensee saincte et salutaire.« (Gerson 1966, VII: xxxv, dazu auch xxxvii, Fn. 6).
An anderer Stelle ordnet Glorieux diesen Text noch einmal eindeutig der Phase des Predigens für ‚das einfache Volk' zu (vgl. Gerson 1960, I: 118).

Der Exempeltext ist in die siebte »consideration« eingefügt (Gerson 1966, VII: 320–321). Ihr voran- und nachgestellt sind die übrigen Überlegungen, die auf einem abstrakten Niveau über den Tod reflektieren: über seinen Eintritt nach Gottes Willen (Nr. 1), seine Gerechtigkeit gegenüber Jung und Alt (Nr. 2, Nr. 5), seine Unausweichlichkeit (Nr. 3), über seine Funktion, in seinem Angesicht Brüderlichkeit unter Menschen zu stiften (Nr. 4) und Eitelkeiten erkennbar zu machen (Nr. 8). Die neunte Überlegung schließt den Gedankengang mit dem Ausblick auf die Auferstehung und das Jüngste Gericht ab. Die sechste Überlegung bereitet das Thema der siebte Überlegung in allgemeiner Form vor, wenn es darin heißt, dass Tränen um ihrer selbst willen dem Tod gegenüber keinen Gewinn bringen. Die siebten Überlegung führt dieses Thema ausführlich weiter. Das Exempel selbst steht – von der Gesamtanordnung der Considerations aus betrachtet – in ihrem Mittelfeld und umfasst mit seinen 18 Druckzeilen ein Viertel ihres Gesamtumfangs.

Exempel

… car il estoit une belle fame qui avoit ung bel enfant, moult ingenieux et habille en toutez choses; mais il trespassa asses tost de ce monde; dont sa mere prist telle tristesse et angoisse au cuer qu'elle ne cessoit de plourer nyut et jour. Advint ung certain jour que ceste bonne dame vit en vision une compaignie de josnes gens qui moult joyeusement et hastivement aloyent en certain lieu; mais elle ne vit point sont enfant avec eulx; dont fut encore plus troublee. Puis en considerant ou il pouoit estre aparait qu'il venoit apres les aultres tout bellement comme s'il fut fort lasse. Lors lui demanda sa mere doulcement pourquoy n'estoit avec celle belle compaignie. Tantost luy respondit comme triste, en luy montrant sa robe par darriere toute moille, don't estoit si apesanti de ceste eaue et le grevoit tellement qu'il ne pouoit suir ses compagnons; et adjousta ad ce en disant: belle mere, ie vous suppli que doresenavant vous cessiez d'ainsi plourer sur moy comme aves fait iusques cy; mais adreciez doulcement vos larmes envers Dieu avec saincte oroison, et dedans brief temps seray en parfaite salvation. Ainssi le fist elle, et son enfant fur parfaitement delivré.[65]

> … denn es war einmal eine schöne Frau, die ein schönes Kind hatte, das in allem sehr verständig und geschickt war; doch es ging sehr früh von dieser Welt, worüber seine Mutter in ihrem Herzen so betrübt und schmerzerfüllt war, dass sie Tag und Nacht weinte. Eines Tages geschah es, dass dieser guten Frau im Traum eine Schar junger Leute erschien, die fröhlich zu irgendeinem Ort eilten; doch sah sie ihr Kind nicht unter ihnen; worüber sie noch bestürzter war. Als sie darüber nachsann, wo es denn wohl sein könnte, geschah es, dass es ganz langsam hinter den anderen herging, als ob es sehr müde sei. Da fragte es seine Mutter freundlich, warum es denn nicht mit dieser netten Schar gehe. Es antwortete ihr sogleich betrübt und zeigte ihr dabei sein Kleid, das auf der Rückseite ganz durchnässt war, wodurch es von diesem Wasser so schwer war, dass es seinen Gefährten nicht folgen konnte, und es setzte hinzu: »Gute Mutter, ich flehe Euch an, hört fortan auf, meinetwegen so zu weinen wie bisher, doch wendet Eure Tränen mit heiligem Gebet zu Gott, und binnen Kurzem werde ich vollkommen erlöst sein.« So tat sie und ihr Kind wurde erlöst.

Die siebte Consideration fällt aus dem Gesamtschema heraus; sie ist durch den Einschub des hier vollständig zitierten Exempeltextes die einzig bildhaft gestaltete von allen neun Überlegungen. Die übrigen acht Considerations reflektieren die Todesproblematik allgemein – unterstützt durch Bibelverweise und antike Autoritäten. Sie folgen in der Entwicklung ihres Trostgedankens der klassischen konsolatorischen Topik[66] und vermitteln das Thema zwar in sich stimmig, aber spröde und unplastisch. Nur für den siebten Aspekt, dass übermäßige Trauer der Gesundheit des Menschen schade, hat Gerson die bildhafte Sprache des Exempels gefunden, welches zum Brennpunkt des

---

[65] Gerson (1966, VII: 320–321). Übersetzung ins Deutsche von Dr. Birgit Tappert, Universität Bonn (2005).

[66] Vgl. von Moos (1971/72) und Grözinger (1994).

gesamten Traktats wird. Gerson verstärkt diese Fokussierung noch durch einen bildhaften Vergleich, wenn er zu Beginn der siebten Überlegung zitiert: »So, wie die Motte das Kleid zerfrisst und der Wurm das Holz durchbohrt, so beeinträchtigt die Traurigkeit das Herz des Menschen.«[67] (Spr. 25,20). In der siebten Überlegung wird die übermäßige Traurigkeit in einem Dreischritt zunächst durch die aggressive Tiermetaphorik ins Bild gesetzt, im anschließend erzählten Exempel durch die Gegenständlichkeit der Tränen und der beschwerten Kleidung ‚materialisiert' und endlich durch die Gotteszuwendung aufgelöst. Im Gegensatz zu den ‚intellektuellen' acht Considerations trifft allein diese siebte Überlegung mit ihren kontrastiv angelegten Bildern und mit der kleinen Volkserzählung als Herzstück den schlichten Ton der Tröstung.

Wie ist die Gefühlswärme dieser einen Consideration zu erklären? In diesem Zusammenhang ist es nahe liegend, den Tod der Mutter von Gerson zu erwähnen, die am 8. Juni 1401 verstorben ist. Der Gerson-Biograph Brian McGuire weist auf einen Brief von Gerson an seinen Bruder Nicolas vom November 1401, in dem die Verstorbene mit Augustinus' Mutter Monica verglichen wird. Gersons theologisch-priesterliches Nachdenken und Predigen über den Tod im Allgemeinen trifft in dieser Situation auf eine schmerzhafte persönliche Erfahrung, nämlich des Todes der eigenen Mutter. McGuire sieht dabei den Kreis der Adressaten dieser Consolation differenzierter als Glorieux und datiert Gersons Jahr der Textabfassung mit großer Plausibilität auf ein bis zwei Jahre früher um:

> »I cannot determine the exact reason for Gerson's use of such a story and in general for his choice to write on the subject of sorrow and tears. But I would hazard the educated guess that Gerson was reacting to the death of his mother on 8 June 1401. It is noticeable

---

[67] »Comme la teigne corrumpt le vestement et le ver ronge le bois, ainssi tristesse nuist au cuer de la personne.« (Gerson 1966, VII: 320).

> that Gerson in a letter to his brother Nicolas in November 1401 (Glorieux 2.48) refers to their mother as another Monica for Augustine. And in the treatise of Consolation on the death of friends (or family members) Gerson describes at great length Augustine's reactions, including his tears or lack of them, after the death of Monica. Thus Gerson at this time seems to have been considering ways of lament the death of his mother. For this reason I do not agree with Glorieux's dating to 1403 – I would prefer the second half of 1401. Also I see no internal evidence that the work was written for his sisters – unless I have missed something in the text. I think Gerson was writing primarily for himself, in coming to terms with his loss, but of course since the work is in French it could have been sent also to his family members.«[68]

Dieser Einschätzung folgend kann Gersons Bild von Motte und Wurm wie einen Zuspruch an sich selbst gewertet werden. McGuires Mentalitätsgeschichte und Biographie ergänzt und revidiert Glorieux' Philologie und Textedition, während die Datierungsspanne einer Variante von nur drei Jahren für die Erzählforschung immer noch einen hohen Grad an Präzision aufweist.

Gerson hat bei seiner Suche nach volksnahen Predigtmodellen Cantimprés »Bienenbuch« konsultiert und adaptiert; die Exempelfassungen Cantimprés und Gersons stehen sich inhaltlich nahe. Zugänglich war Gerson dieses oftmals abgeschriebene, populäre Werk sowohl in Paris als auch in Brügge. Wahrscheinlich hat Gerson nicht nur dieses eine Exempel von Cantimpré verwendet, sondern das Bienenbuch als Gesamtwerk gekannt und eingesehen. Gerson führt in seiner Predigt »Pour le jour de la pentecôte« selbst die

---

[68] Dr. Brian McGuire, E-Mail an die Autorin vom 13. November 2006. Am 17. November 2006 schrieb McGuire mit weiterer Vorsicht: »On the basis of all that I know about him, however, I would prefer 1401–02 [the end of 1401 or the beginning of 1402], for it is in this period just after his return to Paris from his self-imposed exile in Bruges that he managed to reconcile his emotional and intellectual lives.«

Passage »Nota c. xxx de apibus« an. Glorieux identifiziert diese fragmentarische Angabe eindeutig als Cantimprés »Bonum universale de apibus« (in Gerson 1968, II: 684, Fn. a, Nr. 355). Aus unserer heutigen Sicht mag uns Gersons Traktat mit Ausnahme der Exempelerzählung gelehrtenhaft anmuten; jedoch erfüllte es eine besondere Brückenfunktion. In seiner eigenen Zeit und auf die nachfolgende Predigergeneration hat Gerson als charismatische Persönlichkeit eine außerordentlich große Anziehungskraft ausgeübt.

2. 4. Die Consolatio von Antoine de La Sale (15. Jahrhundert)

Mit Antoine de La Sale erscheint das Predigtexempel von Gerson in einem neuen Gattungszusammenhang, dem Kondolenzbrief (Consolatio), welcher zwar ein Medium der Literalität ist, jedoch von dem spätmittelalterlichen Empfänger als etwas Mündliches wahrgenommen wurde. Ein Brief übermittelt seine individuelle Botschaft stellvertretend für den Schreiber, der verhindert ist, in Person zu kommen. Überdies hat der Brief über die Stellvertreterfunktion hinaus auch Qualitäten eigener Art: Durch die Autonomie seiner Schriftlichkeit kann er seine Botschaft wiederholen, und er vermag über die persönliche Mitteilung hinweg auch eine Mit- und Nachwelt exemplarisch zu erreichen. Mit der Form der Consolatio bedient sich La Sale einer Textsorte, deren Grundstruktur bereits in der Antike entwickelt worden ist. Die antiken Autoren, zum Beispiel Seneca d. J. († 65 n. Chr.) und Boethius († 524 n. Chr.), hatten einen Zusammenhang von Rhetorik und Affektenlehre entwickelt und waren davon überzeugt, dass die Kraft der Rede imstande sei, ein verwirrtes Gemüt zu beruhigen und wieder zu ordnen.[69] In diesem Sinn wollten sie den Trauernden nicht durch ihre Mitleidsbezeugungen zusätzlich beschweren, sondern ihn im Gegenteil durch ihre argumentierende und ermahnende Rede stärken. Die christlichen Autoren übernahmen die Argumentationen der Rhetoriker, überhöhten die Trostrede durch die christliche Heilsgewissheit der Auferstehung und gründeten ihre Consolatio auf die fundamentale Ermahnung, »nicht zu trauern wie die, welche keine Hoffnung haben« (1 Thess. 4,13).

Biographische Daten im Werkbezug

Antoine de La Sale (* 1385/86, † ca. 1460), ein provençalischer Ritter, Soldat, Hofbeamter und Prinzenerzieher, ist der uneheliche Sohn des Söldnerführers Bernard de La Sale, genannt Chicot, und einer unbekannten Provençalin.

[69] Vgl. Grözinger (1994: 367 f.).

Im Jahr 1399 tritt er zunächst als Page in den Dienst der Anjous (Grafen der Provençe), von 1434 bis 1448 ist er Erzieher des Johann von Anjou.

Nach dem Bruch mit René von Anjou zieht er an den Hof des Grafen von Saint-Pol, Ludwig von Luxemburg, und bleibt dort bis zu seinem Tod. La Sale verfasst als ein weit durch Nordafrika, Italien und Frankreich gereister und lebenserfahrener Mann für Johann von Anjou (1439 bis 1444) und für die Söhne des Ludwig von Luxemburg (1448 bis 1451) zwei breit angelegte Kompilationswerke didaktischer Art. (Hierzu Becker; EM 8/1996.)

Als ein Beispiel seiner Erzählkunst gilt sein Alterswerk von 1457/58, der Trostbrief *Le Réconfort de Madame de Fresne*, in welchem die Referenzgeschichte belegt ist.[70]

Exempel[71]:

> *Il estoit une bonne femme qui tant amoit son seul enffant, moult habille et ingenieulx en toutes choses, mais ainssy que tous somme subgez et serfz autreshu de nature, c'est de morir quant à Dieu plaist; il advint que la mort prist cel enffant, don't sa mere prist telle dolleur et tristresse que à bien peu n'en perdit le sens. Par lesquelz dueil et tristresse la povre femme ne cessoit jour et nuit de plourer. Advint une foiz que ceste bonne femme vist par advision tres belle compaignie de josnes gens qui moult joyeusement faisoient leur chemin. Et tant toute la compaignie fut passée, la tresdesconffortée ne y vist point son enfannt. Lors fust assez plus troublée que par avant; don't elle estant en celle dolloureuse penssée, elle le aperceust venir moult bellement comme*

---

[70] Biographie nach Busetto (1980) und Becker (1996). Der erste Herausgeber Joseph Nève (1903: 60) ermittelt für den *Réconfort* folgende Datierung: »La comparaison de … dates permet d'assigner à la rédaction du *Réconfort* les années 1457 à 1459, avec une présomption en faveur de 1458.«

[71] Zugrunde gelegte Quelle: Antoine de La Sale, ‚Du réconfort de Madame du Fresne' (ca. 1458) in Nève (1903: 101–155, hier 104–105). Übersetzung ins Deutsche von Dr. Birgit Tappert, Universität Bonn (2006).

cil qui estoit fort lassé. Et quant ilz furent enssemble, la tresdesconfortée lui dist: »Hellas, mon fils, et pourquoy estes-vous ainssy loings des aultres?« Alors bien hastivement luy respondit: »Ha, ma mere, c'est tout par vous. – Par moy, dist-elle, hellas pourquoy? – Ma mere, dist-il, et je le vous diray: l'effusion des larmes que pour moy avez tant gettées me ont ainssy baignié ma robe par derriere, que me poise tant que je ne la puis porter, don't par ainssy me convient derriere en sy loings aller. Mais, ma mere, se voz larmes se // adreschoient doulcement et par vrayes oroisons à Nostre Seigneur, je seroye bien tost en vraye salvacion. Alors, pour sievir les aultres, l'un de l'autre prist congié, et la bonne femme se mist depuis en oroisons, et ne fust pas longuement que il lui apparut, lui disant que vrayement il estoit à ses prieres saulvé. Mais aucuns porroient dire: Bien me desplaist et grandement que j'ay telle, telle et telle tristresse et angoisse en mon cuer, laquelle je ne puis oster ne en quelque façon delivrer. A laquelle chose dist que fault doncques tout premier considerer quelle follie est de mettre trop son cuer et son amour en quelque chose transsitoire et temporelle, qui se puelt muer, perdre ou morir. Et ce cy nous soit cautelle pour nous en garder une aultre foiz.

Es war einmal eine gute Frau, die ihr einziges Kind, das in allen Dingen sehr geschickt und findig war, überaus liebte; doch da wir alle gleichermaßen der Natur untergeben und unterworfen sind, das heißt sterben müssen, wenn es Gott gefällt, geschah es, dass der Tod dieses Kind zu sich nahm, worüber seine Mutter so schmerzerfüllt und bekümmert war, dass sie fast den Verstand darüber verlor. Vor Trauer und Kummer weinte die Frau Tag und Nacht. Einmal erschien der guten Frau [im Traum] eine ausgelassene Schar junger Leute, die heiter ihres Weges zogen. Und als die Schar vorübergegangen war, konnte die Untröstliche in dieser ihr Kind nicht entdecken. Da war sie sehr viel bestürzter als zuvor über das, worüber sie in so schmerzliche Gedanken versunken war. Sie sah es ganz langsam kommen, wie jemanden, der sehr erschöpft ist.

Und als sie beisammen waren, sagte die ganz und gar Untröstliche zu ihm: Ach, mein Sohn, warum seid Ihr so weit entfernt von den anderen? Da gab er sogleich zurück: Oh, meine Mutter, Euretwegen. – Meinetwegen, fragte sie, ach! Weshalb denn? Meine Mutter, sagte er, ich will es Euch sagen: Die vielen Tränen, die Ihr meinetwegen vergossen habt, haben mein Gewand rücklings so stark benetzt, dass es mir so schwer ist[72], dass ich es nicht tragen kann. Deshalb muss ich in so großem Abstand folgen. Meine Mutter, wenn Ihr Eure Tränen liebevoll in echten Gebeten an Unseren Herrn richtetet, wäre ich bald wahrlich erlöst. Dann nahmen sie voneinander Abschied, damit er den anderen folgen konnte, und die gute Frau begann sogleich zu beten, und es dauerte nicht lange, bis er ihr erschien und ihr sagte, er sei wahrlich durch ihre Gebete erlöst worden. Einige könnten aber einwenden: Es missfällt mir über die Maßen, dass mein Herz von diesem und jenem Kummer und dieser und jener Angst bedrängt wird, die ich nicht vertreiben oder in irgendeiner Weise beseitigen kann. Woraufhin er sagt, dass man folglich zuallererst bedenken müsse, wie töricht es sei, sein Herz und seine Liebe sehr Vergänglichem und Weltlichem zu schenken, das sich wandeln, verloren gehen oder sterben kann. Und dies möge uns eine Vorsichtsmaßregel sein, uns ein andermal davor zu bewahren.

Einordnung des Exempels in das Gesamtwerk des ‚Réconforts'

Der Titel *Le Réconfort de Madame de Fresne* ist offenbar eine von den Herausgebern Joseph Nève (1903) und Ian Hill (1979) hergestellte Umformulierung der originalen Überschrift: La Sale selbst setzt konsequent diesem Brief eines 70-Jährigen an eine junge Frau seine Anrede als Titel ein. Sie ist ebenso höfisch-zeremoniell wie väterlich-herzlich: »A ma très honorée dame

[72] In doppeltem Sinne bedeutet das Verb *peser* sowohl ‚schwer sein' als auch ‚Kummer bereiten'.

et ma très bonne fille, madame Katerine de Neufville, dame de Fresne«, und er beendet seine Kondolenz entsprechend mit der Abschiedsformel »Vostre Serviteur Et Père Anthoine De La Salle«. Die Adressatin, welche seit 1456 mit dem Capitaine Jaques de Lille, einem Verwandten des Grafen von Saint-Pol, verheiratet war, hatte ihren erstgeborenen Sohn verloren, der gerade noch die Taufe empfangen konnte. Anlass des Trostbriefs von 1458 war der Tod dieses Kindes, um das Madame de Fresne nach La Sales Auffassung übermäßig trauerte.[73]

Der Trostbrief umfasst in der Nève-Edition 40 Seiten, deren Hauptteil nicht das Exempel ist, sondern die auf 32 Seiten ausgebreitete Geschichte von der heldenmütigen bretonischen Madame du Chastel, die ihren 13-jährigen einzigen Sohn als Geisel verliert, weil der Seigneur du Chastel sein Abkommen mit den verfeindeten Engländern auf dramatische Weise nicht einhalten kann. Durch dieses drastische Beispiel soll die Adressatin Madame de Fresne getröstet werden, indem ihr ein neuer Maßstab von Leid und Trauer vermittelt wird. Der Herausgeber Nève stellt süffisant fest, dass La Sale die Madame de Fresne ‚im Namen des Heiligen Bernhard, des Julius Caesar und des Seneca trösten' wolle (vgl. Nève 1903: 67).[74]

Erich Auerbach hat La Sales Hauptgeschichte eingehend analysiert und weist nach, dass seine Erzählung »sowohl (in) Satzbau wie Komposition des Ganzen nichts von der antikisch-humanistischen Biegsamkeit, Mannigfaltigkeit, Klarheit und Ordnung habe«, sondern in einer »Mischung von schwerem Prunk der Sprache und aufzählender Naivität in der Komposition einen Eindruck von schleppend-gleichförmiger Einförmigkeit des Tempos«

[73] Personenverhältnisse nach Nève (1903: 59–60).

[74] Bei Seneca ist zu denken an die ca. 37 bis 41 n. Chr. verfasste Trostschrift *Ad Marciam de consolatione* des Lucius Annaeus Seneca, die La Sale als Textmodell gedient haben kann. Auch hier weint eine Mutter ohne Unterlass um ihren verstorbenen Sohn und soll mit dem Hinweis auf die Schicksale von Müttern, denen viel tragischere und grausamere Verluste widerfahren sind, getröstet werden (vgl. Seneca 1969).

vermittele, der allerdings auch »nicht ohne Großartigkeit«[75] sei. Auerbach denkt hier an die beiden Höhepunktszenen, wie sich das Ehepaar du Chastel nachts im Bett verzweifelt über die Rettung ihres Sohnes berät und wie sich die Kindgeisel beim Gang zur Hinrichtung mit Jammergeschrei »an alle anwesenden und abwesenden Beschützer anklammert«. Auerbach attestiert diesen Szenen »ein Maß von hüllenloser kreatürlicher Realistik«[76]. Erst im Kontext dieser Szenen ergibt sich ein abgerundetes Verständnis für La Sales Einleitungsteil mit dem Exempeltext. Es ist ein jeweils spezifisch anderes, ob das Exempel im Kontext des *Bienenbuches* oder im Kontext der *Considerations* oder im Kontext des *Réconforts* erscheint.

In einem Aufbau kleiner szenischer Schritte führt die Einleitung des *Réconforts* zum Hauptteil hin. Sie beginnt mit einer *Captatio benevolentiae* an die »sehr schöne gute und noble Dame«. Es folgt eine verständnisvolle Zustimmung, »dass eine Frau beim Tod ihres erstgeborenen Kindes aufgrund ihrer Natur stärker trauert als Männer«[77], um Catherine anschließend umso schärfer zurechtzuweisen, weil es sich bei dem getauften Kind nur um einen weltlichen Verlust (mondainne perte) handele, da es dem unbeschwerten Glück des Paradieses anvertraut sei. In der strengen, doch letztlich wohlwollenden Kritik will La Sales Consolatio nicht verletzen, sondern zurechtrücken.[78] Nach der persönlich formulierten Ansprache fährt La Sale mit Zitatreferenzen nach dem Vorbild von Gerson fort: » … Wie die Motten die Kleider zerfressen … zersetzt die Trauer die Herzen der Menschen … « In der Hinleitung zum Haupttext führt dann das unvermittelt angeschlossene Exempel endlich mit

[75] Auerbach (1994: 230).

[76] Auerbach (1994: 235).

[77] *Ce n'est pas grant merveille se une très belle, bonne et noble dame, pour obeir aux très puissans, povoirs de sa très doulce et humaine nature, pour aucune sa premiere creature de ce monde trespassee, porte grand deuil en son doulz et femelin cuer et monstre plus grande et ingresse passion que les hommes rigides et vertueulx ne font.* (La Sale in Nève 1903: 101; Übersetzung ins Deutsche von Dr. Birgit Tappert, Universität Bonn; 2006).

dem bislang größten szenischen Schritt zum Hauptteil hin, und die Einleitung wird mit weiteren kurzen Reflexionen über die Nutzlosigkeit der Trauer abgeschlossen.

La Sale geht es beim Erzählen seiner kriegerischen Geschichte um die Persönlichkeit der fiktiven Kommandantenfrau du Chastel, an der sich die reale Offiziersfrau de Fresne ein Beispiel nehmen und sich trösten lassen soll. La Sale baut dabei die bombastische Ungleichheit auf, dass eine Frau, die gerade ihr Neugeborenes verloren hat, in Beziehung gesetzt wird zu einer Mutter, die ihren 13-Jährigen in einem militärisch-politischen Geiseldrama verliert. Dadurch dass das Exempel in der Einleitung vorangestellt wird, nimmt es den Ausgangsgedanken der endlos trauernden Mutter der Hauptgeschichte vorweg. Nur in dieser Exposition gleichen sich die beiden Geschichten. Sofort danach divergieren sie in unvereinbare Richtungen.

Die Betrachtung von Einleitung und Hauptteil gibt folgende Erkenntnisse: La Sale bevorzugt im Allgemeinen das szenische Erzählen in aneinandergereihten Mikroepisoden. Aber die Szenen der Einleitung sind stilistisch von anderer Art als die des Hauptteils: Sie zeigen weder Züge des feudalen Prunkstils noch Kennzeichen der vitalen Erzählfreude. Stattdessen bietet La Sale eine ‚bricolage' antiker und spätscholastischer Zitate und fügt in einfacher, naiver Montage das Exempel als weiteres Versatzstück an.[79] Bemerkenswert

---

[78] *Et pour ce, Madame, celle à quy Dieux, par nature, a mis tant d'honneur, de grâce et de savoir, pour tous les aultres conseiller et confforter et vous, par icelle mondainne perte semble que oubliez le service que Monseigneur de Frenne et vous feistes à icellui souverain Dieu, quant de par sur les sains fons de baptesme lui fut presenté vostre premier fruit et nouvel corps en son servicem, que Il de sa grâce a prins et donne office d'angel pour le prier en sa très sainte gloire de paradiz, pour tous vous et ses amis, don't vous et luy devez estre entre tous les très joyeulx, et lyement pensser ès aultres, ou aultrement vostre dueil et voz tristresses vous porroient l'âme et le corps trop empirer.* (La Sale in Nève 1903: 102; Übersetzung ins Deutsche von Dr. Birgit Tappert, Universität Bonn; 2006).

[79] ‚Bricolage' nach Claude Lévi-Strauss (*La pensée sauvage*, 1962; dt.: *Das wilde Denken*, 1973): »nehmen und verknüpfen, was da ist«.

jedoch ist ein gemeinsamer Bezugspunkt der Exempelgeschichte und der Erzählung der Madame du Chastel: La Sale zeigt in der Einleitung Verständnis für die Trauer der jungen Mutter Catherine und ihren persönlichen Verlust. Im gleichen Sinne lässt er Madame du Chastel im Haupttext sagen, dass die Kinder mehr Kinder der Mütter seien. Die Trauer der Väter ist anders, aber keinesfalls geringer. Das ist das Frauenbild eines Mannes, welcher das Tränenkrüglein im Sinn hat.[80]

Ein Bezugspunkt sehr widersprüchlicher Art sind die standardisierten Ermahnungen des Exhortators La Sale einerseits und die makabre Erzählfreude des alten Söldnersohns La Sale andererseits, wenn es um die ausführliche Schilderung der Rache geht, die der Kommandant du Chastel wenige Tage nach der Hinrichtung des Sohnes an seinen Gefangenen nimmt, wie er für den einen Getöteten gleich zwölf der Vornehmsten in unvorstellbarer Grausamkeit verstümmeln lässt. Diese Darstellungen sind keine Versatzstücke.[81]

Im *Réconfort* von La Sale wird das Exempel erstmals in dieser Dokumentationslage nicht dem hörenden Volk von einem Prediger vorgetragen. Es wird von einem Prinzenerzieher einer einzelnen Person als Brief zugeschrieben, hier einer lesekundigen Frau aus Adelskreisen. Damit wird dokumentiert, dass dieser ‚conte populaire' auch hoffähig gewesen ist. La Sale hat das Exempel in einem neuen Medium, dem konsolatorischen Brief, vorgestellt. Und er hat eine neue Adressatengruppe angesprochen, die spätfeudale Gesellschaft, die er offenkundig fesseln konnte.

Das Exempel selbst hat in La Sales Consolatio eine Aufmerksamkeitsverschiebung erfahren: Es ist ein feststehend etablierter Text, ein Versatzstück, dessen spirituelle Aussage erstmals an Gewicht verloren hat, weil es in diesem Rahmen spätscholastischer Formeln die Menschen nicht mehr unmittelbar erreichen kann. Dennoch besteht seine Aufgabe nicht nur darin, Bestandteil der Einleitung zu sein, die zu einem Hauptteil führen soll; es gibt lebendige Momente, die sich im Hauptteil widerspiegeln. Wichtig ist der *Réconfort* als Beleg dafür, in welchem Umlauf das Exempel zu dieser Zeit gewesen ist. Er weist nach, dass es nicht nur die eine linienhafte Traditionskette der Prediger gegeben hat. Daneben bestand in einer Gleichzeitigkeit des Ungleichzeitigen auch noch ein breiteres, von La Sale unterstütztes, säkulares Traditionsfeld. Vom literarischen Standpunkt aus ist La Sale lediglich ein sehr belesener Eklektiker. Textgeschichtlich hingegen ist er wichtig im Sinn von Rezeption und Verbreitung des Exempels. Welche emotionale Wirkung als Trostgeschichte das Exempel in der Montage des *Réconforts* für den Leser des 15. Jahrhunderts gehabt hat, ist nicht einzuschätzen.[82]

[80] Mentalitätsgeschichtlich ist bemerkenswert, dass La Sale einem neugeborenen, allerdings getauften Kind in seiner Schrift einen sozialen Status zugesteht. »Weder die kirchliche noch die weltliche Literatur [des Mittelalters] kennen eigentlich das Kind.« (Huizinga 1969: 208).

[81] Im ‚Herbst des Mittelalters' zeigt das Leben der Menschen »einen jähen Wechsel schier unvereinbarer Gegensätze«, »eine Spannung zwischen zwei geistigen Polen, die dem modernen Geist kaum mehr möglich ist«, »wenn man einen mittelalterlichen Dichter die frömmsten Lobhymnen und dann wieder so profane und obszöne Verse dichten sieht, wie es Deschamps, Antoine de la Salle, Jean Molinet und viele andere tun«. »Diese Zeit kennt sonderbare Mischungen bizarrer Prachtentfaltung mit strenger Devotion.« (Huizinga 1969: 248, 251, 252).

[82] Hierzu Febvre [1941] 1977.

2. 5. Das Exempel von Johann Geiler von Kaysersberg (16. Jahrhundert)

In der weiteren Rezeptionskette des Exempels steht in historischer Folge der Prediger Geiler von Kaysersberg, mit dem die Expansion der Geschichte einen bedeutsamen Fortschritt nimmt. Durch ihn wird der literarische Sprung über eine Sprachgrenze dokumentiert, ein Sprung, der wahrscheinlich in der mündlichen Tradition des Volkes längst vollzogen war. Geiler von Kaysersberg hat das Exempel im Rahmen eines Predigtzyklus »auß welsch in teütsch bracht.« An anderer Stelle formuliert er ausdrücklich Predigtintention und Zielgruppe: »so von mir umb nutzes willen der einfeltligen schaeflin gedeutschet sind.«[83]

Exempel[84]:

Das siebte Glas ist (bedeutet) *fletus et tristitie damnositas*. Von der Schädlichkeit des Weinens und Trauerns.

Solches Weinen bringt den Toten nicht nur keinen Nutzen, sondern es bringt ihnen Schaden. Und sie haben daran keine Gefallen, sondern Missfallen. So lesen wir in dem Exempel von einer Frau, welche einen jungen, sehr wohlgestalteten, vernünftigen und in allen Dingen geschickten Sohn hatte. Der starb sehr früh. Darüber verfiel die Mutter in große Angst und Traurigkeit und weinte ohne Unterlass tags und nachts. Es begab sich eines Tages, dass die Frau eine Schau hatte. Darin erschien ihr eine große Gesellschaft schöner,

---

[83] Vorrede mit Autorenangabe in dem Sammelband »das irrig schaf« von 1510 (in Kraume 1980a: 19, Anm. 36).

[84] Zugrunde gelegte Quelle: »Das sibent glaß« aus dem Trostspiegel in Johann Geiler von Kaysersberg, *Das buch Granatapfel im latin genant malogranatus*, Augspurg: Otmar [Hansen], 1510, Lage ggiiii; Übersetzung Maennersdoerfer, 2003. – Ergänzend gelesen wurde Geiler von Kaysersberg (1989: 203–235).

junger Männer, die gemeinsam unbeschwert an einen Ort oder zu einer Stätte dahineilten. Ihren Sohn sah sie aber dort nicht, was sie sehr betrübte. Als sie um sich blickte, ob sie nicht ihren Sohn sehen könne, da sah sie, dass er von fern gemach (langsam) und beschwert hinterherging, wie einer, der da sehr müde ist. Da fragte sie ihn, warum er nicht bei der guten Gesellschaft sei. Gleich antwortete er und zeigte ihr traurig, dass das Rückenteil seines Mantels ganz nass sei. Von diesem Wasser sei er so beladen und beschwert, dass er seinen Gefährten nicht folgen könne. Und er sprach: »Liebe Mutter, ich bitte dich, höre auf so zu weinen, wie du bisher geweint hast. Richte stattdessen dein Weinen und deine Tränen innig zu Gott hin mit einem heiligen Gebet, so werde ich mich in kurzer Zeit vollkommen bewegen können.« So tat sie und der Sohn wurde erlöst.

Aus diesem Exempel kann man entnehmen, dass es (das unangemessene Weinen) den Toten großen Schaden bringt, und es bringt nicht allein den Toten Schaden, sondern auch dem Lebenden, der da so unangemessen trauert. Denn das ist eine Sache, die von Natur aus die Gesundheit des Menschen leiblich und geistlich schädigt und manchmal den Tod bringt. Darum spricht der Weise[85]: »Viele sind tot durch Traurigkeit, und darin ist kein Nutzen.« Desgleichen spricht der Weise an anderer Stelle: »Wie die Motte das Gewand zerstört und der Wurm das Holz zernagt, so schadet die Traurigkeit dem Herzen des Menschen.« Man weiß, dass oftmals der »böse Geist« solche Traurigkeit anrichtet. Wenn er sieht und bemerkt, dass ein Mensch ungehörige (unangemessene) Liebe und Freude an einer Sache hat, so will er sie an sich reißen. Sodass er es zu Wege bringt, dass dem Menschen solches entzogen werde. Auf dass er uns in große Traurigkeit bringt und zuletzt in Verzweiflung und Bedrückung bis hin zum leiblichen und geistlichen Tode. »Und wie tue ich mit ihm?«, sprichst du. Ich sage, dass es keinen besseren Rat gibt

[85] Bauer 1989: 221 f. »Darumb spricht der weiß man …«.
– Der weise Mann ist eine Mischgestalt aus sprichwörtlichen Redensarten des Alten Testaments. Die beiden Zitate hat Geiler von Gerson übernommen, der sie aus Eccl. 25,17 und Prov. 25,20 hat. Vgl. Bauer, Gerhard 1989: 221 f.

(als diesen), nicht zu viel Liebe zu legen in diese zeitlichen Dinge, seien sie groß oder klein. (Nur) so kannst du Frieden haben und in dieser Welt getrost leben. Und anders (einen zweiten Weg gibt es) nicht. Denn sonst werden wir betrübt sein, so sehr (in dem Maß), wie wir das andere zu sehr lieb haben und daran hängen. Und darum: Hast du Vater, Mutter, Mann oder Frau, Kinder oder andere Ursachen, welche wie diese genannt werden können: Leg dein Herz nicht zu sehr daran, sondern so nach oben hin, dass du sie lassen und verlieren kannst, wenn es die Zeit heischt und fordert. Darum spricht Seneca: »Ich enthalte mich den Dingen dieser Welt und ergebe mich ihnen nicht.« Und er spricht weiter, dass man kein Ding besitzt (besitzen solle), außer man sei denn zu jeder Zeit bereit, es zu verlieren oder zu verlassen.

Lebensdaten im Werkbezug

Johann Geiler von Kaysersberg wurde am 16. März 1445 in Schaffhausen als Sohn eines Stadtschreibergehilfen geboren, der 1447 bei einer Bärenjagd in den Vogesen zu Tode kam. So wurde Geiler in ein Umfeld hineingeboren, in dem der Schriftgebrauch, die Literalität, aber auch der Tod früh eine Rolle spielten. Von seinem Onkel in Kaysersberg gefördert, begann er eine theologische Laufbahn, entschied sich jedoch bald für die praktische Seelsorge und übernahm 1478 eine Prädikatur in Straßburg. Im Jahr 1481 gab er das »Todtenbüchlein« nach Gersons »Ars moriendi« als seine erste Gerson-Übersetzung heraus, das 1497 noch einmal in ABC-Form mit einem Beichtgedicht von Hans Folz erschien. Im Jahr 1503 erschien die editio princeps seines Trostspiegels, nur wenige Jahre nach Geilers Gerson-Übersetzung der »Traité de consolation«.[86] Geiler von Kaysersberg starb am 10. März, dem Sonntag Lätare, 1510 in Straßburg, wo er 32 Jahre lang als »Prediger im Münster« gewirkt hat.

[86] Zu Entstehung, Überlieferung und Quellenlage vgl. Bauer 1989: 201–235.

Geilers Wallfahrt zu Gersons Grab

Im Jahr 1484, dem siebten Jahr seiner Prädikantentätigkeit, bricht der etwa 39-jährige Geiler von Kaysersberg zu einer Pilgerreise nach Aix-en-Provençe auf.[87] Auf der beschwerlichen Rückreise macht er gezielt an einer für ihn bedeutsamen Station halt und besucht Gersons Grab, eine Tatsache, die bei einer so bodenständigen und überdies gesundheitlich angeschlagenen Persönlichkeit zu der Nachfrage herausfordert, was er auf dieser Suchreise finden möchte. Geiler hat zu Gerson eine geistige Affinität, die nicht nur intellektuell begründet ist. Was ihn zunächst an Gerson angesprochen hat, ist begründet in seinem eigenen asketischen Leben und der Sorge um das Seelenheil der Menschen in den Umbruchszeiten der Vorreformation. Aber was Geiler hier am Grab seines geistigen Vorfahren sucht, ist der Genius von Gerson. Es ist die Spurensuche nach Gersons Spiritualität, mit der Geiler weiterarbeiten möchte. Es geht ihm an diesem Kraftort um die Devotion als Akt des Gebens und Nehmens, um Bestätigung und um Segenskräfte. Es ist die gleiche mythische Sensibilität, mit der Geiler als streunendes Kind durch Grotten und Einsiedeleien streifte – »corda compugentes sermones faciebat«. Aber es geht nicht nur um Devotion, es geht in gleicher Weise auch um Literatur. Geiler will sich Gersons Sprach- und Denkgebäude auf einer Ebene der Transzendenz zu eigen machen. Sie geht über das Pergament mit Buchstaben hinaus, auf dem er Gersons Texte in mühsam aufgespürten, kostspieligen Abschriften längst gelesen, übersetzt und herausgegeben hat. In dieser mystischen Verankerung liegt der Zündfunke für eine heute kaum noch nachvollziehbare Textrezeption als »Joannis Gerson illustrator«. Der Literat Geiler stellt sich hier in eine Vermittlungstradition, die noch aus der mündlichen Tradition stammt. Sie kennt keinen Geniekult und keine Originalitätsgedanken; es ist eine Ehre, wenn man den Meister weiterträgt. Der Besuch an Gersons Grab ist der große Rahmen für die Adaption, für die innere Aneignung eines kleinen Exempels.

---

[87] Die biographischen Daten sind der »Vita Geileri« (in Wimpfeling & Rhenanus 1970: 32) entnommen.

Das Exempel ist von beiden Autoren in einen übergeordneten literarischen Zusammenhang gestellt worden, der für Geiler hier kurz erläutert werden soll. Der vorliegenden Betrachtung liegt die Fassung aus dem Sammelband »Granatapfel« von 1510 zugrunde. Der Schreiber der Vorrede gibt dort ausdrücklich Auskunft über Zueignung und Entstehungsgeschichte, »dem pestilentzlich sterbet/das der zeyt da was.«[88]

Es sind die neun »Überlegungen« Gersons, an die sich Geiler strukturell Punkt für Punkt hält. Aber er versieht den Gerson-Text mit einer »zuotat« und bindet seine themenübergreifende Predigtreihe »non flere – nit wayn« in einer alles umfassenden Spiegelallegorie zusammen. Nach mittelalterlichem Empfinden ist das Erkennen des Sichtbaren nur im Licht des Unsichtbaren möglich. »Schreiber und Goldschmid und ander werckleut, die jre augen auf scharpffe dinng richten müssen / haben vor yhnen einen spiegel ston / darin sie ihr gesicht widerbringen und ergetzen / also soltdu auch tuon.« Folglich wird das »hauptglaß dei voluntas – götlicher will«, das in der Mitte steht, von acht »kleinen gleßlin« umkreist, deren siebtes »fletus et tristitie damnositas – waynens vnd traurens schaedlichait« und deren letztes resurectionis generalitas – die gemain vrstend« widerspiegelt.

Abgesehen von der »zuotat« haben Gerson und Geiler im strukturellen Kern ein gemeinsames Konstruktionsprinzip. Beide Erzähler fokussieren ihre neun Überlegungen beziehungsweise ihre neun Gläser auf dieses eine Exempel hin als einziges erzählendes Element ihrer gesamten Reihe. Beide Autoren haben

---

[88] In »Das buch Granatapfel im latin genant malogranatus. Augspurg Otmar (Hannsen). 1510«. Aufbewahrungsort: Universitäts- und Landesbibliothek Bonn, Signatur Gb 1274/5. Zur gesamten Quellenlage des Trostspiegels ist zu sagen: Einen authentischen, von Geiler selbst betreuten Druck gibt es nicht. Gerhard Bauer hält den Bergmannschen Druck des Trostspiegels von 1503 für die editio princeps. Sie gilt damit als terminus ante quem für die Predigt vom 16. Sonntag nach Dreifaltigkeit, aber auch sie ist eine Mit- oder Nachschrift (Variantenverzeichnis in Geiler von Kaysersberg 1989: 220 ff.). Die aufschlussreiche Bezeichnung »zuotat« ist aus dem Sammelband »Das irrig schaf« von 1510 überliefert (vgl. Kraume 1980a: 121).

der Geschichte den in der Zahlenmystik bedeutsamen siebten Platz eingeräumt: »La septième consideration et du domage que fait pleur et tristesse a la personne qui l'a«, »Tränen und Trauer verderben die Gesundheit« (Gerson) – Siebtes Glas: »Waynens und traurens schaedlichait« (Geiler). Von seinem Vorbild Gerson übernimmt Geiler Thema und Strukturierung, aber nicht in mechanischer Weise. Er verändert die Schwerpunkte für seinen Predigtaufbau. Zunächst nennt er lateinisch-deutsch das Thema, gibt danach expressis verbis eine Vorankündigung der Botschaft, die er mit Textautoritäten stützt. Sodann erzählt er als narrativen Beleg das Exempel, dem abschließend eine ausführliche Belehrung folgt.

Die Betrachtung seines Exempels zeigt Erstaunliches: In Geilers Gerson-Rezeption bleibt das Urbild Cantimpré trotz einer Zeitspanne von etwa 240 Jahren und trotz des bereits erfolgten Medienumschwungs zum Buchdruck in der Substanz erhalten. Aber Geilers Exempel zeigt im Vergleich zu Cantimpré mehr Distanz, mehr Statik und zunächst auch eine gewisse bildliche Blässe. Während Cantimpré sagt: »Meine Mutter hat mir von meiner Großmutter erzählt«, heißt es bei Geiler: »So lesen wir«, ohne mitzuteilen, in welchem Buch er gelesen hat. Das tragende Motiv der Tränen wird formelhaft vermittelt; die Textgestaltung des Hauptmotivs zudem in einem wichtigen Punkt verkürzt: Cantimprés Mutter »geht« ihren Weg bis zur Schau. Geiler begnügt sich mit der unverbindlichen Bibelreminiszenz »es begab sich«. Dann aber heißt es in Geilers Text weiter: » ... als sie um sich luogt.« Von diesem Erzählschritt an kommt eine sensible, distanzierte Bewegung in die Geschichte, als die Mutter unter Tränen sieht, dass ihr Sohn, ausgeschlossen von der Gemeinschaft, hinterhergeht »wie einer, der da sehr müde ist«. Der Vorwurf des Sohnes, dass sie selbst es ist, die sein Missgeschick verursacht hat, trifft sie unerwartet als ein heilsamer Schock: Der unentwegt fließende Tränenstrom versiegt mit einem Schlag. In ihrer Kernaussage jedoch sind Cantimpré und Geiler identisch.

Geilers Predigt vom 16. Sonntag nach Trinitatis

Der Schreiber der Vorrede gibt dem Text mit einer zweiten präzisen Angabe ein weiteres Belebungsmoment. Geiler » ... hatt ... in vnser frauwen mynster zum hohen stifft Straßburg funff predigen gethon. Angefangen ... an dem xvj. Sonntag nach der haylign driualtigkait als das selb Ewangeliu luce am sybenden jnhalt ...«. An diesem konkreten Datum also hat Geiler im Straßburger Münster in seinem »predigstul« gestanden und gemäß der feststehenden Agenda des Kirchenjahres (der vortridentinischen Liturgieordnung) den Gottesdienst gestaltet. Laut Textdokument hat er zunächst das Evangelium der Witwe von Nain verlesen (vgl. Lucas 7,11), danach das Exempel in der Predigt als frei gewähltes Thema mit dem Evangelium verknüpft und der Erzählung so einen rituellen Platz in dem liturgisch festgelegten Rahmen des Gottesdienstes gegeben. Das Wort Gottes und die säkulare Geschichte, die jeder verstehen kann, haben eine homologe Struktur, indem sie die Mutter-Sohn-Beziehung mit Verlust und Wiederfindung thematisieren. Der lapidare Schlüsselsatz der Erzählung lautet: » ... das thet sy vnnd also wardt der sun erloesett.« Mit dieser Verknüpfung weist die Geschichte zurück auf das Evangelium der Witwe von Nain und voraus auf das, was im progressiven Verlauf der gleich anschließenden Eucharistiefeier noch vollzogen wird. Durch seine Funktion als Predigttext, als festem, aber variabel gefülltem Bestandteil des liturgisch vorgegebenen Rahmens, erhält dieses Stück populärer Volksliteratur eine doppelte Transzendenz. Das Exempel wird so zu einer einzigartigen semantischen Brücke zwischen seiner eigenen Transzendenz einerseits, die es im Licht des Mysteriums von Jesu Opfertod, von seiner Auferstehung und von dem heiligen Gastmahl jetzt für sich selbst ausdrücken kann, wie auch jener Transzendenz andererseits, die mit dem nachfolgenden Gottesdienst gleich vollzogen wird. Nicht nur Brot und Wein sind verwandelt worden. Auch »die Frau des Predigtexempels« ist mit in die eucharistische Verwandlung und mit in das vereinigende heilige Gastmahl einbezogen worden. Gestärkt und getröstet hat sie für ihren Sohn Erlösung gefunden und – textüberschreitend – auch für sich selbst Erlösung gefunden und – wie in einer Wellenbewegung – auch für das Publikum Erlösung gefunden.

Das wahrscheinlich allseits bekannte Exempel ist das Kernstück der gesamten Predigt. Mit ihm hat Geiler eine allgemeine, beipflichtende Grundgestimmtheit erreicht; und gleichzeitig hat er das Publikum mit seiner virtuosen Predigtkomposition auf das kommende Mysterium vorbereitet. Anschließend kann er die bildhafte Rede des Exempels in einem ausführlichen Sermon rephrasieren und sich dabei in persönlicher Anrede jedem einzelnen Zuhörer tröstend zuwenden, sei es ein Kaiser Maximilian oder einer der gebildeten Straßburger Buchdrucker oder einer von den simplices aus den Rheinschifferhütten.[89] An diesem Punkt kann Geiler seinen rhetorisch-dialogischen Individualstil entfalten, mit dem er in »pestilentzlich« Zeiten jeden Einzelnen überreden, beruhigen und trösten will. In seiner Argumentation verbindet Geiler traditionelles und modernes Denken mit persönlicher Reife und Lebenserfahrung, die auch den neuen Ton der Zaghaftigkeit und des geringen Vertrauens in die eigenen Lebenskräfte miteinschließt, » ... dass man kein Ding besitzen solle, außer man sei denn alle Zeit bereit, es zu verlieren oder zu verlassen ...«.[90]

Die dialogische Hinwendung Geilers zu seinem Publikum » ... nun sprichest du – ich antwurt« ist mehr als ein rhetorisches Stilelement. Sie ist ein Schlüssel zum Verständnis seiner Predigerpersönlichkeit. Umso schwerwiegender ist es, dass für seine Predigten keine Originaltexte vorliegen. Wir können uns darum seiner Trostrede nur in einem Dreischritt nähern mit Blick auf seine Vorbereitung, auf seine Predigtaufführung und auf unser Wissen, dass wir in

[89] Es ist selbstverständlich nicht erwiesen, dass Kaiser Maximilian speziell an diesem Gottesdienst anwesend war. Belegt ist jedoch, dass er Geiler 1503 konsultiert hat und dass er 1510 umgehend von Geilers Tod unterrichtet worden ist (vgl. Manger 1983: 25).

[90] Dieser Halbsatz ist Teil einer längeren Seneca-Referenz. Geiler schreibt: »Darumb spricht Seneca Ich leich mich den dingen dißer weldt / unnd gib mich ynen nitt / unnd spricht weitter dass man kayn dinng besitzt / man sey dann allzeyt beraytet das zu verlieren oder lassen.« Geiler zitiert aus Senecas *Epistulae morales* (s. Geiler von Kaysersberg 1989: 221). In der Verwendung von Seneca-Zitaten steht Geiler – er nennt ihn »den from hayd Seneca« – in der Tradition von Cantimpré und Gerson (vgl. Stutvoet-Joanknecht 1990: 42; Gerson 1966: 317).

dem überlieferten Text nur die protokollierende Mit- oder Nachschrift eines Anonymus vorliegen haben. Von Geilers Arbeitsweise ist bekannt, dass er vorausschauend geplant hat, sich sorgfältig mittels seiner Bibliothek vorbereitete und dass er sich beim Vortrag auch an seinen Standard gehalten hat. Als volksnaher Redner steht er aber ebenso im Dialog mit seine Zuhörern, weiß, was sie in diesem Augenblick an Zuspruch brauchen, wie er für sie das aktuelle Predigtereignis zu gestalten hat. Er steht überdies in Resonanz mit dem akustischen Raummilieu des Straßburger Münsters. Seine Stimme muss ihre eigene, sich mehrfach reflektierende Echohaftigkeit kontrollieren und sich mit Sprechpausen rhythmisch dem Hallraum anpassen, der ein Instrument für sich ist. Der Hall des sakralen Raumes seinerseits verfremdet und erhöht Geilers Stimmhaftigkeit zur »helltönenden Posaune des Münsters«.[91] In diesem Sinn hat seine Predigt nicht als der trockene Text der Mitschrift funktioniert, sondern als eine sakrale Kunst, in der Geiler einen gestalterischen, wenn nicht gar experimentellen Spielraum zu nutzen verstand. Er selbst schreibt von der Intensität dieser Tätigkeit: » ... seine Hände zitterten noch von der Anstrengung der Predigt ...«[92] Geilers Exempelpredigt vom 16. Sonntag nach Trinitatis – so, wie er sie auf Tod, Auferstehung und Erlösung abgestimmt hat – fügt sich nahtlos in sein großes Themenfeld ein, dass ihn zeitlebens beherrscht hat. Es ist das Spannungsverhältnis von ars vivendi und ars moriendi; das Sterben als Prüfstein, aber auch als angewandte Kunst, die über Gelingen und Scheitern eines Menschenlebens entscheidet. Dieser große Gedanke erfüllt eine Trostfunktion. Die Exempelgeschichte von der unentwegt weinenden Frau spiegelt ihn als Großes im Kleinen wider.

Hier endet die Phase der frühesten Textzeugnisse, die von bedeutenden Persönlichkeiten rezipiert worden ist. Die großen Prediger waren es, welche die imaginative Kraft des kleinen Exempels erkannten. Sie haben die Erzählung

[91] Francis Rapp in: *Theologische Realenzyklopädie*, Bd. 12, Berlin/New York 1984, p. 161.

[92] Wimpfeling & Rhenanus (1970: 29, Nr. 84).

als fiktive Fallgeschichte für ihre eigene Lehre arbeiten lassen; sie haben das Exempel in ihre jeweiligen Text- und Lebenszusammenhänge eingebaut und erst dadurch seine Strahlkraft in den verschiedenen Facetten zum Leuchten gebracht. Der semantische Kern des Exempels jedoch blieb in einer Traditionskette von mehreren Jahrhunderten erhalten, wobei sich jeweils der letzte der Rezipienten – wenn auch nicht immer namentlich – auf den Vorhergehenden bezogen hat.

Gegenchronologisch gesehen zeigt der Weg des Exempels folgende Stationen: Geiler von Kaysersberg erweist sich als der Seelenkundige, als Meister der liturgisch-theologischen Verknüpfungskunst, »die schwerlich seinesgleichen gehabt habe«.[93] Er setzt der extremen Situation von Seuche, Angst und Verzweiflung seine persönliche Bodenhaftung entgegen und schafft mit dem Exempel der Tränen einen tröstenden und beruhigenden Gegenpol. Sein Vorbild Gerson – der Intellektuelle der Rezipientenkette – gerade er hat die besondere Nähe zur Volksfrömmigkeit der Menschen im Umfeld der Devotio Moderna gepflegt. Er hat sich von ihrer Unmittelbarkeit inspirieren lassen und die Gewandmetaphorik des Exempels mit dem warnenden Gegenbild des mottenzerfressenen Kleides (vgl. Spr. 25,20) paraphrasiert. In der Traditionskette wiederum weist Gerson zurück auf Cantimpré, den genialen Stammvater des Exempels. Cantimpré hat die zirkulierende Geschichte in seinem Bienenbuch dokumentiert und dadurch dauerhaft verankert. Von der naturwissenschaftlichen Empirie herkommend, hat er Grundlagenforschung betrieben und uns als »Aufklärer« und »Enzyklopädist« mittelalterlicher Prägung einen überaus wohlgeordneten narrativen Teppich von fast 300 Exempeln hinterlassen, deren 243. von der »laut wehklagenden« Frau erzählt. Ihm verdankt die europäische Exempeldichtung das starke Bild des tränennassen Gewandes. Er ist der eindrucksvollste der Prediger. Zwar zeigen alle Rezipienten ein hohes Maß an Lebensbezogenheit, aber Cantimprés Mitleid mit seinem Vater, der ihn um spirituelle Hilfe bittet, ist selbst über die Jahrhunderte anrührend.

[93] Wimpfeling & Rhenanus (1970: 29).

Durch seine Dokumentationen hat Cantimpré literarische Spuren hinterlassen, sodass die Traditionskette uns weiter zurück zu dem syrischen Anonymus führt. Für unser heutiges säkulares Empfinden ist gerade der syrisch-christliche Ahnherr der Geschichte mit seiner ausdrücklichen Hinwendung zu sozialen Diensten der modernste Autor von allen. Wir wissen nichts von ihm und von seiner Lebenssituation, außer dass uns der Anonymus mit dieser Geschichte eine Kleinepik von schnörkelloser Eleganz hinterlassen hat, in welcher er mit einigen wenigen Sätzen in nuce eine orientalische städtische Gesellschaft dargestellt und das Ganze aufgeschrieben hat. Von seiner Kunst beeindruckt, haben syrisch-christliche Kopisten diese Geschichte für abschreibenswert gehalten. Nicht nur Cantimpré ist ein Glücksfall, der syrische Erzähler ist es in gleichem Maße. Der eine Text erhellt den anderen. Wir lesen Cantimpré viel farbiger, wenn wir das syrische ‚Original' kennen, und stellen fest, dass eine Geschichte, die so westeuropäisch anklingt, ihren Ursprung im Orient hat. Von der Bildkraft seiner drei tragenden Motive (Behinderung der Glückseligkeit des Toten, Gewandmetaphorik, Hinwendung zu Gott und zu den Armen) ausgehend und auf sie aufbauend, konnte sich räumlich über die Orient-Okzident-Brücke hinweg und zeitlich über ein halbes Jahrtausend hindurch bis zum Ende des 15. Jahrhunderts ein spirituell wirksames Traditionsgeflecht bis hin zu dem annalistisch verbürgten Datum vom 16. Sonntag nach Dreifaltigkeit 1503 (ante quem) entwickeln.

In dieser Erzählsituation ist deutlich geworden, welches Transzendenzvermögen religiös motivierte Volksliteratur haben kann, wenn sie im Dienst eines geglaubten und gelebten Ritus steht. Es ist die Einfachheit der Aussage, welche die Faszination der Geschichte ausmacht. Das Exempel besteht nur aus seinem Erzählkern und hat auch im Verlauf der geschilderten Jahrhunderte nichts an Beiwerk geduldet, das vom Zentrum der Aussage abgelenkt hätte. Als Nukleus hat es die Kraft gehabt, seinen eigenen Weg der Tränen als einen universellen Weg der conditio humana zu beschreiben. Das Exempel in seiner zugespitzten Form des Kindstodes hat den Predigern die Möglichkeit gegeben, in ihrem Sermon – textüberschreitend – auch jede andere Form von Verlust, Tod und Trauer mitanzusprechen und in die Vielfalt der Tränen miteinzubeziehen. Den Textzeugen war diese eine Intention gemeinsam: Mit der Geschichte wollten sie das Publikum aus seinem Tränenmeer hinausführen zu neuen Lebenseinblicken. Ihre Botschaft und auch explizit formulierte Lehre gipfelt bei Geiler von Kaysersberg in dem lapidaren Konzentrationsmoment: »So magst du frid haben und froelich leben in dißer welt/vnd anders nit.«[94]

[94] Das frühneuhochdeutsche Adverb »froelich« entspricht dem neuhochdeutschen »frei heraus, getrost« (s. Goetze 1920).

Abbildungen

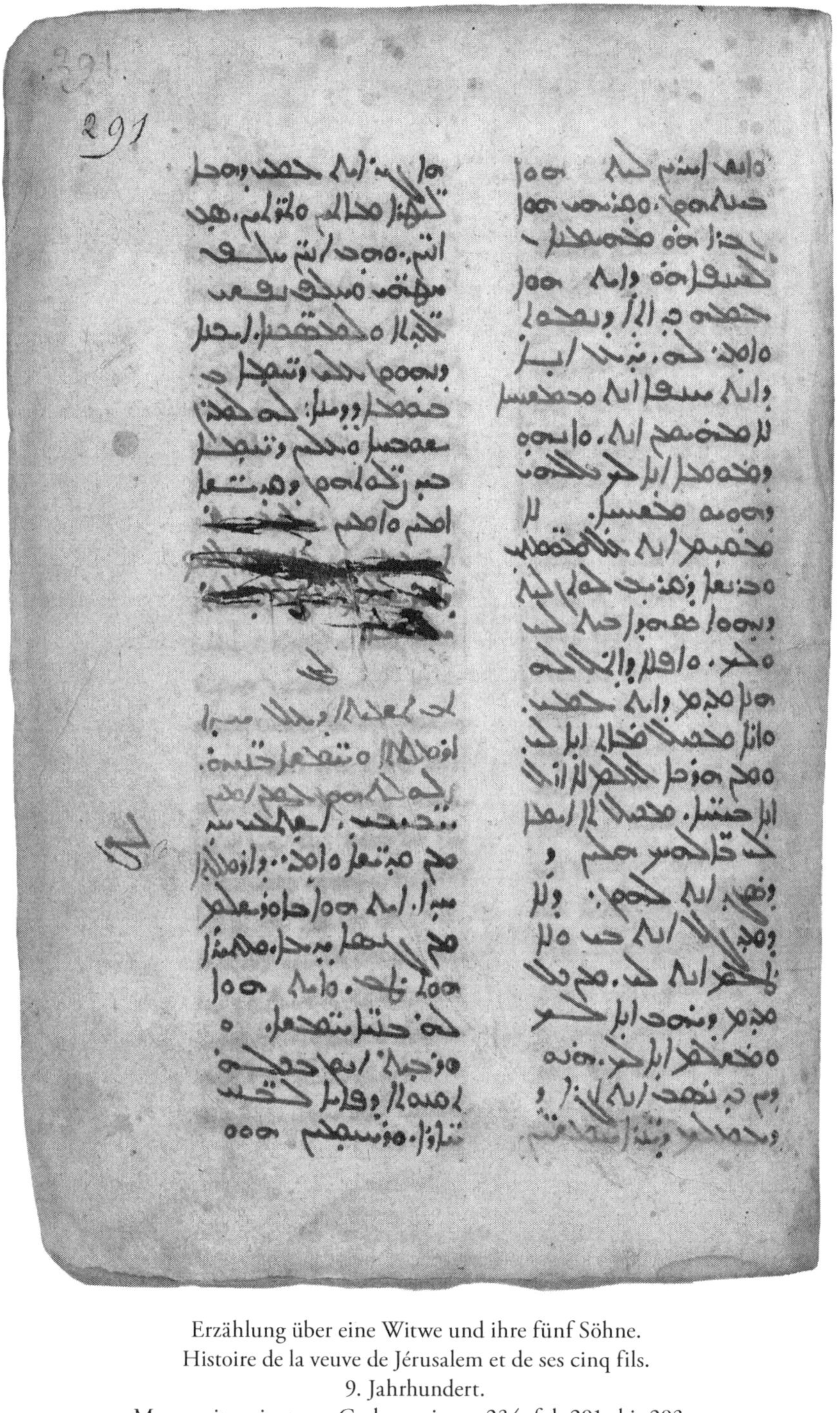

Erzählung über eine Witwe und ihre fünf Söhne.
Histoire de la veuve de Jérusalem et de ses cinq fils.
9. Jahrhundert.
Manuscrits orientaux, Codex syriaque 234, fol. 291a bis 293a.
Quelle © Foto: Bibliothèque nationale de France, Paris.

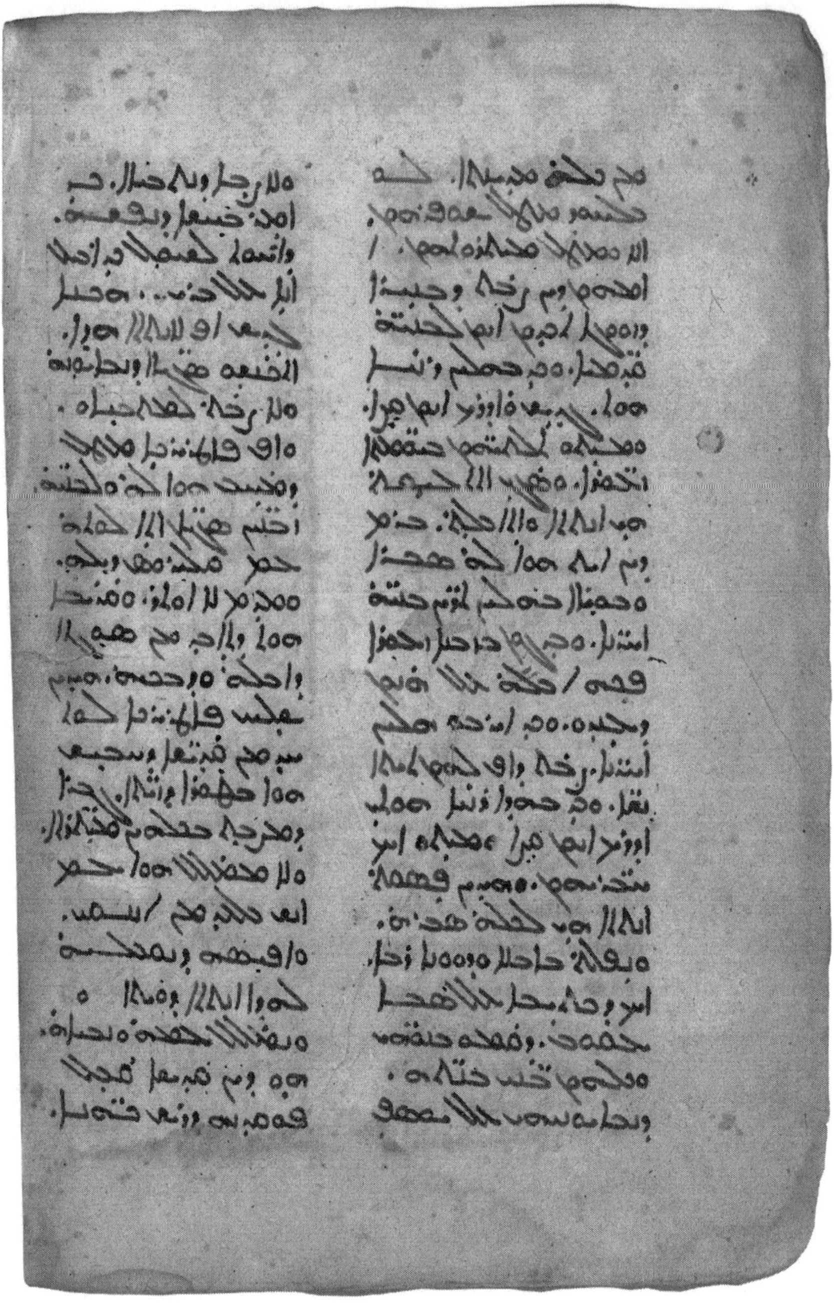

Erzählung über eine Witwe und ihre fünf Söhne.
Histoire de la veuve de Jérusalem et de ses cinq fils.
9. Jahrhundert.
Manuscrits orientaux, Codex syriaque 234, fol. 291a bis 293a.
Quelle © Foto: Bibliothèque nationale de France, Paris.

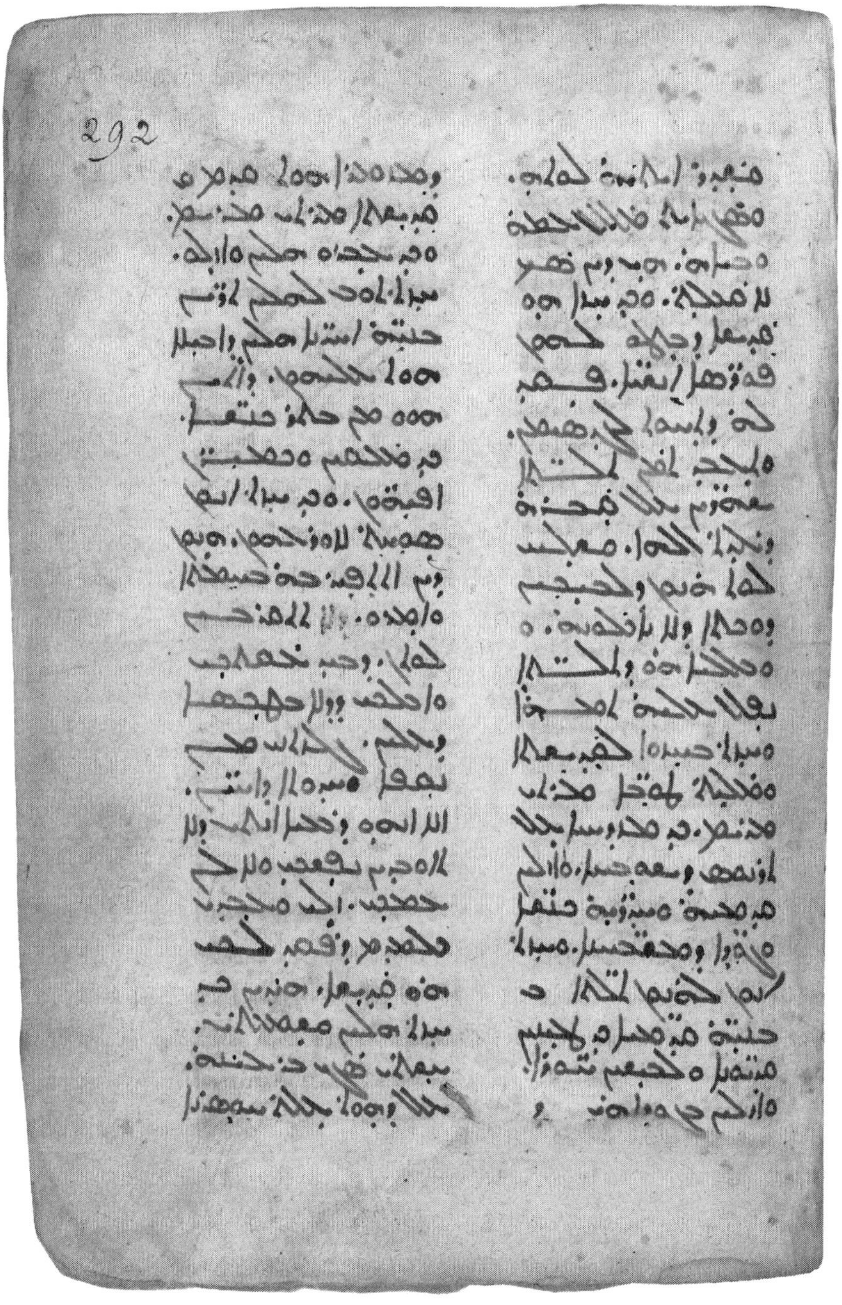

Erzählung über eine Witwe und ihre fünf Söhne.
Histoire de la veuve de Jérusalem et de ses cinq fils.
9. Jahrhundert.
Manuscrits orientaux, Codex syriaque 234, fol. 291a bis 293a.

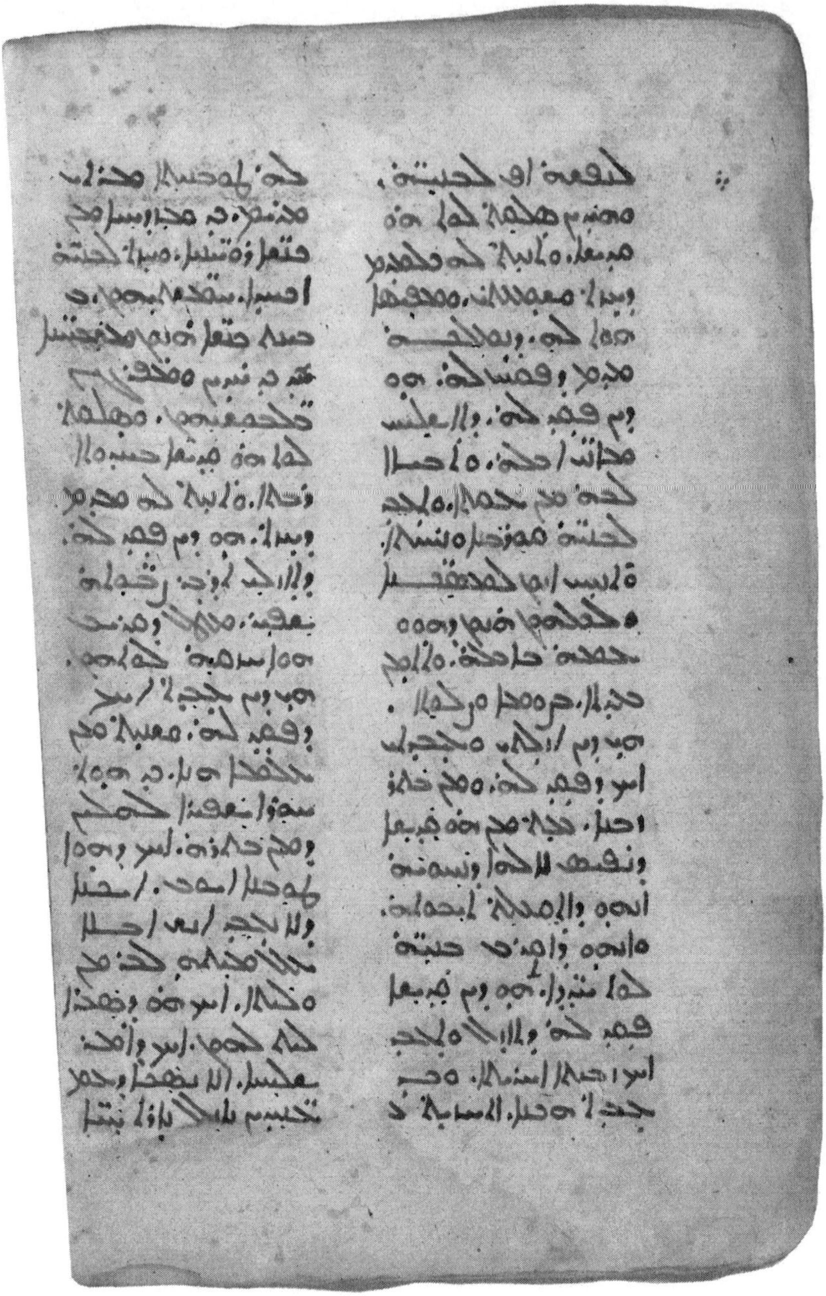

Erzählung über eine Witwe und ihre fünf Söhne.
Histoire de la veuve de Jérusalem et de ses cinq fils.
9. Jahrhundert.
Manuscrits orientaux, Codex syriaque 234, fol. 291a bis 293a.
Quelle © Foto: Bibliothèque nationale de France, Paris.

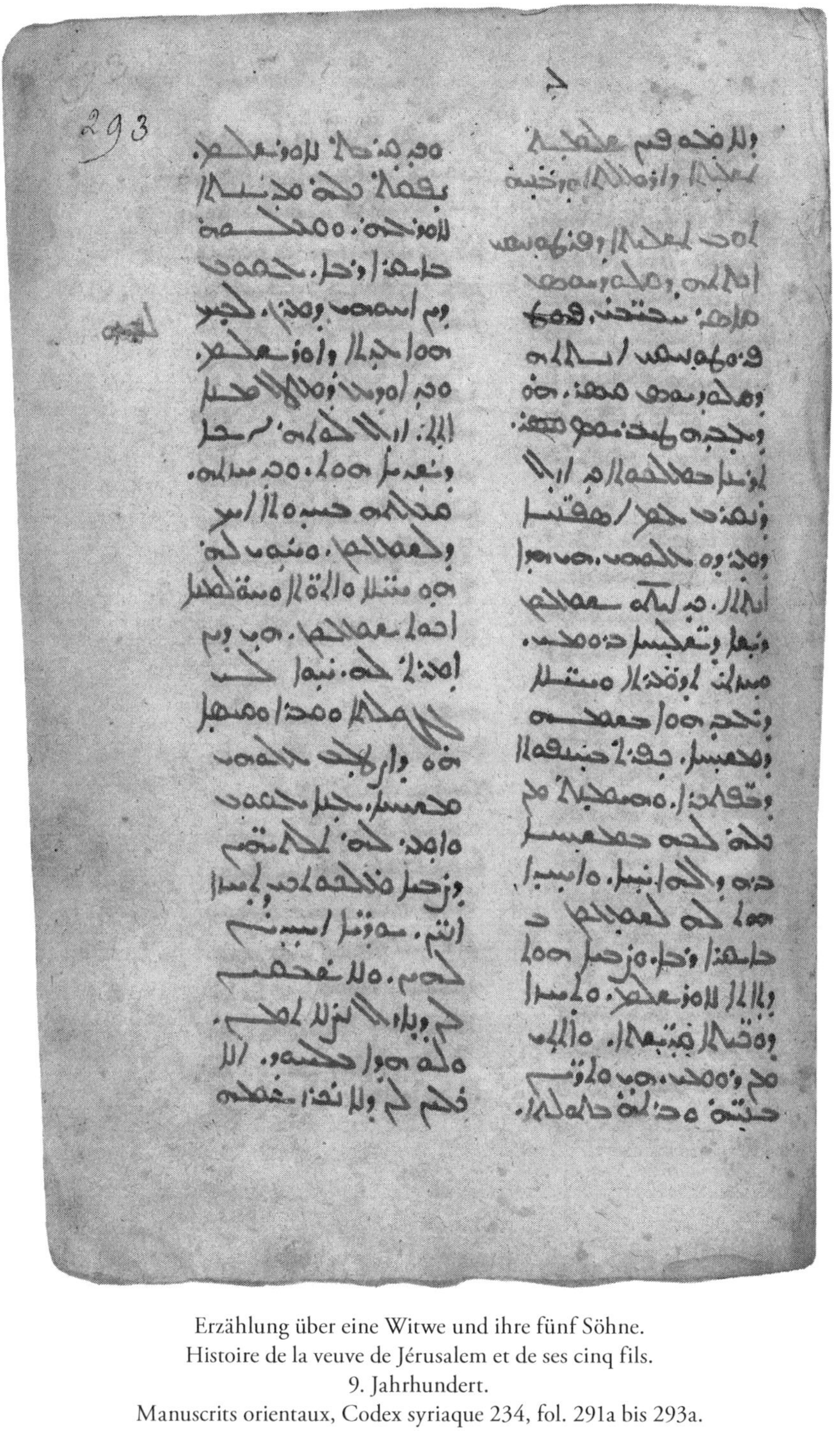

Erzählung über eine Witwe und ihre fünf Söhne.
Histoire de la veuve de Jérusalem et de ses cinq fils.
9. Jahrhundert.
Manuscrits orientaux, Codex syriaque 234, fol. 291a bis 293a.
Quelle © Foto: Bibliothèque nationale de France, Paris.

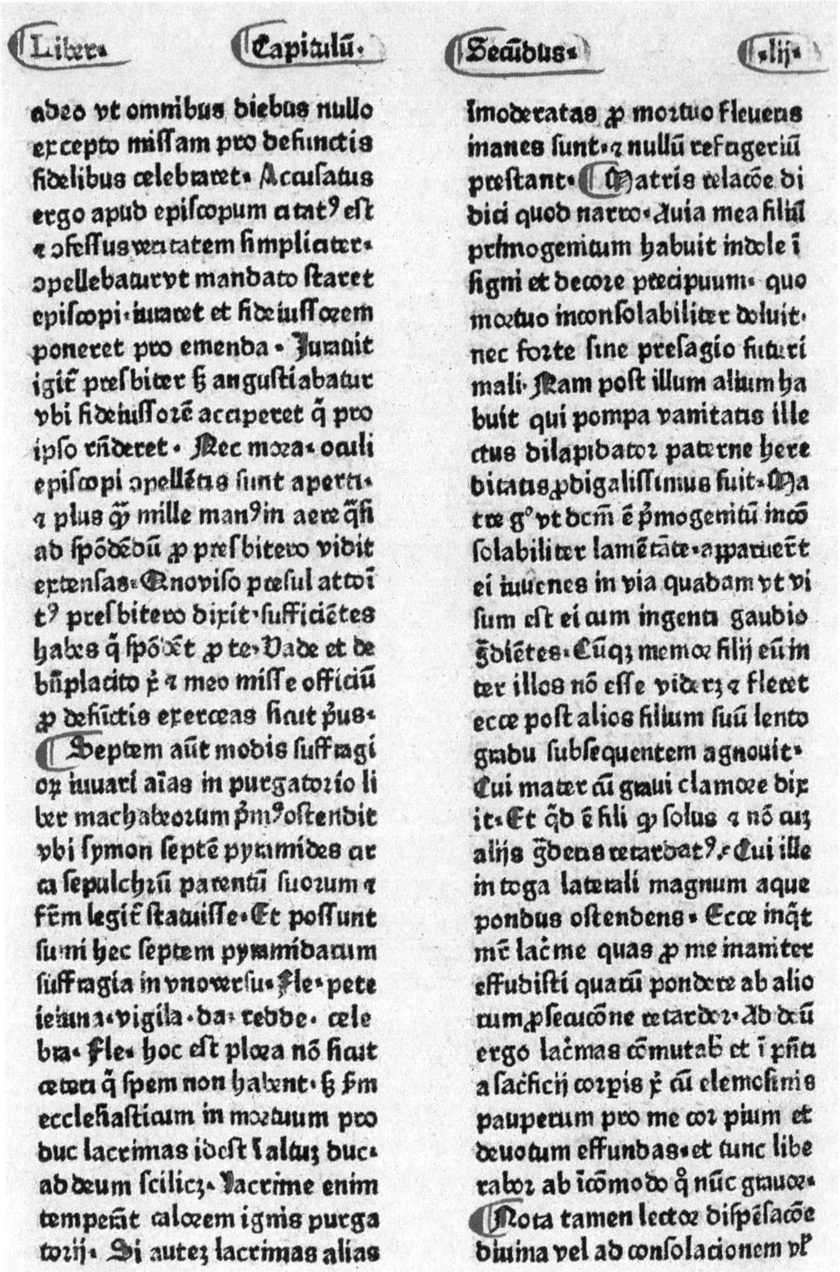

adeo vt omnibus diebus nullo
excepto missam pro defunctis
fidelibus celebraret. Accusatus
ergo apud episcopum citat⁹ est
et confessus veritatem simpliciter.
compellebatur vt mandato staret
episcopi. iuraret et fideiussorem
poneret pro emenda. Iurauit
igit̃ presbiter ꝫ angustiabatur
vbi fideiussorē acciperet q̃ pro
ipso rñderet. Nec mora. oculi
episcopi cōpellētis sunt aperti.
et plus q̃ꝫ mille man⁹ in aere q̃si
ad spōdēdū ꝑ presbitero vidit
extensas. Quo viso presul attoni
t⁹ presbitero dixit. sufficiētes
habes q̃ spōdeāt ꝑ te. Vade et de
bn̄placito ẽ et meo misse officiū
ꝑ defūctis exerceas sicut ꝑus.
Septem aūt modis suffragi
orꝫ iuuari aīas in purgatorio li
ber machabeorum ꝑm⁹ ostendit
vbi symon septē pyramides ar
ca sepulchrū parentū suorum et
frēm legit̃ statuisse. Et possunt
sumi hec septem pyramidarum
suffragia in vno versu. Fle. pete
ieiuna. vigila. da. redde. cele
bra. Fle. hoc est plora nō sicut
ceteri q̃ spem non habent. ꝫ ꝑm
ecclesiasticum in mortuum pro
duc lacrimas idest ł altuꝫ duc.
ad deum scilicꝫ. Lacrime enim
tempeāt calorem ignis purga
torij. Si autē lacrimas alias
imoderatas ꝑ mortuo fleuens
inanes sunt. et nullū refrigeriū
prestant. Matris relacōe di
dici quod narro. Quia mea filiū
primogenitum habuit indole i
signi et decore precipuum. quo
mortuo inconsolabiliter doluit.
nec forte sine presagio futuri
mali. Nam post illum alium ha
buit qui pompa vanitatis ille
ctus dilapidator paterne here
ditatis ꝑdigalissimus fuit. Ma
ter g° vt dcm̄ ē ꝑmogenitū incō
solabiliter lamētāte. apparuerūt
ei iuuenes in via quadam vt vi
sum est ei cum ingenti gaudio
ꝑdiētes. Cūqꝫ memor filij eū in
ter illos nō esse videret et fleret
ecce post alios filium suū lento
gradu subsequentem agnouit.
Cui mater cū graui clamore dix
it. Et q̃d ē fili q̃ solus et nō cuꝫ
alijs ꝑcedens retardat⁹. Cui ille
in toga laterali magnum aque
pondus ostendens. Ecce inq̃t
m̄r lacrime quas ꝑ me inaniter
effudisti quātū pondere ab alio
rum ꝑsecucōne retardor. Ad dēū
ergo lacrimas cōmutab et ī ꝑnīa
a sacrificij corporis ẽ cū elemosinis
pauperum pro me cor pium et
deuotum effundas. et tunc libe
rabor ab icōmodo q̃ nūc grauor.
Nota tamen lector dispēsacōe
diuina vel ad consolacionem vl

Thomas Cantimpré / Thomas Cantipratensis: Bonum universale de apibus.
Exempel, Blätter 129 v und 130 r, Köln, ca. 1473.

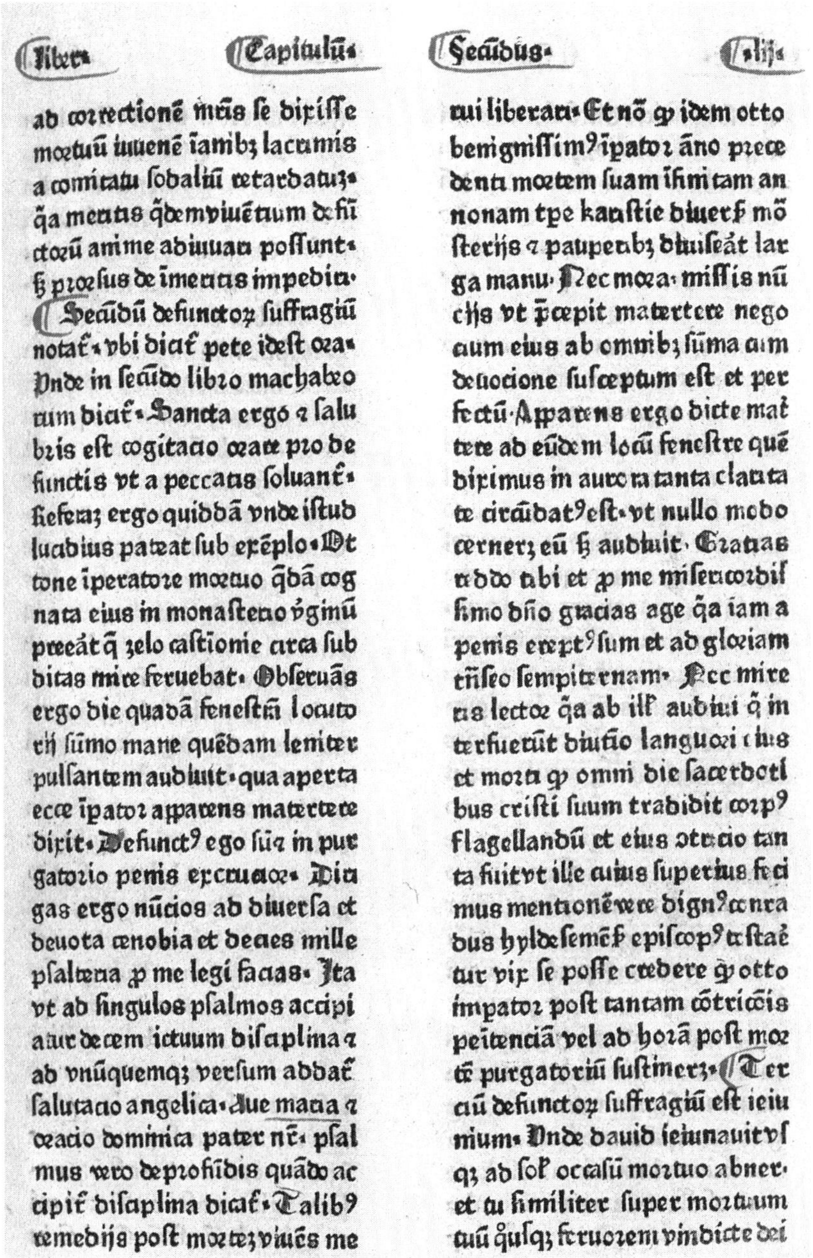

ad correctionē mēis se dixisse
mortuũ iuuenē iamībꝫ lacrimis
a comitatu sodaliũ retardatuꝫ.
q̃a meritis q̃dem viuētium de fū
ctorũ anime adiuuari possunt.
ꝫ processus de imeritis impediri.
Secũdũ defunctoꝝ suffragiũ
notat̄. vbi dicit̄ pete idest ora.
Unde in secũdo libro machabeo
rum dicit̄. Sancta ergo ꝛ salu
bris est cogitacio orare pro de
functis vt a peccatis soluant̄.
Referaꝫ ergo quiddã vnde istud
lucidius pateat sub exēplo. Ot
tone iperatore mortuo q̃dã cog
nata eius in monasterio v̓ginũ
preeāt q̃ zelo castionie circa sub
ditas mire feruebat. Obseruãs
ergo die quadã fenestrã locuto
rij sũmo mane quēdam leniter
pulsantem audiuit. qua aperta
ecce ipator apparens matertere
dixit. Defunct⁹ ego sũꝛ in pur
gatorio penis excrucior. Diri
gas ergo nũcios ad diuersa et
deuota cenobia et decies mille
psalteria ꝑ me legi facias. Ita
vt ad singulos psalmos accipi
atur decem ictuum disciplina ꝛ
ad vnũquemqꝫ versum addat̄
salutacio angelica. Aue maria ꝛ
oracio dominica pater nr̄. psal
mus vero deprofūdis quãdo ac
cipit̄ disciplina dicat̄. Talib⁹
remedijs post morteꝫ viuēs me
rui liberari. Et nõ ꝙ idem otto
benignissim⁹ ipator ãno prece
denti mortem suam īfimitam an
nonam tpe karistie diuers̄ mõ
sterijs ꝛ pauperibꝫ diuiseāt lar
ga manu. Nec mora. missis nũ
cijs vt p̄cepit matertere nego
cium eius ab omnibꝫ sũma cum
deuocione susceptum est et per
fectũ. Apparens ergo dicte mat
tere ad eũdem locũ fenestre quē
diximus in aurora tanta clarita
te circũdabat⁹ est. vt nullo modo
cerneret eũ ꝫ audiuit. Gratias
reddo tibi et ꝑ me misericordis
simo dño gracias age q̃a iam a
penis exept⁹ sum et ad gloriam
trãseo sempiternam. Nec mire
ris lector q̃a ab illis audiui q̄ in
terfuerũt diutio langwori eius
et morti ꝙ omni die sacerdoti
bus cristi suum tradidit corp⁹
flagellandũ et eius ɔtricio tan
ta fuit vt ille cuius superius feci
mus mentionē vere dign⁹ cenra
dus hyldesemēs episcop⁹ testaē
tur vix se posse credere ꝙ otto
impator post tantam cõtricōis
peitenciã vel ad horã post mor
tē purgatoriũ sustinereꝫ. Ter
ciũ defunctoꝝ suffragiũ est ieiu
nium. Unde dauid ieiunauit vs
qꝫ ad sol̄ occasũ mortuo abner.
et tu similiter super mortuum
tuũ q̊usqꝫ feruorem vindicte dei

Thomas Cantimpré / Thomas Cantipratensis: Bonum universale de apibus.
Exempel, Blätter 129 v und 130 r, Köln, ca. 1473.
Quelle © Foto: Universitäts- und Landesbibliothek Bonn,
Abteilung Handschriften und Rara, Inc. 1151.

Cy commence la passion de nostre sauueur Jhesucrist moult
sollempnelle / Prononcie a paris en leglise saint bernart
apres disner / Par venerable z excellent docteur en theologie
Maistre Jehan Jarson / Chancellier de nostre dame de paris /
O deum vadit / Commencons ou nous fi
nasmes au matin / Cest que Jhesucrist nre
seignr et redempteur yssy hors de lostel py
latte portant sa croix / Helas deuot peuple
crestien / cest a certes maintenant / Icy sen va
a mort amere / Jhesus veant sa doulce mere
Si deuons bien par penitance de ce dueil auoir Remembrance /
O dieu quelle iniquite quelle incomparable cruaulte qui oncques
ouy dire que vng home condempne tant fust pecheur abhomina
ble fust constraint a porter son gibet ou sa croix / Mais ce fut en
acomplissant la prophecie de ysaye que Jhus porte son triumphe
imperial sur ses espaulses / Et me soit pardonne je vous supplie
se je ne marreste a descripre lindignite de ce fait cy z la peruersite
Car je ny pourroye attaindre / Maintenant peult bien dire

Jean Gerson: Gerson preaches to the people. Ms. 230, f. 39, ca. 1425.
Quelle © Foto: Bibliothèque de Valenciennes.

Cy commencent les admonitions tyrans aux choses internelles Et parle de internelle conuersation. Premier chapitre.
Regnum dei intra vos est. Cest a dire le regne de nre seigneur est dedens vous Conuertis toy doncques de tout ton coeur a nre seigneur dieu et delaisse ce miserable monde et ton ame trouuera repos Aprens a desprisier les choses exteriores et te donne aux interiores et tu verras en toy venir le regne de dieu Car le regne de dieu est paix et joye ou saint esperit Lequel regne nest point donne aux mauuais. Nostre seigneur venra a toy et te monstrera ses consolations se tu lui prepares dedens toy digne mansion Toute sa gloire et sa beaulte est par dedens et illec luy complaist frequente visitation auec lhomme internel. Doulce sermocination Agreable consolation moult de paix et de familiarite trop esmerueillable. O ame fidele prepare doncques ton coeur a cest espoux affin quil daigne a toy venir et en toy habiter Car il dist ainsy. Se aucun

Jean Gerson: Sermons sur la passion. Ms. 230, f. 57, ca. 1480.
Quelle © Foto: Bibliothèque de Valenciennes.

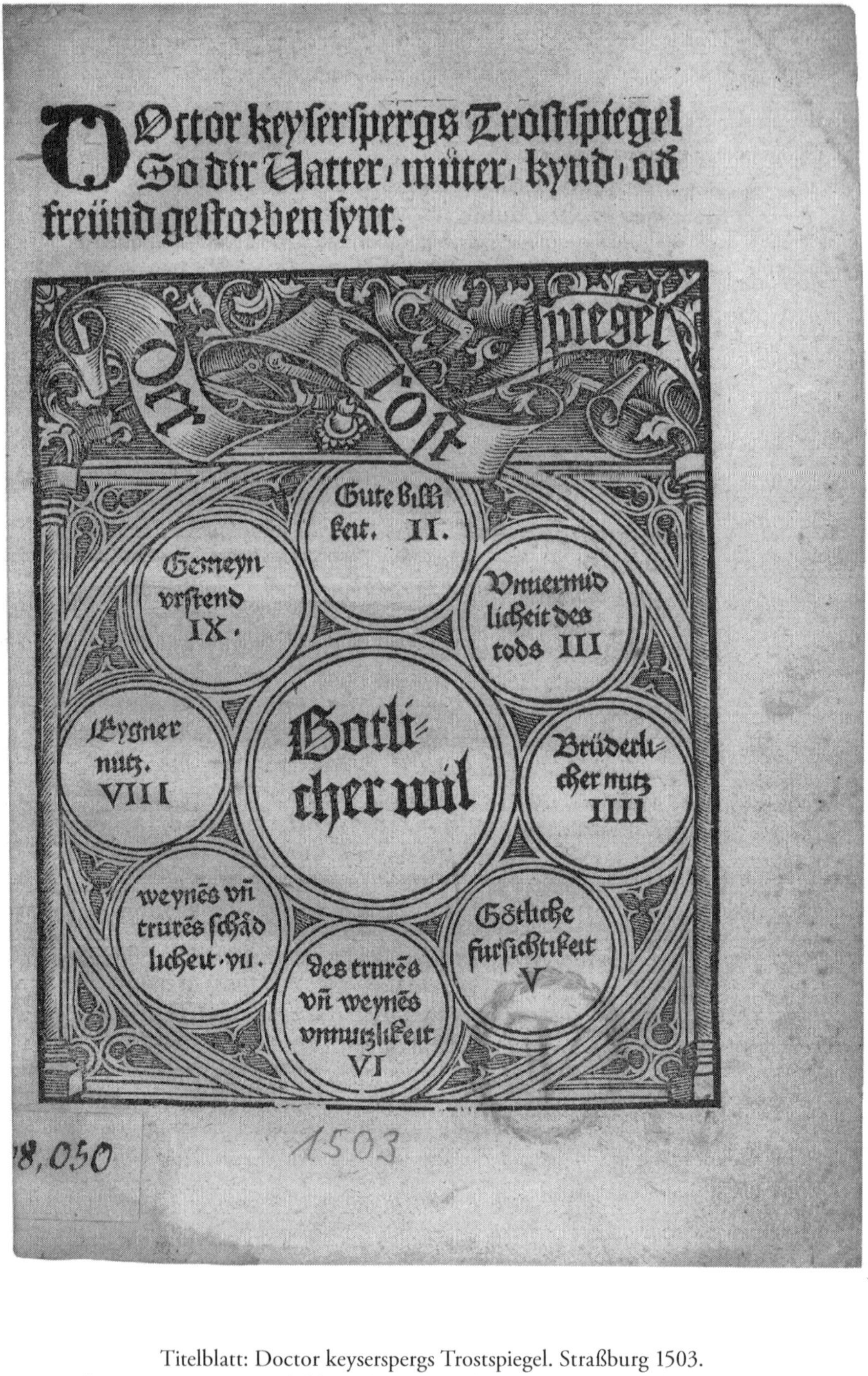

Titelblatt: Doctor keyserspergs Trostspiegel. Straßburg 1503.
Quelle © Foto: Universitätsbibliothek, Historische Sammlungen, Freiburg im Breisgau.
Signatur UB Freiburg: 16./17. Jh. O 5535, ba.

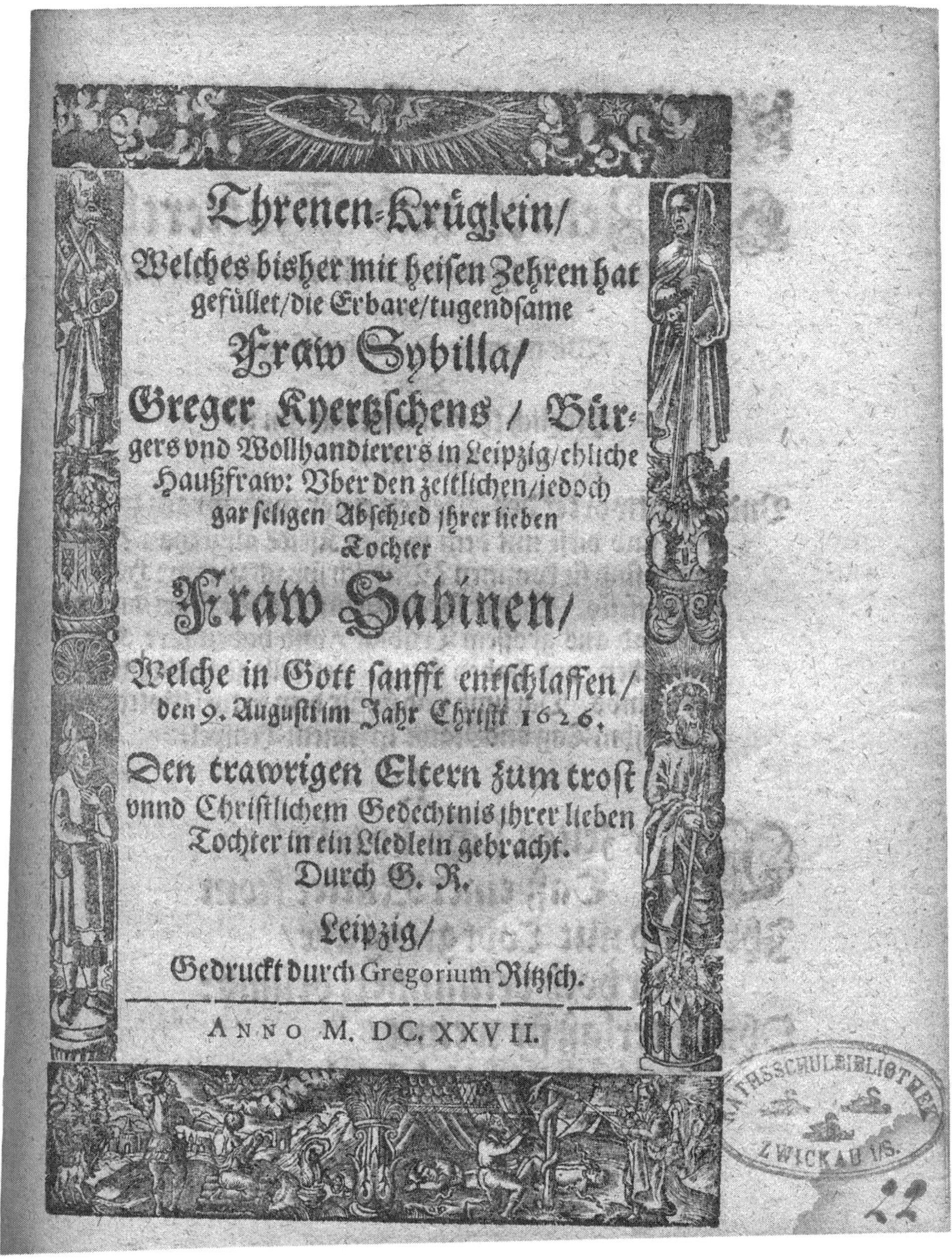

Threnen-Krüglein/

Welches bisher mit heisen Zehren hat gefüllet/ die Erbare/ tugendsame

Fraw Sybilla/

Greger Kyertzschens / Bürgers vnd Wollhandierers in Leipzig/ ehliche Haußfraw: Vber den zeitlichen/ jedoch gar seligen Abschied jhrer lieben Tochter

Fraw Sabinen/

Welche in Gott sanfft entschlaffen/ den 9. Augusti im Jahr Christi 1626.

Den trawrigen Eltern zum trost vnnd Christlichem Gedechtnis jhrer lieben Tochter in ein Liedlein gebracht.

Durch G. R.

Leipzig/
Gedruckt durch Gregorium Ritzsch.

ANNO M. DC. XXVII.

Threnen-Krüglein. Druckschrift: Gregorius Ritzsch, Leipzig 1627 pp.
Quelle © Foto: Ratsschulbibliothek Zwickau, Sachsen. Signatur 6.6.32.(22).

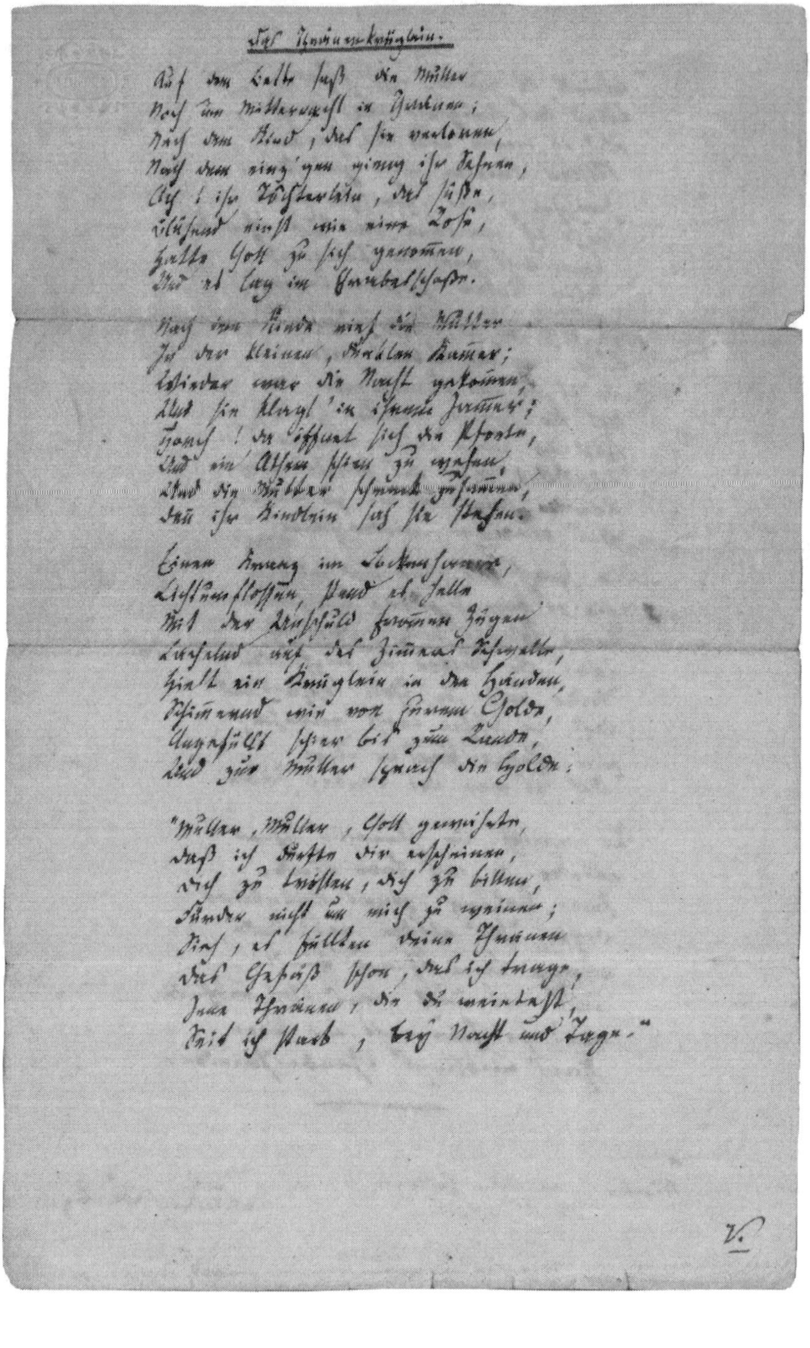
Das Thränenkrüglein.

Auf dem Bette saß die Mutter
Noch um Mitternacht in Thränen;
Nach dem Kind, das sie verloren,
Nach dem einz'gen ging ihr Sehnen.
Ach! ihr Töchterlein, das süße,
Blühend einst wie eine Rose,
Hatte Gott zu sich genommen,
Und es lag im Grabesschoße.

Nach dem Kinde rief die Mutter
In der kleinen, stillen Kammer;
Wieder war die Nacht gekommen,
Und sie klagt' in ihrem Jammer;
Horch! da öffnet sich die Pforte,
Und ein Athem scheint zu wehen,
Und die Mutter schauert zusammen,
Daß ihr Kindlein sah sie stehen.

Einen Kranz im Lockenhaare,
Lichtumflossen, stand es helle
Mit der Unschuld frommen Zügen
Lächelnd auf des Zimmers Schwelle,
Hielt ein Krüglein in den Händen,
Schimmernd wie von feinem Golde,
Angefüllt schier bis zum Rande,
Und zur Mutter sprach die Holde:

„Mutter, Mutter, Gott gewährte,
daß ich heute dir erscheine,
dich zu trösten, dich zu bitten,
Länger nicht um mich zu weinen;
Sieh, es füllten deine Thränen
das Gefäß schon, das ich trage,
Jene Thränen, die du weintest,
Seit ich starb, bey Nacht und Tage."

V.

Friedrich Beck: Das Thränenkrüglein. München 1856. Handschrift.

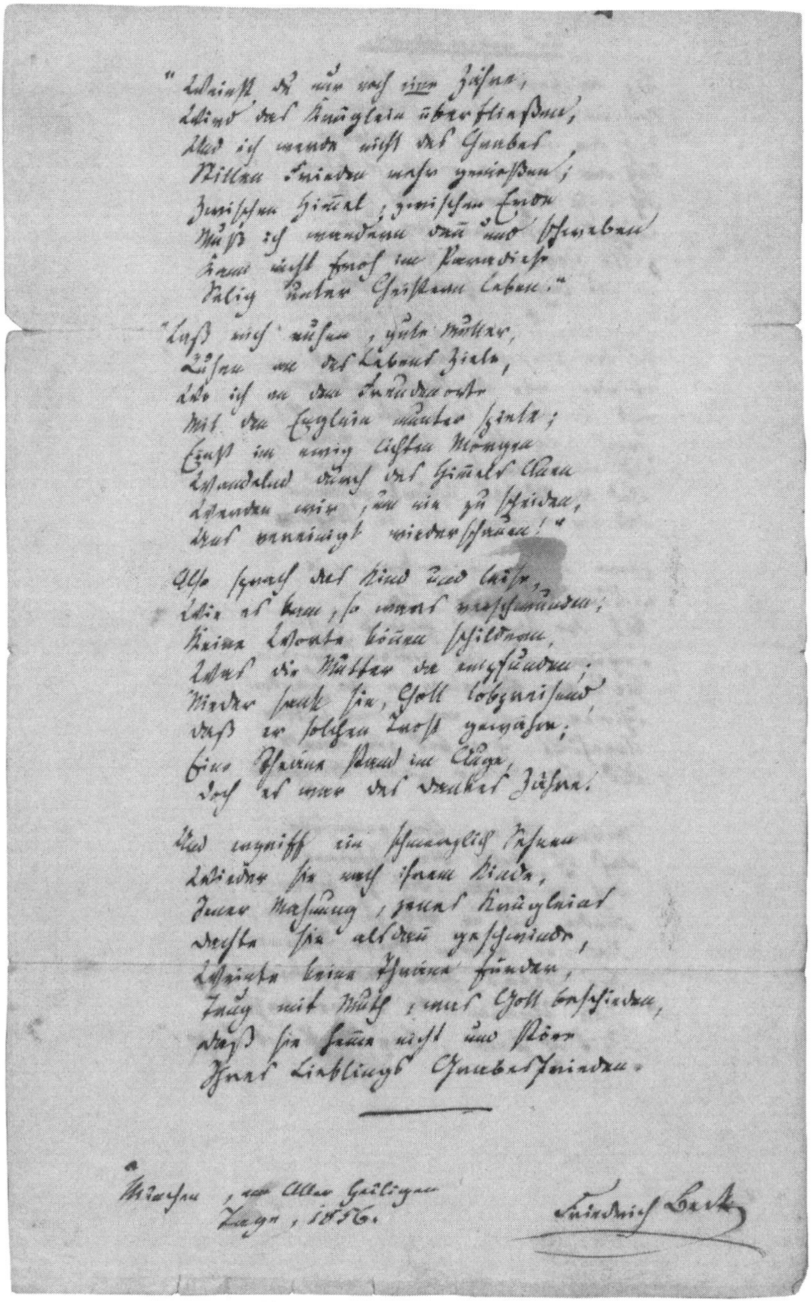
"Weinest du nun noch eine Zähre,
Wird das Krüglein überfließend,
Und ich werde nicht des Grabes
Stillen Frieden mehr genießen;
Zwischen Himmel, zwischen Erden
Muß ich wandern nun und schweben,
Kann nicht froh im Paradiese
Selig unter Christen leben."

"Laß mich ruhen, gute Mutter,
Ruhen an des Lebens Ziele,
Wo ich an dem Freudenorte
Mit den Englein munter spiele;
Engel im ewig lichten Morgen
Wandelnd durch des Himmels Auen
Werden wir, um nie zu scheiden,
Uns vereinigt wiederschauen!"

Also sprach das Kind und lachte,
Wie es kam, so war's verschwunden;
Keine Worte können schildern,
Was die Mutter da empfunden.
Nieder sank sie, Gott lobpreisend,
Daß er solchen Trost gewähret;
Eine Thräne stand im Auge,
Doch es war die Dankes Zähre.

Und ergriff ein schmerzlich Sehnen
Wieder sie nach ihrem Kinde,
Seiner Mahnung, seines Krügleins
Dachte sie alsdann geschwinde,
Weinte keine Thräne fürder,
Trug mit Muth, was Gott beschieden,
Daß sie ferner nicht mehr störe
Ihres Lieblings Grabesfrieden.

München, am Aller Heiligen Tage, 1856.

Friedrich Beck

Friedrich Beck: Das Thränenkrüglein. München 1856. Handschrift.
Quelle © Foto: Klassik Stiftung Weimar, Goethe- und Schiller-Archiv, Nr. GSA 96/4372.

2. 6. Das Exempel ‚Defuncti filii mortem nimium deflens mater' (1618)

Geiler von Kaysersberg steht als Letzter in einer linearen Überlieferungskette, in welcher sich der jeweils spätere Prediger auf den jeweils früheren Prediger als Quelle personal bezieht. In dieser Weise steht er um das Jahr 1500 hinsichtlich seiner literarischen Übermittlungsform am Endpunkt einer mittelalterlichen Entwicklung. Aber das ist nicht alles. Gleichzeitig hat Geiler darüber hinaus ein neuartiges enzyklopädisches Medium zur Verfügung, eine Innovation, welche den Umgang mit den Exempla auf eine neue Grundlage gestellt hat: das *Speculum Exemplorum* (1481). Einerseits verknüpft Geiler die beiden Predigtautoren Cantimpré und Gerson als Quelle, andererseits schöpft er zusätzlich Kenntnisse aus dem *Speculum Exemplorum.* So steht Geiler als Dreh- und Angelpunkt zwischen Mittelalter und Neuzeit nicht nur an einem Ende, sondern gleichzeitig auch an dem Anfang einer neuartigen Entwicklung, die nicht mehr durch eine überschaubare lineare Werkfolge geprägt ist, sondern durch Textbestände, die durch das ambivalente Prinzip der ‚Gleichzeitigkeit des Ungleichzeitigen'[95] geprägt sind. Es werden verschiedenartige Textformen sichtbar, die nicht mehr genealogisch zusammenhängen, sondern disparat in Erscheinung treten. Die Geschichte von der endlos weinenden Frau erscheint gleichzeitig in verschiedenen Gattungszusammenhängen, deren Produzenten- und Adressatenkreise sich überschneiden.

Das *Speculum Exemplorum* – das Quellenwerk für diese neue Zeit – erschien 1481 in Deventer. In den folgenden 38 Jahren erlebte die Exempelsammlung neun weitere Auflagen: zunächst in Köln 1485 eine Auflage, dann in Straßburg und Hagenau jeweils vier Auflagen.[96] Es ist editionsgeschichtlich bemerkenswert, dass also acht Auflagen im unmittelbaren elsässischen Einflussbereich Geilers von Kaysersberg herausgebracht wurden. 84 Jahre später

---

[95] Vgl. Bausinger (1989: 286), der Ernst Blochs Diktum mit Grimms »Ungleichzeitigkeit der Quellen« verknüpft und für die volkskundliche Historizität adaptiert.

[96] Straßburg 1487 bis 1497 und Hagenau 1507 bis 1519.

erschien die erweiterte Fassung des Werks als *Magnum Speculum Exemplorum* in Douai (1603, ²1605). Von 1610 bis 1747 war Köln der ausschließliche Verlagsort für insgesamt zwölf Auflagen.[97] Diese große Auflagenzahl zeigt, dass die Exempelsammlung ein viel gefragtes Referenzwerk geworden war.[98]

In seiner Editionsstruktur besteht das *Magnum Speculum Exemplorum* aus zwei Teilen[99]: einem paginierten Textteil und einem unpaginierten Teil. Folgende drei Referenzebenen führen zu den Texten hin: 1) eine alphabetische Liste der Autoren mit den Jahreszahlen ihrer Werke bzw. der Anonyma; 2) eine alphabetische Schlagwortliste, welche semantische Oberbegriffe anführt; 3) eine Liste von Regestentiteln, die mithilfe der Oberbegriffe zu Abteilungen gruppiert werden. Nach dieser Struktur[100] ist der Ort des Exempels wie folgt bestimmt worden: Oberbegriff: »Defuncti« (Die Verstorbenen), S. 190 f. – Regestentitel: ‚Defuncti filii mortem nimium deflens mater' (Die allzu sehr über den toten Sohn weinende Mutter) mit Exempelnummer und Seitenzahl. – S. 195: Unter der Zählung »Exempl. X« erscheint der lateinische Text. Dieser bleibt in allen Auflagen textidentisch[101] und entspricht wortgetreu dem damals mehr als 200 Jahre alten Text im *Bonum universale* von Thomas Cantimpré.[102]

Diese neue alphabetische und semantische Systematik isoliert den einzelnen Exempeltext und gibt ihm dadurch größere Autonomie und schnelle Auffindbarkeit. Allerdings muss dafür der große theologische Gedanke der »Analogia entis« als Ordnungsprinzip zurücktreten. Nur einige wenige der 300 Exempel des Bienenbuches sind wie ATU 769 in sämtliche Auflagen des *Magnum Speculums* aufgenommen worden. Diese Auswahl zeigt, dass der Geschichte über weitere Jahrhunderte ein besonderer Wert beigemessen worden ist.

---

[97] Zur Datierung s. Alsheimer (1971: 48).

[98] Handschriftliche Kopien in privaten Predigtsammlungen und Übernahmen in spätere Exempelsammlungen machen das Exemplum in seiner Verbreitung nicht mehr nachprüfbar. So stellt Meuli (1975 [1943]: 433–434) fest, dass er das Exempel bei einem Walliser Priester in der gedruckten *Beispiel-Sammlung für das christliche Volk. Insbesondere für Katecheten, Prediger und Lehrer* von Franz Spirago, 3. Auflage, Prag 1909, fand.

2.7. Das ‚Threnen-Krüglein' von Gregorius Ritzsch (1627)

Der Druck ‚Threnen-Krüglein' von Gregorius Ritzsch (1627) ist die uns zurzeit vorliegende älteste Vorlage der Geschichte in Liedform. Diese Quelle wurde mithilfe des online verfügbaren *Verzeichnisses der im deutschen Sprachraum erschienenen Drucke des 17. Jahrhunderts* gefunden (s. www.vd17.de). Diese Datenbank gibt zwei »Schlüsselseiten« von insgesamt vier Blättern wieder (Signatur VD 17 125: 005239C); ihre Gattungsklassifikation lautet »Gelegenheitsschrift: Tod«. Eine Fotokopie des vollständigen Dokuments, das auf sehr groben Bütten gedruckt ist, stellte dankenswerterweise die Ratsschulbibliothek Zwickau zur Verfügung.

Die Titelseite des Drucks macht folgende Angaben:

> *Threnen=Krueglein // Welches bisher mit heisen Zehren hat / gefüllet / die Erbare / tugendsame // Fraw Sybilla // Greger Kyertzschens / Buer= // gers und Wollhandierers in Leipzig / ehliche // Haußfraw: Uber den zeitlichen / jedoch // gar seligen Abschied ihrer lieben // Tochter // Fraw Sabinen // Welche in Gott sanfft entschlaffen // den 9. Augusti im Jahr Christ 1626. // Den trawrigen Eltern zum trost // unnd Christlichem*

---

[99] Zugrunde gelegte Quelle: *Magnum Speculum Exemplorum, ex plusquam octoginta auctoribus, pietate, doctrina et antiquitate venerandis, variisque historiis, tractatibus & libellis excerptum, ab Anonimo quodam, qui circiter annum Domini 1480 vixisse deprehenditur.* Colonia [Köln]: Conradius Butgenius, 1618, p. 195, Nr. X. Exemplar im Besitz der Erzbischöflichen Diözesan- und Dombibliothek Köln, Signatur Ab 408.

[100] Vgl. auch Brückner (1984: 598).

[101] Zehn dieser Auflagen sind in der Erzbischöflichen Diözesan- und Dombibliothek Köln eingesehen worden.

[102] Das Exemplum X des *Magnum Speculum Exemplorum* wurde verglichen mit der Inkunabel von Thomas Cantimpratensis, *Bonum universale de proprietatibus apium*, Köln: Drucker von Augustinus, ‚De fide', ca. 1473, unpag. (nach Exemplar und Titelaufnahme der Universitäts- und Landesbibliothek Bonn). Die Autorenliste im *Magnum Speculum Exemplorum* datiert »Thomas de Cantip. ord. Praedicatorum« (das »Bienenbuch«) auf 1278.

> *Gedechtnis ihrer lieben // Tochter in ein Liedlein gebracht. // Durch G. R. // Leipzig // Gedruckt durch Gregorium Ritzsch. // Anno M. DC. XXV II.*

Das eins zu eins fotokopierte Dokument umfasst acht bedruckte Seiten von je 13,8 cm Breite und 18 cm Höhe. Der Textblock ist vorderseitig linksbündig und rückseitig rechtsbündig aufgebracht. Der Satzspiegel des Textes bemisst sich bei jeweils ungleicher Zeilenlänge auf maximal 11,4 cm Breite und 15,7 cm Höhe. Auf der Titelseite sind ein ovaler Eigentumsstempel und die mit Tinte aufgetragene Inventarnummer 22 der Ratsschulbibliothek ange bracht.

Der Text steht in einem Zierrahmen von 1,5 bis 2,5 cm Breite, den der Drucker Ritzsch nachweislich wiederholt benutzt hat. Die inhaltlichen Bezüge von Rahmen und Text sind: die alttestamentlichen Darstellungen der Opferung Isaaks sowie der Aufrichtung der ehernen Schlange, die im Sinne der ‚interpretatio Christiana' als Hinweise auf Tod und Auferstehung Christi gelten. Eine der Figuren stellt den Kirchenpatron Sankt Nikolaus dar. Die Initialen »G. R.« sind eindeutig Gregor Ritzsch zuzuordnen, der sich als Gelegenheitsdichter bereits einen Namen gemacht hatte.[103]

Interpretierende Gliederung des Textes[104]

Das Druckwerk gliedert sich in eine Titelseite mit paratextlichen Informationen und in einen siebenseitigen literarischen Haupttext. Dieser Haupttext ist wiederum dreigeteilt; er gliedert sich in einen halbseitigen Vorspann mit Prolog, sodann in den Liedtext mit 14 Strophen zu je acht dreihebigen Zeilen (Jamben in freier Füllung mit Kreuzreim) sowie in den vierzeiligen Epilog mit dem abschließenden Wort »Ende«.

---

[103] Kroker (1896: 41–42).

[104] Zugrunde gelegter Quellentext: Gregorius Ritzsch, *Threnen=Krueglein // Welches bisher mit heisen Zehren hat* [...]. Druck, Leipzig: Gregorius Ritzsch, 1627. Exemplar im Besitz der Ratsschulbibliothek Zwickau, Signatur 6.6.32.(22).

Der Liedtext erzählt in seiner ersten Hälfte (Strophen 1–7) das bekannte Exempel. Anders als bei dem Syrer und den mittelalterlichen Predigern wird nicht ein Sohn betrauert, sondern ein »Kind« unbestimmten Geschlechts. Folgerichtig wird auch nicht der bekannte Festzug der jungen Männer dargestellt, sondern eine Schar »jubilirender« und freudig »springender« Kinder in weißen »Engels Kleidern«. Auf diese zweistrophige Exposition folgen drei Szenen: Strophe 3: Die »fromme Mutter trew« sieht »Ihr seligs Kind da stehen«. Strophe 4: Die Mutter ist nicht allein über das Wiedersehen mit dem verstorbenen Kind erschreckt, sie entsetzt sich auch über sein trauriges Alleinsein und fragt es nach dem Grund. Strophen 5 bis 7: Das Kind antwortet wortlos mit einer Geste, indem es einen »Krug« zeigt (2 Zeilen) und weist die Mutter dann in einem Imperativ zurecht, sie solle das Weinen beenden, da es dadurch beschwert und aus der »Englisch Gesellschaft« ausgeschlossen werde (22 Zeilen).

In der Exempelfassung des Gregor Ritzsch ist erstmals in der Variantenkette nicht von einem ‚tränenschweren Gewand', sondern von einem ‚Krug' die Rede (vgl. Strophe 5,2). Nachdem sich das Kind mit diesem Vorwurf ausgesprochen hat, lenkt es abmildernd ein und verkleinert das Gefäß zu einem »Threnenkrügelein« (vgl. Strophe 7,4), welches dem Epicedium in dieser Form »Threnen=Krüglein« den Titel gibt. Mit der Formulierung »Ewr Threnenkrügelein« gibt das Kind die ihm auferlegte Trauerlast dahin ab, wohin diese Last gehört: sowohl hin zu der Mutter als auch hin zu Gott.

In der zweiten Hälfte des Liedtextes (vgl. Strophen 8–14) wird das Exempel namentlich der »Fraw Sybilla Kyrtzschin« (vgl. 8,2; 10,5) und ihrer »Tochter« (vgl. 8,6) alias »Fraw Sabinen« (vgl. 14,7) zugeschrieben und spielt damit nicht mehr im »Vor Zeiten« (vgl. 1,1), sondern in der Gegenwart. Der Dichter will Fraw Sybilla persönlich anreden und mit seinen eigenen Worten trösten, ermahnen und beruhigen; jedoch tut er damit des Guten zu viel, denn eigentlich hat die Geschichte bereits alles gesagt. Allerdings bewirkt diese persönliche Anrede auch, dass eine gewisse Wichtigkeit der Familie Kertzsch betont wird. Und gerade an dieser Stelle sind die Knittelverse bewusst und kunstvoll eingesetzt. Sie geben dem Gleichmaß des Jambenflusses ein dramatisches Gefälle und machen die angeredete Fraw Sybilla Kyrtzschin bedeutsam. Erwähnenswert ist auch die mit Kunstverstand eingesetzte und mit Längsstrich markierte Atempause in 4,4, welche den dramatischen Höhepunkt der Begebenheit unterstreicht.

Vorspann und Epilog rahmen Exempel und Paraphrase des Dichters ein und sind in den tragenden Gedanken mit den entsprechenden Stellen des Exempels verknüpft. Der Vorspann gibt paratextliche Angaben zur Intention des Textes (»Heise Zehren und Mutterthrenen/in ein Klag- und Trostlied verwandelt«) und zum »Thon« (»Wie man die Dorothea singet«). Der Dichter zitiert im Prolog (»Und es antwortet der Eltesten einer …«) die Apokalypse 7 in der Übersetzung von Martin Luther, welche gedanklich die Strophen 4 bis 5 des Liedes vorwegnimmt. Die am Schluss des Druckwerks angeführten biblischen Zitate (vgl. Lucæ 6, Apocal. 21) sind noch einmal kurze Merksätze, die als Epilog gelten können. Sie greifen den Tenor der eingangs zitierten Apokalypse auf und beenden die Botschaft des Liedes.

Der ‚Sitz im Leben' des Druckwerks

Der Sitz im Leben der Erzählung wird im gesamten Wortlaut der Titelseite archiviert. Diese Seite enthält sowohl explizite Aussagen als auch indirekte Hinweise, denen weiter gefolgt werden muss. Sie gibt namentliche und soziale Auskünfte über die beteiligten Personen; und sie gibt Hinweise auf die Performanz des Textes im Rahmen des Gedächtnisgottesdienstes aus dem Jahr 1627.

Das Personal

1. *Gregor Kertzsch*, Wollhandierer. Der in den Akten auch als Keritzsch, Köritzsch, Kieritzsch, Kyertzsch, Kyritsch, Kirisch verzeichnete gebürtige Böhme wandert 1608 nach Leipzig ein, wo bereits seit einer Generation die Musikerfamilie Kertzsch einen guten Ruf besitzt.[105] Gregor wird als

einer der Ersten unter der neuen Berufsbezeichnung »Wollkämmer« ins dortige Bürgerbuch eingetragen. Als die reichen Leipziger Kaufleute zu Anfang des Jahrhunderts ihr Kapital im großen Stil in die Zeugmacherei investierten, erkennt Kertzsch seine Chance als Zulieferer, indem er die auf den Wollmärkten von ihm aufgekaufte und gekämmte Wolle anbietet. In der Folge verlegt er sich trotz großer Hindernisse aber auch selbst auf die Fabrikation. Im Jahr 1621 klagen die Leineweber und Grobgrün-Tuchmacher erfolglos gegen ihn, welche ihm die Herstellung von Gespinsten untersagen wollten.[106] Im gleichen Jahr 1621/1622 setzt sich Gregor Kertzsch erfolgreich mit einer eigenen Klage gegen die Vierdrahtzieher und Leineweber durch, die ihm das Innungsrecht und die Herstellung von Wollgespinsten untersagen wollten.[107] Der Wollhandierer Gregor Kertzsch – wie er sich jetzt bezeichnet – hat sich trotz vieler Widerstände und trotz der schlimmen Kriegszeiten zu einer prominenten Unternehmerpersönlichkeit von bedeutender wirtschaftlicher Macht entwickelt; er beschäftigt zu Anfang der 1620er-Jahre mehr als 100 Spinnereien in der Umgebung von Leipzig.

Den Einwohnern Leipzigs ist in diesen Kriegszeiten bisher das Schlimmste erspart geblieben, aber sie leiden unter der allgemeinen Teuerung und unter den Münzverschlechterungen durch die »Kipper und Wipper«, wie es der Drucker Gregor Ritzsch in seinem zeitkritischen Lied von 1621 angeprangert hat; und sie leiden an der immer wieder ausbrechenden Pest.[108]

---

[105] Hierzu Wustmann (1926: 145 f., 157 f., s. Index).

[106] Stadt Leipzig, Ratsbuch, Bd. 72, Bl. 245, Eintragung vom 16. Januar 1621 (lt. briefl. Auskunft des Stadtarchivs Leipzig vom 19. Januar 2007).

[107] Stadt Leipzig, Richterstube Akten, Teil 1, Nr. 375 (lt. briefl. Auskunft des Stadtarchivs Leipzig vom 20. Dezember 2006).

[108] Gregorius Ritzsch: »Lied auf die Kipper und Wipper«, 1621, zitiert in Witkowski (1909: 108).

Am 9. August 1626 wird der reiche Mann von einem Schicksalsschlag getroffen: Die einzige Tochter wird von der Seuche weggerafft. Ihr zu Ehren will der trauernde Vater im folgenden Jahr einen Gedächtnisgottesdienst vorbereiten, wie es unter den Reichen und Vornehmen der Stadt üblich ist. Darum sucht er seinen böhmischen Landsmann Gregorius Ritzsch auf, einen der renommiertesten und teuersten Drucker der Stadt Leipzig, und gibt ein Epicedium in Auftrag, wie es die poetische Mode der Zeit und seine eigene Reputation im Sinn seiner Standesordnung verlangen. Hierzu gibt er genaue Vorgaben, wie seine Ehefrau Sybilla zu würdigen sei und in welcher Weise die verstorbene Tochter, Frau Sabine, hier ein letztes Mal repräsentieren könne. Gleichzeitig führt er Verhandlungen wegen des Gottesdienstes mit der Kirchenbehörde.

2. *Gregorius Ritzsch*, Drucker und Poet. Der gebürtige Böhme aus Skitahl ist um 1600 als 16-Jähriger nach Leipzig gekommen, um dort bei seinem Vetter die Buchdruckerkunst zu lernen. Seit 1624 hat er als Leipziger Bürger und Inhaber einer eigenen Druckerei-Werkstatt eine hohe Reputation. Er gilt nun in der Stadt als einer der besten seiner Kunst – als ein tiefgläubiger Mensch, als ein anerkannter Verfasser von Gelegenheitscarmina – und als ein ausgezeichneter Geschäftsmann. Von dem Druck bedeutender Bücher oder dem Verfassen zeitkritischer Gedichte kann er nämlich seinen Lebensunterhalt nicht bestreiten. Seine Haupteinnahmequellen sind die sehr zahlreichen Drucke seiner Gelegenheitspoemata, vor allem die Epicedien, welche wegen ihrer Qualität trotz des hohen Preises sehr begehrt sind. Gregorius Ritzsch löst seinen doppelten Auftrag als Dichter und Drucker nach allen Regeln der Kunst.[109]

Was die Form des Epicediums angeht, so ist ihm der klassische Dreischritt ‚laudatio – lamentatio – consolatio' aus den überaus zahlreichen neulateinischen und deutschen Belegen des vorangegangenen Jahrhunderts durchaus geläufig. Jedoch bietet das kurze Leben von Sabine Kertzsch wenig Stoff für eine laudatio und so wählt Ritzsch einen anderen ebenfalls gebräuchlichen Weg: Er weiß, dass die Rhetorik der Epicedien mit der Lehre von den Affekten zu tun hat, mit dem stufenweisen Aufbau der

Erregung, mit der Pointierung des Höhepunktes und danach mit der wieder abbauenden Beschwichtigung der Affekte. Nach diesem Schema wählt Ritzsch für sein Epicedium den Dreischritt ‚Bestürzung über den Todesfall – Sehnsucht nach der Verlorenen – Beschwichtigung im christlichen Trost.‘[110] Wenn er selbst ausdrücklich von »Liedlein« spricht, verwischt er die Gattungsgrenzen des Epicediums zusätzlich und stellt sich damit in die Tradition des geistlichen Liedes des vorangegangenen Jahrhunderts.

Was die Versbehandlung angeht, so hält er als konservativer Mensch wenig von dem ‚neuen Ton‘ eines Opitz, dessen Regel »Zusammenfall von Vers- und Wortakzent« seit seiner Programmschrift von 1624 wie ein Lauffeuer in den Literatenkreisen seinen Weg gemacht hat.[111] Aber die ebenso konservative Kundschaft des Gregor Ritzsch ist von der gewissen intellektuellen Kühle der neuen ‚Poeterey‘ genauso wenig angetan wie er selbst und bevorzugt weiterhin die althergebrachte Manier mit ihren Knitteln und deren besonderen Effekten.

Was den Inhalt angeht, so ist es nahe liegend, dass Ritzsch für die Verstorbene einen gemüthaft-volkstümlichen Stoff ausgewählt hat. Es ist nicht belegt, aber anzunehmen, dass Ritzsch außer dem Auftraggeber Gregor Kertzsch auch dessen Familie samt den näheren Umständen des Todesfalls gekannt hat. So ist es ihm gelungen, mit der althergebrachten Geschichte vom ‚Tränenkrüglein‘ genau die konkrete Situation dieser einen Familie zu treffen.[112]

---

[109] Kroker (1896: 42 f.).

[110] Krummacher (1974: 109–110).

[111] Martin Opitz, *Buch von der deutschen Poeterey*, 1624 (Opitz 2002).

[112] Im gleichen Jahr, 1626, druckte Gregorius Ritzsch das ‚*Colloquium, Oder Gespräch des verstorbenen Töchterleins mit seiner hinterlassenen Mutter*‘ des Autors Adam Olearius, welcher das ‚Colloquium‘ im Wesentlichen aus Bibelsentenzen zusammengestellt hat (vgl. Olearius 1626). Dieses geistliche Allerlei ohne narrative Ordnung kann als negativer Gegenentwurf zu der substantiellen Geschichte von Ritzschens »Threnen-Krüglein« gesehen werden.

Was den Druck angeht, so löst Ritzsch seine Aufgabe mit der gewohnten Perfektion und erstellt ein wertvolles Druckerzeugnis in limitierter Stückzahl von kaum mehr als einem Dutzend Exemplaren. Diese Beschränkung hat etwas Elitäres. Es wäre ihm vom Stand seiner Technik her ein Leichtes gewesen, eine größere Auflage herzustellen. Er will sich jedoch mit dieser Limitierung klar von den minderwertigen Massenartikeln der zahllosen Flugblätter seiner Zeit abgrenzen und setzt auf die Exklusivität, wie sie früher einmal den kostbaren Handschriften zu eigen gewesen ist. Nur das Papier ist zu seinem Bedauern von minderer Qualität, weil die Papiermühlen kriegsbedingt vielfach verwüstet sind. So kann er auch dem gut zahlenden Kertzsch nur sehr grobe Bütten anbieten.

3. *Johan Herman Schein*, ab 1616 Thomaskantor, vorher Hofkomponist des Herzogs Johann Ernst des Jüngeren zu Sachsen, hatte bereits 1617 anlässlich des Todes der Weimarischen Fürstin Maria Dorothea einen »Threnus à 6 voci« komponiert.[113] Diese Gelegenheitskomposition wurde zehn Jahre später auch dem Trauergottesdienst zum Gedächtnis der Frau Sabine zugrunde gelegt.[114]

4. *Vincentius Schmuck*, Pfarrer, Professor, Superintendent. Er kommt den organisatorischen Wünschen des prominenten Kertzsch gern entgegen.[115] Gregor Kertzsch hat großzügig Stipendien gezahlt und erhält seinen gewünschten Termin für den Gedächtnisgottesdienst. Er darf aus dem Gesangbuch das Lied auswählen, welches er und seine Frau für den Gemeindegesang wünschen. Es wird zusätzlich dafür Sorge getragen, dass

---

[113] Prüfer (1895: 43).

[114] Vgl. Epicedium, p. 2, »Im Thon: Wie man die Dorothea singet«.

[115] Die Präsenz des Vincentius Schmuck geht aus dem Deckblatt eines anderen Ritz'schen Epicediums aus dem gleichen Jahr hervor (s. die beiden »Schlüsselseiten« zum Druck Vincentius Schmuck, *LeichPredigt*, [Leipzig:] Gregorius Ritzsch, 1626 in VD17: 39:1045669M).

die Chorsänger in erforderlicher Anzahl und guter stimmlicher Qualität sowie in vorschriftsmäßiger Bekleidung – lange schwarze Mäntel mit ‚Hälsichen' – zur Verfügung stehen. Und dieses, obwohl die Chöre durch Krankheit und Tod dezimiert sind und viele Choristen in den schlechten Zeiten an Unterernährung und ‚bößen Helßen' leiden. Organisten an Sankt Nikolai sind zu dieser Zeit der alte Gall(us) Kertzsch und seine Söhne Christian und Michael.[116]

Alle an der Ausführung Beteiligten: Drucker, Pastor, Chorleiter, Singknaben, Glockenläuter – sie alle sind zufrieden über den reichen Auftrag. »Deß einen Todt, des andern Brod«, sagt der Volksmund. Einzig der Organist Gallus Kertzsch als Familienmitglied spielt ohne Honorar.

Die Performanz

An einem frühen Samstagnachmittag im Jahr 1627 füllt sich die Nikolaikirche, in welcher seit jeher alle wichtigen Ereignisse der Familie Kertzsch stattgefunden haben, zum Gedächtnisgottesdienst für Frau Sabine.[117] Anwesend sind: die trauernden Eltern, der kleine Bruder, Verwandte, Angehörige aus Frau Sabines Schwiegerfamilie (sie war noch nicht verehelicht, jedoch versprochen), Freundinnen der Jungverstorbenen, Honoratioren, Geschäftsfreunde und Abgeordnete der Bürgerschaft.[118] An der Orgel sitzt Gall(us)

[116] Wustmann (1926: 89, 210).

[117] Vgl. Graff (1937: 204, 363). Den Hinweis auf dieses Werk verdanke ich dem Theologen Wolfgang Ratzmann, Professor in Leipzig, der mir weitere Auskünfte zur damaligen Gottesdienstordnung gab (E-Mails vom 30. Juni 2007, 9. Juli 2007).

[118] Ein Beleg dafür, dass alle kirchlichen Ereignisse der Familie Kertzsch in Sankt Nikolai stattgefunden haben, ist der Eintrag im Trauregister der Kirche vom 12. Juni 1632; er dokumentiert eine erneute Eheschließung von Gregor Keritzsch mit der verwitweten Margarete Schmidt (s. Traubuch, S. 178). Hieran erkennen wir auch, dass Frau Sybilla den Tod ihrer Kinder nur kurze Zeit überlebt hat. Dem Tod der Tochter Sabine im August 1626 folgte der Tod des 13-jährigen Sohnes im Dezember 1628 (s. Eintrag im Ratsleichenbuch vom 30. Dezember 1628 lt. briefl. Auskunft des Stadtarchivs Leipzig vom 19. Januar 2007).

Kertzsch, seit mehr als 40 Jahren Nikolai-Organist.[119] Das kostbare siebenseitige Druckwerk liegt in sehr wenigen Exemplaren für besonders Prominente auf den vorderen reservierten Bänken aus; das persönliche Exemplar der Familie Kertzsch kann später seinen angemessenen Archivort in ihrer Bibel finden.[120]

Gemäß den Regieanweisungen des Epicediums vollzieht sich der Gedächtnisgottesdienst wie folgt:

1. Der Pfarrer Vincentius Schmuck spricht den obligatorischen »Eingang«: »Geliebte und Andächtige in dem Herrn Jesu Christo: In der Apocal. 7 lesen wir … « Er paraphrasiert dann diesen Text formelhaft: Von der Hinfälligkeit des Menschen als der Sünde Sold … Von der großen Trübsal … Von dem Trost der christlichen Hoffnung …

2. Der Organist Gallus Kertzsch intoniert das allgemein bekannte Sterbelied »Herzlich tut mich verlangen«[121], in welches die gesamte Trauergemeinde auswendig, wenn auch nicht immer textgetreu, einfällt.

3. Der Kantor Johann Hermann Schein muss sich krankheitshalber vertreten lassen. Die Choristen tragen das Epicedium als ‚Threnus à 6 voci' vor »im Thon, wie man die Dorothea singet«. Sein Text greift einige Gedanken der Predigt auf. Die Botschaft des Liedes ist allen Anwesenden dem Kern nach bekannt. Aber die Kunst des musikalischen Vortrags sowie die persönliche Bezugnahme auf Sybilla und Sabine sind überraschend, lassen aufhorchen und gehen zu Herzen.[122]

4. Zur Verabschiedung bekräftigt Vincentius Schmuck noch einmal die Aussage des gesungenen Epicediums, indem er mit der Apokalypse 21 abschließt: »Gott wird abwischen alle Threnen von jhren Augen« und spricht den Segen.

5. Die Gemeinde hat den letzten Vers der »Dorothea« noch im Ohr: »Wir wündschen Frau Sabinen ein frölichs Aufferstehn« und singt zum Abschluss eine weitere Strophe ihres Eingangsliedes mit dem tragenden Vers »… Sterben ist mein Gewinn«.

119 Vgl. Wustmann (1926: 145, 194).

120 Erst heute, nach mehr als 380 Jahren, ist das Epicedium von Sabine Kertzsch durch Archivierung, Digitalisierung, Kopierung und auch durch diese Buchveröffentlichung nicht mehr elitär.

121 Text von Christoph Knoll, ‚Thon' von Hans Leo Haßler.

122 Die Entschlüsselung des ‚Thons' ist zurzeit noch Desiderat. *Threnus à 6 voci* von 1617 (Original: Herzogin Anna Amalia Bibliothek, Weimar. Signatur: M 2652).

2. 8. Ein Flugblatt von 1687 in der Abschrift von Jochem Hinrich Beulcke (1760/64)

Schon die Vielzahl der dokumentierten Fassungen des *Speculums* zeigt an, welche innere Zustimmung die Geschichte im Volk gehabt haben muss. Neben diesen thesaurierten Exempeln hat es parallel auch den Strom der mündlichen Überlieferung gegeben, in dem die Geschichte erzählt und ‚schon immer' gesungen worden ist. Mit der weitreichenden Popularisierung des Druckmediums fanden Verleger schnell heraus, dass dieses Lied als Zeitungslied eine gut absetzbare Ware war.

Ausgangspunkt der Suche nach alten Liedquellen war eine Fassung des 19. Jahrhunderts: »Die Macht der Thränen« aus dem *Deutschen Liederhort* von Ludwig Erk (1856: 8, Nr. 3). Eine Anfrage beim deutschen Volksliedarchiv in Freiburg nach älteren Fassungen des Liedes brachte den Hinweis auf Wilhelm Heiskes Edition *Deutsche Volkslieder* (1967) mit vier Textnachweisen[123], von denen nur die Beulcke-Fassung als älteste von weiterführender Bedeutung ist. Jedoch liefert Heiskes Edition lediglich den Text sowie den bibliographischen Kontext; mein Interesse galt aber darüber hinaus der Einsicht in das Dokument der Beulcke-Fassung selbst mit seinen Bearbeitungs- und Gebrauchsspuren (wenn auch nur in Kopie). An dieses Dokument knüpft sich eine schwierige Archivgeschichte.

Beulckes Vorlage war ein Flugblatt, welches eine Wundergeschichte vom 2. Juni 1687 erzählt, die nur wenig später gedruckt worden sein muss (vgl. Heiske 1967: 332). Das Blatt gilt als verschollen.[124] Von diesem ältesten Beleg haben wir nur Kenntnis durch Jochem Hinrich Beulckes handschriftliches Liederbuch, dessen Texte er im Zeitraum 1760 bis 64 eingetragen hat. Dadurch hat Beulcke den Text gerettet, aber in seinem Gebrauch verändert,

[123] Nr. 122, ‚Das Tränenkrüglein', in Heiske (1967: 327–334).

[124] Mitteilung des Verlustes von Dr. Waltraud Linder-Beroud vom 6. März 2006.

indem er ein ‚öffentliches' Zeitungslied in seinem Liederbuch privat machte. Dieses Dokument rückte nun statt des verlorenen Flugblattes ersatzweise in den Mittelpunkt des Interesses.[125] Meine Anfrage betreffs Beulckes Liederbuch bei der Nachfolgeorganisation des Berliner Akademieinstituts, der heutigen Landesstelle für Berlin-Brandenburgische Volkskunde am Institut für Europäische Ethnologie an der Humboldt-Universität zu Berlin, brachte das negative Resultat: »... das für 1954 am Institut ausgewiesene Manuskript [ist] abhanden gekommen.«[126] Das bedeutet den vollständigen Verlust von Kontextdaten mit Ausnahme der Orts- und Zeitangaben im Text selbst.

Die einzige verbleibende Arbeitsgrundlage ist nun eine vom Deutschen Volksliedarchiv Freiburg 2008 zur Verfügung gestellte Fotokopie der maschinenschriftlichen Abschrift des Liederbuchs mit Informationen, die über Heiskes Angaben hinausgehen[127]: Ihre Beschreibung des Buches lautet: in braunes Leder gebundenes Liederbuch von etwa 9 x 16 cm Größe und 110 Blättern, deren Heftung sich zum Teil gelöst hat. »Verschiedene Blätter sind an den Außenrändern so beschädigt, daß manche Buchstaben und Wörter verloren gegangen sind. Die Seiten sind nicht numeriert (sic). ... Die Orthographie ist überlegt und nicht willkürlich. Die Tinte, ursprünglich wohl schwarz, hat einen bräunlichen Farbton. ... Oft wird die Eingangszeile mit großer Schrift hervorgehoben. Vielfach hat der Schreiber besondere Sorgfalt auf die Ausgestaltung der Initialen gelegt, die z. T. blau und grün koloriert sind, auf kleine

125 Heiske (1967: 330) liefert die Quellenangabe: »A 191 879. Hdschr. [Handschriftliches] Ldb. [Liederbuch] des Jochem Hinrich Beulcke aus Voigtshagen (Pommern), 1760 bis 1764, Bl 14b–16b: Ein ander Wundergeschicht [...]. Im Besitz des Instituts für deutsche Volkskunde an der Akademie der Wissenschaften Berlin.«

126 Mitteilung von Dipl. ethn. Monika Wolf vom 12. Juni 2007.

127 Das Liederbuch wurde im Herbst 1954 von der Akademie der Wissenschaften in Berlin (DDR) an das Volksliedarchiv in Freiburg (BRD) zu Kopierzwecken ausgeliehen. Die Dokumentbeschreibung folgt dem Typoskript ‚Liederbuch des Jochem Hinrich Beulcke. Beschreibung', p. 1–2 (Deutsches Volksliedarchiv, Signatur A191-869-A191899).

Zeichnungen (Engelsköpfe) und auf die Ausführung der Zierleisten auf den Titelblättern, die geschlossenen Lied- und Gebetgruppen vorangehen.« An verschiedenen Texten sind Besitzeintragungen und Jahresdaten angebracht. Der bedeutendste Eintrag findet sich auf Blatt 59r des Liederbuchs (hier in der Setzung des Typoskripts und mit den Fragezeichen des Kopisten wiedergegeben):

»Jochem Hinrich Beulcke/Bin ich getauft
Mit Ckrist Blut bin ich gekauft [?]/
O Herr Jesu gedencke/Doch meiner im
Besten Anno 1760 Amenen.
Iochem Hinrich beulcke/ist gebohren im
Jahr 1744 16. Junius es/hatte die
Jungfrau re/girt: Ikrün [?] geschrieben
In Voigtshagen Anno 1761/
Mein Name Heist so/Jochm Hinri/ch
Beulcke Anno 1761/«

Das Liederbuch ist also die Jugendleistung eines 16- bis 20-Jährigen, der seine Schreib- und Gestaltungsästhetik beherrscht hat. Es enthält neben vielen Gebeten vor allem Flugblätter mit Moritaten, verwunderlichen Ereignissen und Geschichten.[128] Das Faible des jungen Mannes für das Nicht-Alltägliche zeigt sich in den beiden Erzählungen, welche die Referenzgeschichte umschließen: zunächst die schreckliche Moritat von den Mordeltern, die den unerkannt heimkehrenden Sohn aus Geldgier im Schlaf erschlagen,[129] dann die »Wunder geschicht So sich In Holstein 1687: den 2 Junÿ be geben« und anschließend eine »wahrhaftige wunder geschicht« aus Eisleben vom

[128] Hinrich Siuts notiert, dass »von den Liedern 3 stilecht, 20 volkstümliche Kunstlieder (fast alles Flugblätter), 1 zweifelhaft und 8 geistliche Lieder« sind (Siuts 1967: 15 Fn. 37,2).

[129] Ohne Regestentitel (DVA, Signatur A1911878).

9. Oktober 1718, welche von einer ‚Geburt im Grabe' berichtet[130]. Der »sehr schadhafte Zustand« des ledergebundenen Büchleins zeigt, wie oft Beulcke es in die Hand genommen haben mag und wie beliebt es bei späteren Lesern gewesen sein muss. Es ist darauf hinzuweisen, dass auch der gleichaltrige Johann Gottfried Herder in diesen Jahren den Reiz der Volksdichtung zu entdecken begann.

Der Studie liegt das Typoskript des Freiburger Volksliedarchivs zugrunde. Gegenüber der Druckfassung in Heiske (1967) weist es den Vorzug auf, den ausführlichen Regestentitel mit dem Liedtext in einem Guss zu verbinden.[131]

Er lautet:

> *»Ein an der Wunder geschicht So sich In Holstein 1687: den 2 Junÿ be geben mit einem weibe So sich über ab sterben Ihreß lieben kindeß al zu sehr betrübet hat welcheß der mutter her nach mit einer Krohne und mit einem Herlichen / weisen Kleide er Schienen / mit Ihr geredet / Sie getröstet und sie So weit ge bracht / daß die mutter von Ihrem Trauren und grämen abgelassen / und sich aber deß Kindleinß Seeligkeit ge Tröstet hatt / welcheß in nach folgendem ge sang weitlauftiger Zu vernehmen Ist. / Im Tohn. Ich weiß mir ein Ewigeß Himmel reich. etcra:«.*

Beulckes 20-strophiger Text beginnt mit einem formelhaften Appell an die Christen, aufmerksam zuzuhören. Hierin wird der Liedinhalt als »Trostgeschichte« klassifiziert (vgl. Strophe 1). Der Liedtext (vgl. ab Strophe 2) folgt im wesentlichen Handlungsablauf dem Exempeltext im *Magnum Speculum Exemplorum*, d. h. bei Cantimpré und Geiler. Die endlos weinende Mutter begibt sich »Inß feld« (vgl. Strophe 4). Ihre Vision weist jedoch wie zuvor bereits in Ritzschs Epicedium (1627) eine für die Liedtradition signifikante Modifikation auf: Der Tote – von seinem Lebensalter her ein Kind – zeigt seiner Mutter eine fröhliche Kinderapokalypse, deren Teilnehmer weiße Kleider und Ehrenkronen als Zeichen der Verklärung tragen.[132] Die Mutter fragt ihr Kind, warum es allein »weit hinten« gehe. In Strophe 11 antwortet es, dass das Verhalten der Mutter selbst die Ursache hierfür sei. Die Frau nimmt sich die Rede zu Herzen und lässt sich trösten. Anders als im Cantimpré-Text lokalisiert das Lied sein Geschehen »Zu Seeberg Im Lande Holstein« (vgl. Strophe 2), was der Geschichte, dem Zeitungsmedium entsprechend, Wahrheitsgehalt geben soll. Bemerkenswert ist, dass über den erzählerischen Kern hinausgehend zwei Stellen auf eine andere Epoche als die Geiler-Zeit und auf eine neue Adressatengruppe verweisen: Das Verb ‚formiren' in Strophe 5 entstammt der Militärsprache. Die Abschlussstrophe 20 deutet mit den beiden Zeilen »Hilf, daß wir kämpfen ritterlich/Zu ehren deinem [Jesu] namen« den Topos des miles christianus an, der gegen Anfeindungen und Anfechtungen seines Glaubens kämpfen will.

[130] »Eine ge wisse und wahrhaftige wunder ge schicht ge sche hen in diesen 1718.t Jahr den 9ten attober Eis le ben in sachen mit einer berg manß frauen welches / schwanger ge wessen und in kindeß nöhten Ihren geist auf ge ben / auch nacht dreÿen tagen be graben / aber baldt dar auf hatt man sich im grabe singen ge höret und nach er offnung deß grabes Zweÿ lebendige kinder an Ihren brüsten saugen gefunden die sie im grabe Zur welt ge bracht wo beÿ man auch zweÿ schöne weisse tauben ge sehen/ wie auf dem beÿ komenden Liede mit [mehrerm ?] wird zu ver behmen sie. //« (DVA, Signatur A1911880).

[131] Zugrunde gelegter Quellentext: ‚Ein an der Wunder geschicht So sich in Holstein 1687: den 2 Junÿ begeben [...]. Handschriftliches Liederbuch des Jochem Hinrich Beulcke aus Voigtshagen (Kr. Greifenberg, Pomm. Oder Kr. Naugard, Pomm.?), 1760–64, S. 14v°-16v°« (DVA, Signatur A191879). Abgedruckt in Heiske (1967: 327–330).

[132] Vgl. Off. 7,14–17.

2. 9. Das ‚Unnötige Wainen einer Mutter über jhren verstorbnen Sohn' von Wolfgang Rauscher (1689)

Im Jahr 1689 – etwa 190 Jahre nach Johann Geiler von Kaysersberg, dem letzten der großen Prädikanten des Mittelalters – brachte der berühmte Prediger Wolfgang Rauscher die Referenzgeschichte wieder als klassisches Exempel in traditioneller Form zurück auf die Kanzel.[133] Und das, obwohl die Erzählung parallel dazu bereits als massenhaft und anonym verbreitetes Zeitungslied kursierte.

Rauscher fand zur Bearbeitung seines Textes[134] eine vorzügliche Quellenlage vor. Das 17. Jahrhundert hatte im Zug der Rekatholisierung eine Cantimpré-Renaissance gebracht.[135] Rauscher verwendet das Exempel mit ausdrücklicher Referenz auf »Thomas Cantipratanus« in einer Sonntagspredigt, die in Teil 1 des Dominicale *Oel und Wein Deß Mitleidigen Samaritans Für die Wunden der Sünder* 1689 in Dillingen gedruckt wurde. Jedoch setzt er dem Exempel zum schnellen Nachschlagen für seine Leser eine Inhaltsangabe in Regestenform voran, womit er die Editionsstruktur des *Magnum Speculums* aufgreift und individuell umsetzt. Ein weiteres Mal wird damit die zyklisch

---

[133] Wolfgang Rauscher (1641–1709), Jesuit, Ausbildung in Rhetorik und Philosophie, im südlichen deutschen Sprachraum weit gereist, wirkte 1685 bis 91 und 1695 bis 98 als Domprediger in München (vgl. Tomkowiak 2004: 367).

[134] Zugrunde gelegter Quellentext: Wolfgang Rauscher, ‚Unnötiges Wainen einer Mutter über jhren verstorbenen Sohn leschte ihm das Fegfeur nit auß', in: Ders., *Oel und Wein Deß Mitleidigen Samaritans Für die Wunden der Sünder*, Dillingen: Johann Caspar Bencard, 1689, Nr. 746, pp. 332–333 (Text jeweils rechtsspaltig). Praktischerweise zurate zu ziehen ist Moser-Rath (1964: 180–181, Nr. 70), die Exempeltext und Regestentitel zusammenführt.

[135] Im Jahr 1618 erschien die Kölner Neuausgabe des *Magnum Speculum Exemplorums* mit einer Teiledition seiner Exempel, darunter das Exempel II., c. 53, § 17. Im Jahr 1627 erschien Cantimprés *Bienenbuch* als Gesamtwerk in der seitdem kanonischen Ausgabe von Colvenerius 3.1627 im Verlagsort Douai, einem Zentrum der jesuitischen Gegenreformation.
Alle diese Quellen standen dem theologisch und rhetorisch gut geschulten Jesuitenpater Rauscher zur Verfügung.

organische Struktur des mittelalterlichen Predigtwerks aufgegeben zugunsten einer moderneren atomistischen Struktur. Rauscher ist ein Prediger, der über seine Predigtmethode kritisch und explizit nachdenkt. Ein Jahr nach dem ersten Dominicale publiziert Rauscher 1690 in Teil II seines Dominicale eine Metareflexion, in der er ein Plädoyer für den rhetorischen Wert des Exempels in der Predigt abgibt, den er im Nutzen als Gedächtnisstütze und als allgemeine Aufmunterung sieht.[136]

Rauscher verlagert einige Inhaltsmomente Cantimprés. Bei Cantimpré befand sich der zu viel beweinte Sohn im Himmel, war jedoch durch die Last der nachgeweinten Tränen behindert und konnte nur »schleppenden Fußes« an der Gemeinschaft der Glückseligen teilnehmen. Der Jesuit Rauscher wollte diese Vorstellung von einem imperfekten Himmel nicht hinnehmen und versetzte den Sohn ins »Fegfeur«. Mit dieser Verschiebung konnte er eine absurde Situation argumentativ ins Bild setzen, um die doppelte Sinnlosigkeit des Weinens auf den Punkt zu bringen: Der Sohn büßt sinnlos im Fegefeuer – die weinende Mutter leidet sinnlos. Rauscher löst das Problem, indem der Geist des Sohnes erscheint und der Mutter ihr Fehlverhalten vorhält. Dann verflüchtigt er sich und damit ist für Rauscher alles gesagt; er lässt die Erzählung in der Schwebe. Sein elliptischer Schluss weist darauf hin, dass jeder die Geschichte kannte und zu Ende hätte erzählen können. Dieser Schluss zeigt auch, dass Rauscher eine Schrift verfassen wollte, die ihren Sitz nicht nur im alten Schriftwerk Cantimprés, sondern ebenso im Leben der zeitgenössischen Gesellschaft hatte. Von hier aus lässt sich verstehen, dass er die Requisitverschiebung von der unverständlich gewordenen »tränengefüllten Gewandfalte der Toga« zum »Gschirr [Krug] voller Wasser auff dem Rücken« bevorzugt hat. Im Sinn des Gleichzeitigen im Ungleichzeitigen hat Rauscher auf diese Weise seine Erzählfassung aus disparaten Zeit- und Erkenntnisschichten zusammengesetzt.

[136] Siehe ausführliches Zitat dieses Rauscher-Textes in Moser-Rath (1964: 22–26).

Der transzendente Kern des Exempels bleibt bei Rauscher – aus seinem Glauben heraus – unangetastet. Er setzt dem sinnlosen Weinen der Frau auch ausdrücklich die klassische Dreiheit Fasten – Beten – Almosengeben entgegen. Aber seine Argumentation ist schon die eines kritischen Menschen, der bereits deutliche Spuren des kommenden aufgeklärten Denkens vorwegnimmt. Es bleibt unter diesem Gesichtspunkt zu beobachten, welche Entwicklung die Geschichte gut hundert Jahre später, Anfang des 19. Jahrhunderts, nehmen wird.

2. 10. Das Lied ‚Von einem armen Weib und einem kleinen Kind' von Christian Walter (1705)

Die dritte uns bekannte Liedquelle ist ein niederösterreichischer Druck von 1705. Die Vermutung, dass die Sondersammlung »Weltliche und geistliche Lieder der Bibliothek Meusebach« an der Staatsbibliothek zu Berlin einschlägige Textquellen der Referenzgeschichte besitzen könne, erwies sich als nicht zutreffend. Die Recherchetätigkeit des Archivars Andreas Wittenberg erbrachte jedoch den entscheidenden Hinweis auf die Österreichische Nationalbibliothek in Wien. Eine Fotokopie des vollständigen Wiener Dokuments stellte dankenswerterweise Frau Dr. Gertrud Oswald zur Verfügung, die außerdem lokale Quellen zur Biographie des Druckers Christian Walter beisteuerte.

Die Titelseite des Drucks macht folgende Angaben:

> *Zwey neue Lieder / Das Erste: Ein erschröckliches Exempel unnd / Miracкel von einem Lutherischen Præ- / dicanten von Breßlau. / Im Thon: Kommt her zu mir spricht Gottes Sohn / etc. /* [Illustration] */ Das Anderte: / Von einem Weib und einem / kleinen Kind // was sich zugetragen hat // wird in folgendem Gesang zu verneh- / men seyn. / Im Thon: Wie mirs Gott schickt / etc. / Componirt // durch Johannes Meller. / Crembs // gedruckt bey Christian Walter // 1705.*

Das eins zu eins fotokopierte Dokument umfasst acht bedruckte Seiten von je 9,7 cm Breite und 15 cm Höhe. Der Text ist gleichmäßig in Blocksatz aufgebracht. Der Satzspiegel des Textes bemisst sich auf maximal 7,5 cm Breite und 13,7 cm Höhe. Textanfang und -ende sowie der Schnitt zwischen den beiden Liedern werden durch Zierleisten markiert. Die mittig in einem Rahmen angebrachte Illustration der Titelseite zeigt einen geharnischten Engel mit einer Waage in der linken Hand und einem Flammenschwert in der rechten. Die Illustration ist mit den Initialen »I. St.« gezeichnet (der Monogrammist ist nicht zu identifizieren[137]). Auf den Seiten 2 bis 6 ist das

»Das Erste: Ein erschröckliches Exempel unnd Mirackel von einem Lutherischen Prädikanten von Breßlau« abgedruckt; es zählt 14 Strophen. Das zwölfstrophige »Anderte« mit dem Titel ‚Von einem armen Weib und einem kleinen Kind' ist auf den Seiten 6 bis 8 abgedruckt. Ein Hinweis auf die Autorschaft der beiden Lieder fehlt. Aus praktischen Gründen wird nachfolgend von dem Lied von Christian Walter gesprochen.[138]

Biographie im Werkbezug

»[Christian Walter] ward zu Hall in Sachsen als Sohn lutherischer Eltern geboren. Zu Leipzig erlernte er die Buchdruckerkunst ‚aufrichtig und wie sichs gebührt'. Etwa um 1669 oder 1670 begab er sich auf Wanderschaft und stand schließlich zu Passau ‚in ein Stüeckh in das fünfte Jahr in arbeith'. In dieser Zeit wich er ‚von dem Lutheranismo' ab und konvertierte zur katholischen Religion.«[139] Da für ihn ein ‚unkatholischer Ort' nun nicht mehr infrage kam, wählte er um 1676/77 durch Einheirat Krems als Lebensmittelpunkt. »Um etwa 1680 kaufte Walter das ‚unbewohnt und oedt' stehende ehemalige Wirtshaus ‚bey der gulden Gans'«[140] und eröffnete dort als »Erstdrucker« eine Offizin. Schwierig war, dass Krems sein Wohn- und Arbeitsort war, dass er aber als ernannter Universitätsdrucker der Universität Wien dort Präsenzpflicht hatte, welcher er aber aus Vermögensgründen unmöglich nachkommen konnte. Christian Walter galt als ein ungemein impulsiver Mensch, dem Schlägereien, Liebeshändel und Steuerstreitigkeiten immer wieder Schwierigkeiten brachten, sodass ihm seine Offizin fast entzogen worden wäre. Trotz alledem war er in Krems ein durchaus angesehener ‚Inwohner', der unter großer Anteilnahme und »mittlerem Geläute« im November 1707 in Krems zu Grabe getragen wurde.

Walters Gesamtwerk seiner Drucke bleibt unbekannt. 1938 publizierte Leopold Schmidt im Rahmen seiner Studie über niederösterreichische Drucker eine Titelliste. Aus ihr geht hervor, dass Christian Walter nicht ausschließlich, aber überwiegend religiöse Inhalte gedruckt hat. In dieser Aufzählung ist das Flugblatt *Zwey neue Lieder* von 1705 nicht verzeichnet.[141]

Das erste Lied

Dem ersten Lied *(Ein erschröckliches Exempel unnd Mirackel von einem Lutherischen Prædicanten von Breßlau)* vorangestellt ist die Eröffnung des allwissenden Sängers und Erzählers mit der Aufforderung, ihm zuzuhören, sowie die Ankündigung eines interessanten Themas: »Höret zu und schweiget still / habt acht was ich euch singen will / von grossen Wunder-Dingen ...« Das Bildnis einer Rosenkranz-Madonna wird von einem in ein Bürgerhaus eindringenden lutherischen Bilderstürmer in den Schmutz geworfen. In der Nacht kehrt jedoch das Bild an die Wand zurück. Als Prädikant wiederholt er seinen Muttergottesfrevel, indem er das Bild verflucht. Als dritte Untat verflucht er am nächsten Sonntag Maria in Person. Da erscheinen drei Teufel, die ihn, obgleich er Jesus anruft, in Stücke hauen. Die Erde tut sich auf und die Teufel werfen die Stücke in die brennende Hölle hinab. So einfach sich die Geschichte zunächst anhört, so ist sie doch in ihrer Dreiteilung stringent nach dem Gesetz des Achtergewichts (vgl. Holbek 1984a: 64) komponiert.

Das zweite (»anderte«) Lied

Nach Aufbau und Strophenzahl sind die beiden Lieder gleich gewichtet. Während der abschreckenden Mirakelerzählung der Vorrang des ersten Teils eingeräumt wurde, hat die Mirakelerzählung des »Anderten« den Vorzug,

---

[137] Vgl. Schmidt (1938: 135).

[138] Zugrunde gelegter Quellentext: Christian Walter, ‚Von einem armen Weib und einem kleinen Kind', in: *Zwey neue Lieder*, Druck, Crembs [Krems]: Christian Walter, 1705. Exemplar im Besitz der Österreichischen Nationalbibliothek, Wien. Signatur 82.463–A. Alt.

[139] Zitat nach Roswitha Müller (1969: 4), die die Hauptquelle zu Walters Biographie liefert; ergänzende Daten in Schmidt (1938) und Durstmüller (1982: 125).

[140] Müller (1969: 4–5).

[141] Vgl. Schmidt (1938: 108–109).

die Botschaft des tröstenden Gottes als Quintessenz des Gesamttexts vorzutragen. Beiden Geschichten gemeinsam ist die wunderbare Intervention Gottes in Mangelsituationen. Historisch ist das erste Lied durch die konfessionell markierte Frevelhandlung im Kontext der Gegenreformation positioniert und gibt damit die Intention der Propaganda fidei des katholischen Auftraggebers klar an. Das zweite Lied dagegen ist frei von solchen konkreten Zuspitzungen und in seiner christlichen Botschaft zunächst eher allgemein.

Das Lied *Von einem armen Weib und einem kleinen Kind* beginnt mit einem Aufruf des Erzählers/Sängers: »Merckt auff ihr Christen stehet still / hörct was ich euch singen will / von einem kleinen Kindelein / von grossen Wunderdingen«. Strophe 2 lokalisiert die Geschichte »in dem Wald Holtzstein«. Die Strophen 3 bis 12 folgen in ihrem Inhalt dem Erzählkern Cantimprés bzw. Geilers.

Die Nähe von Walters Druckfassung zu Beulckes Zeitungslied ist augenfällig. Neben zahlreichen wortidentischen Strophen und Zeilen gibt es aber auch Unterschiede. Die auffälligste Abweichung ist die Strophenzahl: Walter 12, Beulcke 20. Beulcke ist mit seiner Ortsangabe »Seeberg Im lande Holstein« in Strophe 2 geographisch exakt, demgegenüber ist Walters Toponym »Wald Holtzstein«, bei ihm ebenfalls in Strophe 2, korrumpiert. Beulcke ist in acht Strophen ausführlicher und prozessualer in der Darstellung des Mutter-Kind-Dialogs, den Walter lediglich in drei Strophen knapp erzählt. Walters Schlussstrophe 12 entspricht Beulckes Strophe 17. Beulckes Text schließt sein Lied in Strophe 20 mit Anklängen an den Topos des miles christianus ab. Diese Strophen entfallen bei Walter.

Das Medium Druck zeigt, dass das Exempel als Lied konfessionsübergreifend gesungen worden ist, wenngleich die Konfessionszugehörigkeit des Tradenten in einzelnen Akzenten erkennbar bleibt. Der überzeugte Konvertit Christian Walter zeigt in seinem ersten der *Zwey Lieder* einen klaren antilutherischen Affekt, der sich unausgesprochen auf das zweite Lied in diesem Werk überträgt.

Die Requisitverschiebung[142] zwischen Exempelpredigt und Liedtradition

Der wesentlichste Unterschied zwischen der klassischen Exempeltradition und der Liedüberlieferung liegt im Austausch eines Requisits, welches für das Erzählgerüst von tragender Bedeutung ist; hierbei handelt es sich um das Behältnis der Tränen. Der Visionär Cantimpré hat seine Beweinungsdarstellung dem Urbild der Pietà nachgebildet: Die Tränen der Mutter fallen auf das Gewand des toten Sohnes, der in ihrem Schoß liegt. Sie sammeln sich toga lateralis zu einer Wasserblase, welche später den Sohn durch Nässe und Schwere belastet.[143] Schon Cantimprés Nachfolger auf der Kanzel haben seine Bildvorstellung nicht mehr nachempfunden und betonten mehr die Geste des Nachweinens, sodass der Rücken des Mantels des Toten durchnässt wird. Auf diese Weise konnte sich der Klerus dem einfachen Volk gegenüber verständlich ausdrücken, aber auch weiterhin an Cantimprés Requisit als ‚Mantel' festhalten in Anlehnung an die Textvorlage ‚Defuncti filii mortem nimium deflens mater' des oftmals aufgelegten *Magnum Speculum Exemplorums.* Große Volksprediger wie Rauscher wählten für sich allerdings neue Wege der Requisitbehandlung.

In den Liedern werden die Tränen in »einem grossen Krug« gesammelt[144], der das Kind auf diese Weise beschwert. Die Requisitverschiebung ‚Gewandblase' zu ‚Krug' wurde im Volksmund auch bevorzugt, weil die ‚toga lateralis' und ihre Ableitungen für die Menschen etwas Befremdliches war; der ‚Krug' hingegen war für sie ein vertrauter Gegenstand ihres alltäglichen Lebens. In der Liedüberlieferung ist das Requisit ‚Krug' konsequent bis ins 19. Jahrhundert weitergeführt worden (s. Erk 1856: 8, Nr. 3). Die Metapher ‚Tränenkrug' zeigt Affinität zu Psalm 56,9. Hier wendet sich der Betende in dringlicher Anrede und in (kultischem) Weinen unmittelbar an Jahwe, dem ein Behältnis (Schlauch) zugesprochen wird, in welchem kostbare Flüssig-

---

[142] Requisit, Requisitverschiebung, in: *EM* 11/2004.

[143] Dazu Fußnote 48 [Nota Beweinungsdarstellung].

[144] Ritzsch (1627: Strophe 5), Beulcke (1740: Strophe 10), Walter (1705: Strophe 10).

keiten aufbewahrt und konserviert werden. Vers 56,9 ist in seinen Bildern und Metaphern verschlüsselt und mehrdeutig. Theodor Seidl[145] analysiert ihn wie folgt: »Seine (des Beters) Tränen, d. h. sein kultisches Handeln, haben nicht nur Quantität, sondern auch Qualität: Es ist etwas Kostbares, Bewahrenswertes … Es findet bei Jahwe Wohlgefallen und Annahme. Jahwe wird durch die Aufbewahrung der Tränen des Beters ständig an menschliche Not und Bedrängnis erinnert; sie sind durch die Konservierung in ‚Jahwes Schlauch' immer vor Jahwe präsent und werden damit zum Impuls für Jahwes göttlichen Eingriff zugunsten des Beters.« Dem individuellen Verständnis des jeweiligen Übersetzers entsprechend ist die hebräische bzw. die lateinische Textfassung recht unterschiedlich ins Deutsche übertragen worden; das Behältnis, das die Tränen auffängt, bleibt in den Übersetzungen fast durchgängig ein ‚Schlauch'; Guardini überträgt das Schlüsselwort mit ‚Krug'.[146]

---

[145] Seidl (2004: 167 ff.).

[146] Die Vulgata übersetzt: »Perigrinationes meas tu numerasti: pone lacrimas meas in utre tuo.« (Wörtl.: Du hast meine Aufenthaltsorte in der Fremde gezählt: Tue meine Tränen in deinen Schlauch.) Beispiele für die Übersetzungen vom Originaltext der Vulgata sind die folgenden Belege: »Du hast mein weinen maennigfalt Dir fürgestalt / Du lest es all auff einen hauffen In deinen schlauch zusamen lauffen« (Psalm 55, Übs. Cunradus Hagius, 1606: 203). – »Du meine fluchten in gedächtniß trägst / In deinem schlauch du meine zehren legst« (Ps. 56, Übs. Ambrosius Lobwasser, 1679: 40). – »Du hast gezählt, wie oft ich fliehen mußte. Faß' meine Thränen auf in deinen Schlauch« (Ps. 55,9, Übs. Dominikus von Brentano, 1815: 156). – »Mein Elend hast du gebucht! Meine Tränen sammle in deinen Schlauch!« (Ps. 56, Übs. Artur Weiser, 1955: 285). – »Mein Elend hast du verzeichnet, / meinen Tränen sind gesammelt in deinem Schlauch« (Ps. 56, Übs. Kurt Marti, 1992: 72). Eine wenig glückliche Übersetzung bleibt an diesem Punkt Luthers »Zele meine Flucht / fasse meine Threnen in deinen Sack« (Ps. 56, Luther 1534: 1013), in der die Wasserdurchlässigkeit fühlbar bleibt.
Eine Mehrdeutigkeit des Kernwortes ist bereits durch ein Wortspiel mit Synonyma im hebräischen Text selbst angelegt, in dem das Lexem *nōd* sowohl in der Bedeutung ‚mein Elend' als auch in der Bedeutung ‚Schlauch' zu verstehen ist (briefliche Mitteilung Prof. Peter Nagel, Bonn, 27. Januar 2006). Martin Buber übersetzt die Textstelle mit »Selber zählst du mein Schweifen – in deinen Schlauch tu meine Träne, ist nicht in deiner Zählung auch sie?« (Ps. 56, Übs. Martin Buber, 1958: 86).
Romano Guardini übersetzt: »Die Wege meiner Verbannung hast Du vermerkt und meine Tränen gesammelt in Deinem Krug« (Ps. 55,9. Nach der lateinischen Ausgabe Papst Pius' XII. Übs. Romano Guardini, 1950: 96).

2. 11. Ringseis, Brentano und das ‚Totenhemdchen' der Brüder Grimm (1815)

Ende des Jahres 1808 betrat ein etwa 30 Jahre alter, sehr gut aussehender Mann die Landshuter Studentenwohnung des 23-jährigen Mediziners Nepomuk Ringseis beim Hutmacher in der Herrengasse und sagte: »Ich bin Clemens Brentano.«[147] So trafen sich also die beiden: Brentano, der Dichter, Sammler, geniale Anreger, ohne den es die Sammlung der Brüder Grimm nicht gegeben hätte (vgl. hierzu Rölleke: EM 2/1979), und Ringseis, der Erzähler von Geist, Temperament und Naivität, mit einem phänomenalen Gedächtnis und einem unerschöpflichen Schatz an Schnurren, Schwänken und Geschichten aller Art; ein Repertoire, das ihm schon als Kind in der väterlichen Gastwirtschaft als Erzählgemeinschaft zugefallen war.[148]

Es war ein denkwürdiges Zusammentreffen und der Beginn einer lebenslangen Freundschaft. Der Hintergrund des Besuches war folgender: Ein Teilnehmer seines Studentenzirkels hatte ohne Wissen von Ringseis einige seiner feurigen Gedichte, die er »in religiösem und patriotischem Selbstgefühl« verfasst hatte, zu Achim von Arnim und Joseph Görres an die *Zeitschrift für Einsiedler* eingesandt, welche sie zu seinem eigenen Erstaunen im 33. Blatt vom 18. August 1808 abdruckten. Die Gedichte hatten bei der Leserschaft »einen Höllenspektakel« ausgelöst.[149] Brentano hatte sich nun von dem jungen Autor und enthusiastischen Verteidiger des christlichen Glaubens selbst ein wohlwollendes Bild gemacht und ihn dann in das Haus Savigny und seinen Kreis in Landshut eingeführt. Ebenso hat Brentano ihn mit den Brüdern Grimm und mit Görres bekannt gemacht, mit dem ihn eine lebenslange Freundschaft und politische Kampfgemeinschaft verband.

---

[147] Ringseis (1886, I: 88 ff.).

[148] Bettine von Arnim und Ricarda Huch haben eindrucksvolle Beschreibungen seiner Erzählerpersönlichkeit gegeben (von Arnim 1984: 167, Brief vom 20. Mai 1810; Huch 1917: 273 f.).

[149] Ringseis (1886, I: 90, 92).

Im Jahr 1809, nur kurze Zeit nach diesem Ereignis, verlor Ringseis seinen Bruder Sebastian und seinen besten Freund Joseph Löw, junge Ärzte, anlässlich einer Typhusepidemie. Damals trug Ringseis in seinem Freundeskreis eine Exempelgeschichte vor, die er nun schon mit eigenen Todeserfahrungen verband. Wie schon im Jahr zuvor die beiden Gedichte, so hat auch diesmal ein Anonymus die Geschichte weitergeleitet.

Von der Exempelerzählung von Ringseis blieb nicht das kleinste Bruchstück erhalten, nicht einmal der Titel, den er seiner Geschichte gegeben haben mag. Keine Textzitierung in den zahlreichen Briefen an die Geschwister Brentano. Trotzdem bleibt Ringseis der ‚nicht anwesend-anwesende' Beiträger des Exempels, denn es gibt immerhin einen Beleg, wie er, der charismatische Arzt, der »was Priesterliches gehabt« habe,[150] das Exempel in seinem religiösen Sinn therapeutisch eingesetzt hat: Seine Tochter und Biographin Emilie berichtet, dass ihm eine Fremde in ihrem Kondolenzbrief an die Tochter »Gotteslohn« wünscht; er sei »ihr vor Jahrzehnten, als sie, gebeugt durch den Tod der geliebten Tochter in ihrer sehnsuchtsvollen Klage um das geliebte Kind trauerte, durch die Festigkeit seines Glaubens zum Trost und Halt geworden«.[151]

Im Jahr 1815 erschien in Band II der *Kinder- und Hausmärchen* der Brüder Grimm als Nr. 23 die Geschichte »Das Todtenhemdchen«.[152] Die handschriftlich vorliegende »älteste Märchensammlung der Brüder Grimm« von 1810 enthält »Das Todtenhemdchen« nicht (vgl. Grimm 1975), denn es war noch nicht in ihr Interesse gerückt. Die »zweite vermehrte und verbesserte Auflage« von 1819 gibt dem »Todtenhemdchen« die seither gültige Nr. 109.[153]

---

[150] So der Beichtvater von Ringseis nach dessen Tod (Ringseis 1891, IV: 273).

[151] Ringseis (1891, IV: 276).

[152] Zugrunde gelegter Quellentext: Brüder Grimm, ‚Das Todtenhemdchen'. In: dies., *Kinder- und Hausmärchen,* Bd. II. Berlin: Realschulbuchhandlung 1815, pp. 132–133, Nr. 23 (Faksimilenachdruck des Handexemplars der Brüder Grimm, Göttingen: Vandenhoeck & Ruprecht, 1986). In den Folgeauflagen wird dieser Text mit heutiger Gültigkeit als KHM 109 gezählt.

[153] Grimm (1989 [1819], II: 391); Konkordanz Rölleke in Grimm (1983, III: 552) und Uther in Grimm (1996, IV: 211).

Das Erzählgerüst bleibt, die Exposition der Geschichte wird stilistisch im Sinne des sich entwickelnden ,Grimm-Tons' leicht ausgebaut.[154] 1815 und 1819 erscheint die Geschichte ohne jegliche Quellenannotation, ab der 3. Auflage 1837 vermerken die Grimms lediglich »Aus Baiern«. Rölleke merkt an, dass der Text »vielleicht durch Johann Nepomuk Ringseis vermittelt« wurde.[155] Die Analyse der Ringseis'schen Biographie und seines Briefwechsels lassen mit hoher Plausibilität den Schluss zu, dass Ringseis nicht nur der Vermittler, sondern der Beiträger zu der Geschichte gewesen ist, welcher die Grimms den Titel »Das Todtenhemdchen« gegeben haben.

Wilhelm Grimm wollte die Geschichte von Ringseis nicht mit seiner religiösen Intention übernehmen. Er verstand sich als Dichter, Sammler, Kommunikator und wollte weder als Arzt heilen noch als Priester predigen. In seiner Bearbeitung bleiben zwar der semantische Kern und das Erzählgerüst erkennbar und auch das tragende Requisit wird übernommen, sodass wir veranlasst werden, die Geschichte als Variante des Erzähltyps zu erkennen; Grimms Intention war es jedoch, das Exempel zu modernisieren und die Geschichte stromlinienförmig seinem Erzählcorpus anzupassen.[156]

---

[154] Der einzige Unterschied zwischen der 2. Auflage 1819 und der Ausgabe letzter Hand 1857 ist, dass aus dem Verb in »daß es plötzlich krank *wurde*« ein biblisch-archaisierendes »*ward*« gemacht wurde.

[155] Grimm (1983 [1856/57], III: 190; 488 (Rölleke); 1985 [1837]: 1052). In der neuesten Rölleke-Edition ([6]2006: 488) wird Ferdinand Grimm ohne näheren Beleg als Beiträger genannt. Diese neue Hypothese schließt nicht aus, dass J. N. Ringseis »aus Baiern« dennoch der Originator von KHM 109 gewesen ist.

[156] Auch der spätere persönliche Besitz von Geilers *Trostspiegel von 1510* im Sammelwerk *Malogranatus*, als ,Duplum Bibliothecae regiae Monacensis' erworben (s. Vorsatz des Handexemplars), konnte die Intention Wilhelm Grimms nicht beeinflussen. Die Textstelle »gg iiii« (»Das sibent glaß ...«) ist im Gegensatz zu den reichen Marginalien zu anderen Texten in diesem Sammelwerk völlig frei von irgendwelchen Textzusätzen oder Bearbeitungsspuren. (Auskunft des Archivars Henrik Hofer, Humboldt-Universitätsbibliothek zu Berlin, vom 1. März 2007; das *Malogranatus*-Exemplar der Brüder Grimm befindet sich in der dortigen Grimm-Bibliothek; http://opac.hu-berlin.de; Standort: 150, Status: 09, Signatur: 789, hk: F4, Erwerbungsnummer: 44.359).

Ein Fremdkörper ist sie jedoch trotz der Umformung in seiner Sammlung geblieben, weil sie den Grimm'schen harmonisierenden Schluss nicht zulässt.

Das erste und tragende Moment der Modernisierung ist Grimms Säkularisierung der Geschichte durch einen theologisch defizitären, sehr farblosen »lieben Gott«, der das Kind »zu sich nimmt«. Er entschärft damit ein hoch dramatisches, unabänderliches Geschehen zu harmonisierender Unverbindlichkeit.

Dadurch wird eine zweite Veränderung erforderlich, welche stilistischer Art ist. Der Ton der Geschichte ist von sanft verkleinernder Lieblichkeit und erlaubt ein angenehmes, ornamentales Auserzählen, welches vom Kern der Geschichte und von seiner unabänderlichen Dramatik ablenkt. Durch die Veränderung der stilistischen Ebene mit ihren zahlreichen Diminutiven wird auch der Denkanspruch der Geschichte an den Leser gemindert, im Sinn eines Hausbuches umgemodelt und so vereinfacht, dass jeder sie sofort verstehen kann.

Die dritte Veränderung besteht darin, dass der Fokus der Geschichte sich eindeutig verschiebt. Im Brennpunkt stehen nicht mehr das Kind und seine himmlische Glückseligkeit, sondern die Mutter und ihr überdimensionierter Leidenswille. Hiermit verschieben sich der Erzählmittelpunkt und die Botschaft.

Die vierte Veränderung zieht folgerichtig die Beendigung der Geschichte mit einem Hauptmotiv nach sich, das stumpf bleibt. Es ist ein Motiv, das nichts Bewegendes mehr besitzt und keinen Impuls duldet, der über sich hinausführt.

Zum Vergleich: In der ältesten christlich-syrischen Trostgeschichte und in den nachfolgenden Exempeln der europäischen Prediger des Mittelalters beendet die Mutter ihr Weinen, weil die Botschaft von der Auferstehung Jesu dem Kind Erlösung gibt und ihr selbst ermöglicht, sich mit neuer Lebensenergie nach außen hin sozialen Aufgaben zuzuwenden. In Grimms Totenhemdchen gehen alle leer aus. Das Kind bekommt seine Totenruhe im unterirdischen Bettchen, aber von der Glückseligkeit des Himmels ist nichts zu berichten. Für die Mutter gibt es nur ein Verstummen in erstickten Tränen und auch der Leser muss sich mit der Kenntnis begnügen, dass die Mutter sich fügt.

Die Geschichte ist ein deutliches Beispiel für die Ambivalenz von Sammeltätigkeiten; die Brüder Grimm haben die Geschichte gerettet, sie aber andererseits mit Blick auf ihr Gesamtkonzept und ihr einfaches Publikum in der Grundaussage verändert. Es hat der Geschichte nicht gutgetan, dass ihr Fokus von dem Kind fort und zur Mutter hin verschoben wurde. Damit verschiebt sich gleichzeitig die Botschaft hin zu der Darstellung einer Frau, welche ihre eigenen Wünsche hintanzusetzen hat und um das Kindeswohl über den Tod hinaus besorgt ist. Die Brüder Grimm treffen aber mit der heroisierenden Mutterdarstellung einen Nerv der Zeit und ihrer gesellschaftlichen Vorstellungen. So kann sich die Geschichte vom Totenhemdchen auch aufgrund der staatlichen Reglementierung noch in den Lesebüchern der 1920er-Jahre halten.[157]

Es ist der komparative Blick des heutigen Betrachters, der einerseits diese Geschichte in der Redaktion des Syrers und der mittelalterlichen Prediger vom 9. bis 16. Jahrhundert kennt und dann andererseits auch die Redaktionen der Brüder Grimm in den Blick nimmt. Dieser Vergleich – und nur er – offenbart uns, in welcher Weise die Erzählung durch die Brüder Grimm verloren hat und wie sie in ihrem Lebensnerv getroffen worden ist. Für ihre Zeitgenossen galt die Bearbeitung der Brüder Grimm von der transzendenten zur säkularisierten Lesart als Leitparadigma, die für zahlreiche Sammlungen des 19. Jahrhunderts kanonisch war.

[157] Siehe Tomkowiak (1993: 176, 257–258).

2. 12. Das ‚Thränenkrüglein' von Friedrich Christian Beck (vor 1845)

Am 24. April 1831 gründeten elf junge und mittelalterbegeisterte Münchener Künstler und Schriftsteller die »Gesellschaft für teutsche Alterthumskunde von den drey Schilden« (programmatisch für Ars – Scientia – Jurisprudentia) mit dem Ziel, in geselligen Zusammenkünften ihre Kenntnisse in »gotischer« Kunst und »altdeutscher« Literatur zu erweitern (List 1922: 13, 16 f.). Zu den Gründungsmitgliedern gehörten Franz von Pocci, der 1839 Wilhelm Grimms Märchendichtung »Schneeweißchen und Rosenrot« illustrierte (vgl. Wegehaupt o. J.: 20–22), Hans von Aufseß, der spätere Gründer des Germanischen Nationalmuseums, sowie Heinrich Hoffstätter, später Bischof von Passau und Freund von Görres, Brentano und Ringseis. Weiterhin wurde das Gründungsdokument an diesem Apriltag unterzeichnet von dem 23-jährigen Friedrich Beck, Poet und Landschaftsmaler, später Altphilologe (seit 1836) am Münchner Ludwigsgymnasium, welcher bei Gelegenheit des Stiftungsfestes eine viel beachtete Spruchserie vortrug.[158]

In dieser Gründungszeit – Frühjahr und Sommer 1831 – befand sich der Thüringer Ludwig Bechstein als Stipendiat des Herzogs von Sachsen-Meiningen zu seiner allgemeinen Weiterbildung in München.[159] Sein liebenswürdiges Auftreten öffnete ihm manche Tür, auch die zu den geistvollen Geselligkeiten der neuen »Gesellschaft von den drey Schilden«. Als passionierter Sammler trug er hier vielerlei zusammen – Textmaterialien, poetische Lesungen, nützliche Kontakte – und war nach seiner Sammlerart darauf bedacht, keinerlei Spuren betreffs der Herkunft des Gesammelten zu hinterlassen.[160]

---

[158] Vgl. List (1922: 18–20). Zur Biographie von Friedrich Christian Beck (1808–1888) s. Holland (1902) und List (1922: 42–50, passim).

[159] Bechstein hielt sich von Anfang Oktober 1830 bis Ende September 1831 in München auf (vgl. Schneider 2001: 54; Wagner 2001: 23). Von Mai 1829 bis Ende Sommersemester 1830 hatte Bechstein in Leipzig Philologie, Geschichte und Literatur studiert und die Mitgliedschaft in der »Deutschen Gesellschaft zur Erforschung vaterländischer Sprachen und Althertümer zu Leipzig« erworben (vgl. Wagner 2001: 22).

[160] Auch nach seiner Rückkehr nach Meiningen hielt Bechstein Kontakt zur »Gesellschaft von den drey Schilden«. Hans von Aufseß konnte ihm einige Anregungen betreffs der Gründung des »Hennebergischen altertumsforschenden Vereins« 1832 mitgeben.

1844 gab Friedrich Christian Beck seine Anthologie *Gedichte* heraus, welche jedoch nicht sein Tränenkrüglein enthält.[161] Die Edition gibt uns aber durch ihre Kapitelüberschriften darüber Aufschluss, wie Beck seine Gedichte nach »Gelegenheiten« geordnet hat, zum Beispiel nach wiederkehrenden kirchlich-jahreszeitlichen Festen (»Den Kindern zu Weihnacht«) oder einfach nach »Lieder(n), gelesen im geselligen Kreise« (Beck 1844: 52–54, 248). Beck machte das Prinzip des Vortragens im kleineren Kreise zum Anordnungsprinzip seiner Editionsstruktur. Das genaue Entstehungsdatum seiner Gedichte erfahren wir nur, wenn es sich um singuläre Gelegenheiten handelt, wie »Der Traum des Prometheus«, welcher anlässlich der Enthüllung des Jean-Paul-Denkmals in Bayreuth am 14. November 1841 vorgetragen und dann abgedruckt wurde (Beck 1844: 238–243). Nur aus der Chronik der Gesellschaft wissen wir von einem »Abschiedsliedl«, das Beck zu Ehren des Primizianten Heinrich Hoffstätter am 21. Oktober 1833 vortrug (List 1922: 53). Die Performanz war ihm wichtiger als die Publikation, und so wurde manches Gedicht erst später in Druck gegeben. Das Odium des ‚Gelegenheitsdichters' hat ihn ebenso wenig beunruhigt wie das Odium der Frömmigkeit seiner Gedichte. In diesem Zusammenhang hat ihn sein Freund Friederich Hoffstadt ermutigt, einen Festkalender »mit den bloßen Abschriften auserwählter alter Legenden« zusammenzustellen (List 1922: 90). Der konservative Beck besaß offenbar ein Gespür für die Inszenierung von Gedichten und für die jeweils aktuelle künstlerische Aussage, die eine Performanz bietet. Beck galt als bescheidene Persönlichkeit, die nicht viel von dem Geniekult des 19. Jahrhunderts hielt und die stattdessen ihre Produktionen und Erlebnisse mit ihrem Publikum teilen wollte.

Es ist ein besonderer Glücksfall, dass von seinem Gedicht »Das Thränenkrüglein« ein Autograph vorliegt.[162] Es handelt sich um ein einzelnes Blatt, von Beck selbst in sorgfältiger deutscher Schrift und schöner Anordnung geschrieben.[163]

---

[161] Bolte & Polívka (1915, II: 486, Fn. 2) irren hier, wenn sie in ihrer Annotation zu KHM Nr. 109 Becks Band *Gedichte* (1844) als Variantenquelle anführen.

Vier Strophen auf der von ihm vermerkten Seite »V.[erso]«, weitere vier auf der Rückseite, von ihm mit seinem vollen Namen signiert und versehen mit der Angabe der Textsorte und der Gelegenheit: »Märchen, am Aller Heiligen Tage, 1856« – dem Datum der Performanz, nicht der Entstehung des Gedichtes. Das Blatt, etwas kleiner als DIN A4, ist von Beck zweimal sorgfältig gefalzt. Die Geschichte zu der Geschichte dieses Blattes kann sich der heutige Leser leicht erzählen: wie Beck das Blatt passend zu diesem Kirchenfest Allerheiligen ausgewählt hat, an dem sich die Familie traditionell im Gedenken an ihre Toten trifft; wie er das Blatt zweimal faltet und dann in

[162] Zugrunde liegender Quellentext: Friedrich Beck, ‚Das Thränenkrüglein', Handschrift, München, am Aller Heiligen Tage, 1856. Exemplar im Besitz des Goethe- und Schiller-Archivs, Klassik Stiftung Weimar. Signatur GSA 96/4372.

[163] Transliteration (Maria Christa Maennersdoerfer 2005): Auf dem Bette saß die Mutter / Noch um Mitternacht in Thränen; / Nach dem Kind, / das sie verloren, / Nach dem einz'gen gieng ihr Sehnen, / Ach! Ihr Töchterlein, das süße, / Blühend einst wie eine Rose, / Hatte Gott zu sich genommen, / Und es lag im Grabesschoße. – Nach dem Kinde rief die Mutter / In der kleinen dunklen Kammer; / Wieder war die Nacht gekommen, / Ach sie klagt in ihrem Jammer; / Horch! Da öffnet sich die Pforte, / Und ein Athem schien zu gehen, / Und die Mutter schrack zusammen, / Da ihr Kindlein sah sie stehen. – Einen Kranz im Lockenhaar, / Lichtumflossen, stand es helle, / Mit der Unschuld frommen Zügen / Lächelnd auf des Zimmers Schwelle, / Hielt ein Krüglein in den Händen, / Schimmernd wie von purem Golde / Angefüllt schier bis zum Rande, / Und zur Mutter sprach die Holde: – »Mutter, Mutter, Gott gewährte, / Daß ich durfte dir erscheinen, / Dich zu trösten, dich zu bitten, / Fürder nicht um mich zu weinen; / Sieh, es füllten deine Thränen / Das Gefäß schon, das ich trage, / jene Thränen, die du weintest / Seit ich starb, bei Nacht und Tage.« – (Verso:) – »Weinst du nur noch eine Zähre, / Wird das Krüglein überfließen, / Und ich werde nicht des Grabes / Stillen Frieden mehr genießen; / Zwischen Himmel, zwischen Erde / Muß ich wandern dann und schweben / Kann nicht froh im Paradise / Selig unter Geistern leben.« – »Laß mich ruhen, gute Mutter, / Ruhen an des Lebens Ziele / Wo ich an dem Freudenorte, / Mit den Englein munter spiele; / Einst im ewig lichten Morgen / Wandelnd durch des Himmels Auen / Werden wir, um nie zu scheiden / Uns vereinigt wiederschauen!« – Also sprach das Kind und leise, / Wie es kam, so wars verschwunden; / Keine Worte können schildern, / Was die Mutter da empfunden: / Nieder sank sie, Gott lobpreisend / Daß er solchen Trost gewähre; / Eine Thräne stand im Auge, / Doch es war des Dankes Zähre! – Und ergriff ein schmerzlich Sehnen / Wieder sie nach ihrem Kinde, / Jener Mahnung, jenes Krügleins / Dachte sie alsdann geschwinde, / weinte keine Thräne fürder, / Trug mit Muth, was Gott beschieden, / Daß sie ferner nicht mehr störe / Ihres Lieblings Grabesfrieden.

die Innentasche des Gehrocks gesteckt hat mit dem Vorhaben, das lange und beziehungsreiche Gedicht vorzutragen, wenn es sich denn in den sensiblen Rahmen einfügen könne, wenn nicht, es aber auch in der Jackentasche zu lassen; wie Beck es der Familie vorgetragen und welches lebhafte Echo es gefunden hat: Dieses Gedicht müsse er unbedingt veröffentlichen. Im Jahr 1861 ist »Das Thränenkrüglein« dann tatsächlich in dem Band *Still-Leben. Lyrische Dichtungen in neuer Auswahl* in einem lokalen Münchener Verlag erschienen (Beck 1861). Ein Kritiker rühmt dieses Gedicht besonders und äußert gleichzeitig, es sei zu befürchten, dass es dem Leser demnächst »in den leider noch immer so beliebten freibeuterischen Mustersammlungen begegnen könne« (List 1922: 113).

Mit der Distanz von 150 Jahren kann der heutige Leser den damaligen Rezensenten in einigen Beobachtungen ergänzen. Dem Malerauge von Friedrich Christian Beck ist es – wie vor ihm Philipp Otto Runge – gelungen, seine Bildvorstellungen in ein erzählendes Ausmalen umzusetzen. Daneben hatte Beck auch den naiven Ton des Volksliedes im Ohr. Besonders fällt das bei der Exposition und bei dem dramatischen Höhepunkt seines Gedichtes auf: »… nach dem Kind, das sie verloren, nach dem einz'gen ging ihr Sehnen.« Dieses Charakteristikum »einzig« greift er kompositorisch in der fünften Strophe auf: »Weinst du nur noch eine Zähre, wird das Krüglein überfließen …« Diese stilistische und kompositorische Stimmigkeit verleiht dem Gedicht Unverwechselbarkeit und Originalität. Von Grimms Autorität unbeeinflusst, folgt Beck der alten Erzähltradition, welche im Glauben zu einer Beendigung von Trauer und Tränen finden kann; damit ist er in diesem Sinne ein Außenseiter.

2. 13. ‚Das Thränenkrüglein' von Ludwig Bechstein (1845)

Im Jahr 1844 trat der Leipziger Verleger Georg Wigand an den Meininger Bibliothekar Ludwig Bechstein heran, welcher sich als vielseitiger Autor und vor allem als Sammler Thüringer Sagen einen Namen gemacht hatte, und bat ihn, eine Märchensammlung zusammenzustellen. Bechstein, der durch Hausbau und Sammelleidenschaft in drückender Geldnot war, nahm das Brot- und Auftragswerk an und stellte unter Zeitdruck ein Corpus zusammen, welches zu seiner eigenen Verwunderung ein überwältigender Publikumserfolg wurde.[164]

Das »Thränenkrüglein«[165] überrascht durch seine besondere Emotionalität und fordert die Nachfrage, woher denn Bechstein die kleine Geschichte genommen und warum er sie in seine Edition aufgenommen hat. Beide Fragen sind nur in Annäherungen zu beantworten. Bechstein hat sich als Sammler nicht in die Karten schauen lassen und verschleierte grundsätzlich die Herkunft seiner Geschichten. So hat er sich auch in den ausgedehnten Briefwechseln mit Dr. Ludwig Storch, Adolf Bube und Friedrich Wilhelm von Kawaczynski an keiner Stelle zu Überlieferung und Motivation seiner Auswahl geäußert.[166]

In der ersten Ausgabe von 1845 fehlt zu dem »Tränenkrüglein« jegliche Annotation. Jedoch ist ein biographischer Bezug unübersehbar, wenn auch nicht daraus abgeleitet werden kann, dass Bechstein diese Erzählung aus rein

[164] Vgl. Schneider (1980: 148–152). – Zur Biographie von Bechstein (1801–1860) s. Bellmann (1979) und Schmidt-Knaebel/Schneider (2001).

[165] Zugrunde liegender Quellentext: Ludwig Bechstein, ‚Das Thränenkrüglein'. In: Ders., *Deutsches Märchenbuch*. Leipzig: Georg Wigand, 1845 (nach Wiedergabe ‚Das Tränenkrüglein' im gleichnamigen Reclam-Nachdruck, hrsg. v. Hans-Heino Ewers. Stuttgart: Philipp Reclam jun., 1996, pp. 165–166).

[166] Briefliche Mitteilung von Heinrich Weigel, Herausgeber der Briefe von Bechstein an Bube, Eisenach, März–Juni 2006; E-Mail mit Texttransliterationen von Dr. Hanns-Peter Mederer, Kenner der Briefe von Bechstein an Kawaczynski, 24. März 2006; zu den Storch-Briefen s. Schmidt-Knaebel (2000).

persönlichen Erwägungen in seine Edition aufgenommen hat. Schon der Zeitdruck der Veröffentlichung, unter dem er stand, veranlasste Bechstein, alles zu nehmen, was ihm zur Verfügung stand. Obschon der Text des Tränenkrügleins aus rein editorischen Gründen in die Sammlung aufgenommen worden ist, spiegelt er dennoch einen dramatischen familiären Hintergrund. Am 21. März 1840 schreibt Bechstein an Ludwig Storch:

> »Gestern habe ich das uns geschenkte neue Glück in einem lieben Kinde zu Grabe getragen. Am Mittwoch raubte es uns der unerbittliche Tod, und das nun jüngste ist an einem Brustfieber so bedenklich erkrankt, daß wir um sein Leben noch zittern müssen … Da vergeht einem die Novellistik und alles.«[167]

Am 14. Mai 1840 fährt er fort:

> »Gestern früh wurde unser armes, bis zum 11. fortwährend an Zahnfieber leidendes Augustchen begraben. Das Glück scheint nicht mit in unser Haus gezogen. In acht Wochen zwei Kinder begraben, das ist hart …«[168]

Fünf Jahre später hat er sein persönliches Leid im Tränenkrüglein literarisch verarbeitet und in eine Form gebracht, die den Lesern begreiflich war. In dem gleichen Unglücksjahr an Pfingsten (7. Juni 1840) hat ihn – wenn auch in anderer Weise – der Unfalltod des 17-jährigen Fridolin Storch sehr bewegt. Ein Jahr später hat Bechstein auch hier seine Trauer literarisch verarbeitet und dem Jungen mit dem Gedicht »Der wilde Birnbaum« ein Denkmal gesetzt (vgl. Bechstein 1841: unpag.).

Die zweite Frage nach dem Woher der Geschichte kann man auf drei Quellen beschränken. So hat Bechstein die Fassungen von Grimm (vgl. 1815: 132, Nr. 23) und Börner (1838)[169] im Sinn gehabt, als er mit gewohnt schneller Feder seine Fassung vom Tränenkrüglein im unverwechselbaren Bechstein-Ton niederschrieb. Von Börners disparater Sagenfassung »Das Kind mit dem Thränenkruge« konnte er jedoch allenfalls das Requisit »Krug« entlehnen und sich so mit dem ‚Thränenkrüg/-lein' von Grimms ‚Totenhemd/-chen' unterscheiden.[170]

Die Gegenüberstellung der Verlaufsschemata Grimm-Bechstein auf der folgenden Seite zeigt die strukturellen Unterschiede der beiden Editoren.

In der *Erzählstruktur* entsprechen sich Grimm und Bechstein in den Propositionen 1 – 4. Grimm differenziert insofern, als er 2 und 3 durch Wiederholungen mit leichten Handlungsverschiebungen dynamisiert (2', 3').

In der *Erzählstilistik* hingegen ist der um die Hälfte längere Bechstein-Text deutlich ornamentaler als der Grimm-Text:[171] Beiden gemeinsam ist der sehr reiche Gebrauch von Diminutiven. Für Bechsteins Fassung bezeichnend sind seine zusammengesetzten Adjektive, Metaphern, angehäuften Appositionen und Nomina, die übertreibend polarisieren und teilweise bombastisch anmuten (Kind: »seliges Englein«, »süß wie die Unschuld«, »schön wie die Verklärung«; Mutter: »schmerzensmatt bis zur Ohnmacht«). Gegenüber der Ausgabe von 1845 nimmt sich Bechstein 1853 insofern zurück, als dass er den letzten Satz »So stark und mächtig ist Mutterliebe!« streicht.

Wie bei Grimm dargelegt, endet auch Bechsteins Geschichte in einem stumpfen Motiv. Bechstein geht in der Säkularisierung der Erzählung über Grimm hinaus. Heißt es bei Grimm noch, dass »die Mutter dem lieben Gott ihr Leid befahl«, so lässt Bechstein die Frau mit ihren erstickten Tränen allein. Seine Geschichte ist aus erzähltechnischer Sicht nicht stimmig.[172]

---

[167] Zit. in Schmidt-Knaebel (2000: 73).

[168] Zit. in Schmidt-Knaebel (1999: 143–144).

[169] »Das Kind mit dem Thränenkruge« in der Abteilung »Der Sagenkreis über Perchtha« (Börner 1838: 142–143, Nr. 6d).

[170] Vgl. Schneider (1980: 37 f.) und Ewers (1996: 586) sehen in Bechsteins Geschichte eine Kontamination aus Grimm und Börner. Jedoch ist der textlinguistischen Analyse von Schmidt-Knaebel (vgl. 1999: 123–148) zu folgen, die diese These widerlegt.

[171] Bei Kompatibilität im Satzspiegel zählen die Reclam-Ausgaben bei Grimm 26, bei Bechstein 36 Zeilen.

[172] In der *Mater dolorosa* (1832) zeigt Bechstein allerdings die Einsicht: »Ein Leid, das man unterdrücket, / Vermehret den geheimen Schmerz, / Und jede Zähre, die ersticket, / Gräbt blutig sich in unser Herz.« (Zit. nach Schmidt-Knaebel 1999: 147).

Gegenüberstellung der Verlaufsschemata Grimm – Bechstein:

	Grimm 1815	*Bechstein 1845/1853*
1	Mutter hat »Bübchen von 7 Jahren«.	Frau hat einziges Kind.
2	Kind stirbt »auf einmal«; Mutter weint »tags und nachts«.	Kind stirbt nach dreitägiger Krankheit; Mutter weint drei Tage und Nächte lang.
2'	Kind zeigt sich in zwei Nächten an den Plätzen, an denen es zu Lebzeiten gespielt hat; wenn Mutter weint, weint es auch.	
3	Kind setzt sich mit weißem *Totenhemdchen* und mit Kränzchen auf dem Kopf auf das Bett der Mutter und bittet, sie möge zu weinen aufhören, weil sonst sein Totenhemdchen nicht trockne.	Nachts kommt das Kind als »Engelein« mit einem übervollen *Tränenkrüglein* ins Haus. Kind bittet Mutter, keine einzige Träne mehr zu vergießen, da es sonst weder Ruhe im Grab noch Seligkeit im Himmel bekomme.
3'	Kind erscheint zweimal mit Licht in der Hand und zeigt Mutter, dass sein Hemdchen trockne.	
4	Mutter befiehlt Gott ihr Leid; Kind schläft in seinem unterirdischen Bettchen.	Mutter verbeißt sich dem Kind zuliebe die Tränen. »So stark und mächtig ist Mutterliebe« (1845).

Kann dieses »Thränenkrüglein« trösten? Der Leser des Biedermeiers fühlte sich in Bechsteins Geschichte gut aufgehoben und in seiner Sehnsucht nach innerer Erholung richtig erkannt. Das schlug sich nicht zuletzt auch in den ungewöhnlich hohen Kaufzahlen nieder.

Der Bechstein-Grimm-Vergleich ist für die Frage nach dem Woher des »Thränenkrügleins« nicht weiterführend. Bechsteins Bezugnahme auf Grimm ist eher der zeitgenössischen Dominanz der Grimm'schen Autorität geschuldet als einem tatsächlichen textlichen Einfluss. Sein eigentlicher Referenztext ist das weithin unbekannte »Märchen« von Friedrich Christian Beck. Bechstein korrespondiert in auffälliger Weise mit dem Beck'schen Text in folgenden inhaltlichen und stilistischen Elementen: »einziges Kind« – Zusammenschrecken der Mutter – »Englein« als Gespielen – keine »Ruhe im Grab« – das »Thränenkrüg*/-lein*« – und als wichtigste Übereinstimmung: »Weinst du *nur noch eine* Zähre …« Die auffällige Häufung der durchgängig gemeinsamen Elemente, der Stil- und Strukturdetails lässt keinen anderen Schluss zu, als dass es sich bei Bechsteins Text um eine Übernahme von Becks »Märchen« handelt. Sie ist historisch auf Bechsteins Studienzeit in München und seine Verbindung zur »Gesellschaft von den drey Schilden« festzusetzen, in der Beck sein »Thränenkrüglein« schon weit vor den Schriftfassungen von 1856 und 1861 (und selbst vor Bolte & Polívkas Fehldatierung von 1844) zu Gehör gebracht hat.

2. 14. Die ‚Mutterthränen' von Johann Wilhelm Wolf (1845)

Berufliche Unzufriedenheit, tief gehender familiärer Zwist und einengende gesellschaftliche Ablehnung veranlassten den 23-jährigen Johann Wilhelm Wolf, seine Heimatstadt Köln 1840 in einer »Flucht«, wie er es selbst genannt hat, zu verlassen und in Brüssel eine neue, freiere Lebensorientierung zu suchen.[173] Im Jahr 1847 kehrte Wolf nach einer erfolgreichen Tätigkeit als Sammler und Herausgeber mit seiner Frau Marie von Plönnies in ein wohlgeordnetes, glückliches Leben nach Deutschland zurück.

In diesen sieben belgischen Jahren, die ausschließlich für die vorliegende Thematik von Interesse sind, gab Wolf bei F. A. Brockhaus in Leipzig die beiden Sammlungen *Niederländische Sagen* (1843) und *Deutsche Märchen und Sagen* (1845) heraus. ATU 769 erschien unter der Nummer 42 in der Edition von 1845.[174] Die Edition von 1843 teilt in ihrer ‚Vorrede' hierzu wesentlichere Kontextmerkmale mit als die eigentliche Textedition. Hierzu gehören Angaben zu Werkintention, Archivmethodik, Textaufzeichnung, Personennetzwerk und zu seiner Einstellung zu Cantimpré (vgl. Wolf 1843a: ix–xxiii).

In diesem belgischen Lebensabschnitt von Wolf verknüpften sich schicksalhaft auf ebenso eigenartige wie glückliche Weise drei verschiedenartige Gegebenheiten miteinander, die seine Erfolge unterstützt haben: Zunächst musste er sich in dem für ihn neuen Land um die neue sinnvolle Arbeitsaufgabe bemühen, die er in Köln so vermisst hatte. Bald erkannte er, dass die Brüder Grimm gerade für dieses Belgien hinsichtlich ihrer Märchensammlung und ihrer *Deutschen Mythologie* eine Bearbeitungslücke lassen mussten, obwohl sie bereits 1811 selbst zur Sammlung des ‚niederländischen' Erzählgutes

[173] Zur Biographie von Johann Wilhelm Wolf (1817–1855) siehe Laicus [d. i. Wolf] (1853) und Fränkel (1898); wichtige Details auch bei Top (2006).

[174] Vgl. Johann Wilhelm Wolf, ‚Mutterthränen'. In: Ders., *Deutsche Märchen und Sagen*. Leipzig: F. A. Brockhaus, 1845, pp. 162–163, Nr. 42.

aufgerufen hatten.[175] In dieser Lücke konnte Wolf seine neue Aufgabe finden und dabei gleichzeitig an die Grimms als seine Vorbilder für die Erzählforschung anknüpfen, wenn er schreibt: »Diese Fragen [nämlich »warum unsere niederdeutschen Brüder so gänzlich vergessen« wurden in der bisherigen Erzählforschung] … regten in uns den Wunsch an, einmal selbst zu den einst so sangesreichen und jetzt so schweigsamen Niederlanden zu pilgern, um uns zu überzeugen, ob denn mit dem Sange und der Sage jedes Urwaldandenken so ganz dort untergegangen sei« (Wolf 1843a: ix). ‚Urwaldandenken' bedeutet hier die Rekonstruktion der Frühzeit einer Mythologie im Grimm'schen Sinne und weist auf den Entdeckerimpuls hin, sich in einem unbearbeiteten und unüberschaubaren Gebiet zurechtzufinden. So definierte sich Wolf selbst als ein innereuropäischer Forschungsreisender.[176]

Wolfs Entdeckerwunsch konnte keinen günstigeren Zeitpunkt finden als dieses Jahr 1840. Seine persönliche Lebenssituation und seine aus den deutschen Ländern mitgebrachte pangermanische Perspektive trafen in den 1840er-Jahren auf die »Emancipation der Fläminge«, deren Vorkämpfer sich in dem 1839 gerade erst konstituierten Nationalstaat »Belgien« von den Wallonen abzugrenzen suchten (vgl. Wolf 1843a: xi). In dieser Situation traf Wolf in Brüssel und Gent auf hoch motivierte flämische Erzählforscher, mit denen er in lebhaften Austausch trat. In einem Wissenschaftstransfer vermittelte er ihnen den erzählforscherischen Ansatz, wie ihn Jacob Grimm 1835 in der *Deutschen Mythologie* zugrunde gelegt hatte. Aus diesem Grund gilt

---

[175] Vgl. Jacob Grimm, Aufruf an die ‚Kenners en Liefhebbers der oude Nederlandsche Letterkunde' in *Algemeene Konst- en Letterbode* Nr. 47, 1811 (Top 1995: 338).

[176] Schon als Schüler hatte Wolf begonnen, »ein knabenhaftes Museum und eine Bibliothek« »mit Monumenten kirchlicher Kleinkunst (…,) schriftliche(n) Sammlungen von Legenden, kurzen lehrreichen und launigen Localerzählungen … (und) Volksliedern seiner Heimatstadt Köln (anzulegen)« (Fränkel 1898: 766). Vgl. hierzu Wolf selbst, der von »poetisch-archäologischer Tätigkeit« spricht (s. Laicus 1853: 122–127). Wolf arbeitete damals also mit an der Übertragung des Begriffs ‚Monument' von der Archäologie und Denkmalpflege auf die Philologie und mündliche Erzählforschung.

Wolf als Mitbegründer der flämischen Volkskunde.[177] Ging es Wolf um die Findung der sprachlichen Identität eines pangermanischen Raumes und um die Wiederzusammenfügung seiner gebrochenen persönlichen Identität, so lag der Schwerpunkt auf flämischer Seite in der Entwicklung einer flämischen Kultur- und Identitätspolitik.[178]

Wolf suchte seine Texte bei mündlichen Erzählern zu gewinnen, stieß aber auf Ablehnung und Argwohn, da sie dachten, er wolle sich mit der Aufzeichnung von »kindischem Geschwätz« über sie lustig machen (Top 2006: 15). Erfolg hatte Wolf erst mit den Handschriften, die er in den Archiven von Brüssel und Gent einsehen konnte.[179] Eine der von ihm konsultierten Quellen ist das *Bonum universale de apibus* von Thomas Cantimpratensis, »dessen ungemein naiven Erzählungen man nur das mönchische Gewand abzustreifen hat, um die reinsten Perlen in ihnen zu schauen« (Wolf 1843a: xvii–xviii). Acht der ausgewählten Exempeltexte werden als Sagen mit belgischen, niederländischen oder deutschen Ortsbezügen wiedergegeben[180], während ATU 769 ohne Ortsbezüge erscheint.[181] Zwei Jahre zuvor war das Exempel im zweiten (und letzten) Heft der von Wolf herausgegebenen Zeitschrift *Wodana* in einer von einem der drei Brüder Vande Velde erstellten flämisch-niederländischen Übersetzung herausgebracht worden.[182]

In der Nachfolge von Jacob Grimm war es Wolfs Absicht, eine flämisch-niederländische Mythologie (als Abteilung innerhalb der ‚deutschen Mythologie') zu rekonstruieren. Dieser Intention entsprechend bevorzugte er Originaltexte aus dem 13. Jahrhundert, die er in den Archiven vorgefunden hatte. Seine Übersetzung des Exempels von der »laut wehklagenden Frau« aus dem

---

[177] Vgl. Peeters (1963: 415); ferner Top (1995: 340).

[178] Für diese belgische Innensicht s. Top (2006: 11–19).

[179] Vgl. Wolf (1843a: xi); Peeters (1963: 412–413).

[180] Vgl. Wolf (1845: Nr. 56, 59, 60, 207, 215, 247, 338, 347).

Bienenbuch des Flamen Cantimpré folgte wörtlich der kanonischen Ausgabe des Georg Colvenerius (Cantimpré 1627: 501, II., c. 53, § 17). Nach einer Jahrhunderte währenden textlichen Überarbeitungskette lag damit in dieser späten Phase – ungefähr zeitgleich mit Beck und Bechstein – noch einmal ein unmittelbarer Rückgriff auf den Originaltext vor. Wolf relativierte aber diese Texttreue, indem er dem Exempel einen von ihm selbst eingesetzten interpretierenden Titel voranstellte: *Mutterthränen*. Wolf erreichte damit zwar, dass er sich von Grimms Titel unterscheiden kann, inhaltlich folgte er jedoch mit seiner Titelsetzung eindeutig der Grimm'schen Säkularisierung und zeigt damit an, dass er Thomas von Cantimprés Spiritualität nicht umgesetzt hat.

Zeitgleich mit Wolfs Übersetzungsbemühungen kursierte ebendiese Geschichte auch im Volksmund. Ein Ergebnis früher Feldforschung ist die Fassung »Van een dode die terugkeerde«, welche die im Jahr 1905 84-jährige Arbeiterfrau Julia E. in Merchtem-Peizegem unweit von Brüssel erzählt hat:

> *Daar waren nog eens een moeder en haar dochter, die bijeen woonden. Et kwam daar een kwade plaag en dat meisje stierf. Die moeder leed daar veel onder. Ze kon zich daarmee niet verzoenen. De buren zegden dat ze dat zo in haar hoofd niet mocht steken. ‚Vlug vul je zelf de put', zegden ze. Maar dat hielp niet. Op een keer dat ze weer zo erg aan't wenen was, kwam haar dochter opeens binnen. ‚Moeder', zei se, ‚zolang je zo weent, kann ik het Rijk der Hemelen niet binnengeraken.' En dan heeft die moeder toch haar best gedaan om wat minder te wenen en zich daarover te zetten. Als dat meisje in de hemel niet kon komen door haar fout, dan was dat toch ook erg.*[183]

> Da waren einmal Mutter und Tochter, die wohnten zusammen. Es kam da eine böse Plage und das Mädchen starb. Die Mutter litt sehr darunter. Sie konnte sich nicht damit versöhnen. Die Nachbarn sagten, dass sie sich das nicht in den Kopf stecken sollte. »Bald wirst du selbst die Pfütze füllen«, sagten sie. Aber das half nicht. Plötzlich, als sie wieder so arg weinte, kam die Tochter

> herein. »Mutter«, sagte sie, »solange du so weinst, kann ich nicht in das Himmelreich kommen.« Und dann hat die Mutter doch ihr Bestes getan, um etwas weniger zu weinen und sich darüber hinwegzusetzen. Wenn das Mädchen durch ihren Fehler nicht in den Himmel gekommen wäre, dann war das doch auch arg.

Kurz, bündig und schnörkellos setzt die Erzählerin ihre Fakten. Sie führt die Geschichte gleich in medias res. Jeder Satz steht für eine Szene. Ein moralischer oder psychologischer Diskurs entfällt. Die Mutter ist durch die offensichtlich milieubedingte Einbeziehung der Nachbarschaft sozial eingebunden. Die Tochter ist einfach da. Die Lösung kommt unerklärt und plötzlich. Die Spiritualität dieser Geschichte ist unreflektiert und selbstverständlich. Julia E.s Geschichte ist in ihrer fundamentalen Aussage ein Zeugnis der Volksfrömmigkeit im Sinne Cantimprés und damit ein Gegenentwurf zu den der Transzendenz entfremdeten Varianten des 19. Jahrhunderts.

---

[181] Vgl. Wolf (1845: 162–163, Nr. 42). Wie alle seine Texte annotiert Wolf auch diese ‚Sagen' nach Quellen- und Vergleichsbezügen, mit vielen Hinweisen auf Köln. Für Nr. 42 macht er eine für ihn untypisch ungenaue Angabe, die er bereits in der Vorrede damit begründet, dass er in Köln »augenblicklich getrennt von meiner Bibliothek und meinen Collektaneen« (Wolf 1845: xii) in Belgien sei: »Dieselbe Sage ist auch muhammedanisch; doch muss ich leider die nähern Nachweise darüber für ein anderes Mal ersparen« (Wolf 1845: 595). Für die Nummern 180, 198 und 263 weiß er jedoch kompliziertere Quellenangaben mit längeren französischen Zitaten zu machen (Vgl. Wolf 1845: 598–601). Offensichtlich ist davon auszugehen, dass Wolf nicht in der Kategorie ‚Erzähltyp und Variante' gedacht hat, sondern im thematischen und motivischen Bezug des Nachweinens. Hierzu setzt er einen vergleichenden Hinweis auf die deutsche Maxime in Grimm (1835: 884–885), »bei einer leiche lasse man keine zähren fallen auf den todten, er kann sonst nicht ruhen«, die der Klärung auch nicht näherkommt.

[182] Vande Velde, ‚Moedertranen', in Wolf (1843b: 152–153).

[183] Zugrunde gelegter Quellentext: Julia E.: ‚Van een dode die terugkeerde' (1905).
In: Baeyens & Top (1989: 162, Nr. 120; Anonymisierung Julia E., ebenda).
In der Übertragung von Dr. Harlinda Lox, Gent (persönliche Mitteilung, April 2007).

Hier endet die zweite Phase der Traditionskette des Exempels. Als hochrangiger Predigtinhalt ist die Geschichte von der endlos weinenden Frau unter neuen Akzentsetzungen in dauerhaft wertvoller Materialität immer wieder dokumentiert worden. Als populär gesungenes Lied konnte es erst nach allgemeiner Alphabetisierung und aufgrund von Druckherstellungen sichtbar werden. Eine frühe Fassung ist der Druck von 1678, der lediglich in der Abschrift von Beulcke (ca. 1760/64) erhalten ist. Bisher unbekannte Schlüsseldokumente sind das Epicedium von Gregorius Ritzsch (1627) und das Zeitungslied von Christian Walter (1705). Mit diesen bisher noch singulären Liedtexten ist gültig belegt, was seit Jahrhunderten gesungen worden ist. In der Gleichzeitigkeit des Ungleichzeitigen haben die Predigtexempel und die Liedtraditionen nebeneinander existiert. Thema, Motiv und Gestaltung der Geschichte sind auf diese Weise in allen Schichten der deutschsprachigen Traditionsgemeinschaft sowohl im theologisch-literarischen als auch im volkstümlich-populären Diskurs präsent gewesen.

Der erzählforscherische Vergleich, der die Geschichte in ihrem Bestand über die Jahrhunderte ins Auge fasst, stellt fest, dass das 19. Jahrhundert mit seinen säkularisierten Leitfassungen eine schwerwiegende Transformation der Botschaft bewirkte. Johann Wilhelm Wolf hat es für sich als eine Leistung angesehen, dem Exempel von Cantimpré »das mönchische Gewand abzustreifen« (Wolf 1843a: xvii). Damit hat er der Geschichte – um in seinem Bilde zu bleiben – auch die Haut mitabgezogen. Dennoch hat die Erzählung ihre Leser auch in dieser, einer Spiritualität beraubten, Form erreicht. Auch die sechsstrophige gekürzte Volksliedfassung »Die Macht der Thränen«, die uns Ludwig Erk (vgl. 1856: 604–605, Nr. 200) in seinem *Deutschen Liederhort* hinterlassen hat, belegt diese Tendenz.

Obwohl im späten 19. Jahrhundert noch einige lokale Varianten der Referenzgeschichte herausgegeben wurden[184], war die Geschichte nicht mehr von Interesse und geriet mehr und mehr in Vergessenheit. Durch staatliche Reglementierung konnte sich KHM 109 noch bis zum ersten Weltkrieg in den Lesebüchern der deutschen Grundschulen halten.[185]

[184] Siehe BP II (485–490). – Mit der Erforschung der sich auflösenden deutschsprachigen Gemeinschaften in den östlichen Ländern kamen noch in den 1960er-Jahren Varianten hinzu: Ulrich Benzel, *Sudetendeutsche Volkserzählungen*, Marburg: Elwert, 1962, Nr. 200 ‚Das Tränenkrüglein' (tschech. Sudetengebiet); Alfred Cammann, *Deutsche Volksmärchen aus Russland und Rumänien. Bessarabien, Dobrudscha, Siebenbürgen, Ukraine, Krim, Mittelasien*, Göttingen: Schwartz, 1967, Nr. 151 ‚Das tote Kind' (Bessarabien). – Für den deutschsprachigen Alpenraum ist darauf hinzuweisen, dass ATU 769 in drei Belegen des 20. Jahrhunderts als ‚Sage' klassifiziert wird. Die Texte geben die Referenzgeschichte in sehr verkürzter Form und mit Ortsangaben versehen wieder: Anton von Mailly, *Sagen aus Friaul und den Julischen Alpen*, Leipzig: Dieterich, 1922, Nr. 2 ‚Die Tränenschürze'; Karl Haiding, *Österreichs Sagenschatz*, Wien: Molden, 1965, Nr. 298 ‚Das Kind mit dem Tränenkrüglein'; Arnold Büchli, *Mythologische Landeskunde von Graubünden. Ein Bergvolk erzählt, I: Fünf Dörfer. Herrschaft, Prättigau, Davos, Schanfigg, Chur*, 2., erw. Aufl. mit einer Einleitung von Ursula Brunold-Bigler, Disentis: Desertina, 1989, Nr. 184 ‚Das nasse Totenhemdchen'. – In der japanischen Germanistik stieß der Erzählkomplex ‚Tränenkrüglein' unlängst bei Shinobu Yokota (2004) auf Interesse, der die Referenzgeschichte, hauptsächlich nach BP II zusammengestellt, in den »Zusammenhang verwandter Sagen und Volkslieder« stellte.

[185] Vgl. Tomkowiak (1993: 257–258).

2. 15. Das ‚Tränenkrüglein' im Internet (2007)

Das Exempel der obsessiven Trauer (Tränenkrüglein) ist in den endlosen Weiten des Internets angekommen. Dieses kleine Stück Weisheitsliteratur mit einer tausendjährigen Überlieferung nimmt zum dritten Mal in seiner Geschichte an einer grundlegenden medialen Innovation teil. Im frühen 9. Jahrhundert wurde es von der Oralität in die handschriftliche Literalität überführt; vor ca. 500 Jahren erlebte es seine editio princeps als Druckwerk (1503); seit Ende der 1990er-Jahre ist es durch Abfragen von Suchwörtern der internationalen Suchmaschine »Google« und vieler anderer Suchmaschinen im Internet verfügbar und zwar in ständiger Aktualisierung. So liegt uns (den Nutzern) die Geschichte erstmals nun nicht mehr in der gewohnten linearen Zeitabfolge vor, sondern ortsunabhängig und zeitübergreifend in einem neuartigen Insgesamt aus »vergangen-gegenwärtig-zukünftig«. Um diesen Vorgang zu durchschauen, gilt es, zunächst den Bogen zu spannen von der Vergangenheit der Erzählung, dokumentiert in einer syrischen Quelle des 9. Jahrhunderts, bis hin zu ihrer jeweils möglichst aktualisierten Gegenwart bzw. Zukunft in dem »Jederzeit und Überall« der digitalen Vernetzung.

Dieses älteste Dokument der Referenzgeschichte ist in aller Ökonomie des Erzählens auch die umfassendste von allen bisher bekannten Quellen. Im Mittelpunkt dieser moralisch-didaktischen Trostgeschichte steht als klassisch christliche Quintessenz ein Paulus-Zitat: »Ihr sollt trauern, jedoch nicht wie die, welche keine Hoffnung haben.« (1. Thess. 4,13) Das ist die Intention, in welcher der syrische Anonymus seine Geschichte von der »Witwe von Jerusalem« erzählt, die nach dem Tod auch ihrer beiden letzten Söhne in obsessivem Geschrei verharrt und durch keine Autorität zum Schweigen zu bringen ist, bis sie endlich allein zum Grab der Gottesmutter pilgert und dort nach dreitägigem Wachen, Fasten und Beten in einer Schau ansehen muss, wie ihre Kinder traurig und mühsam in trauerbeschwerten Gewändern dem Festzug der Seligen hinterhergehen. Von ihren zornigen Söhnen belehrt, muss sie erkennen, dass sie selbst es ist, welche die Söhne an der Glückseligkeit des Himmels hindert. Daraufhin legt sie unter Fasten und Beten ihre »Gewänder

der Trauer« ab und findet einen sozial neu geordneten Lebenssinn, indem sie sich der Armenfürsorge zuwendet.

In der Tradition der mittelalterlichen Prediger ehrte Geiler von Kaysersberg das Exempel aus seiner Sicht auf das Höchste, indem er es als Predigttext in die Messliturgie eingebunden hat. In der Eucharistiefeier hat er die spirituelle Kraft einer populären Trostgeschichte in den Kontext des christlichen Erlösungsmysteriums gesetzt. Er tat dies, um auf diese Weise möglichst viele Menschen zu erreichen. Im 19. Jahrhundert sind es die Leitfassungen von Grimm (1815) und von Bechstein (1845), welche die Geschichte erneut weitertragen. Die Brüder Grimm besaßen Geilers *Trostspiegel* als bibliophile Kostbarkeit selbst in ihrer Privatbibliothek. Der junge Wilhelm Grimm jedoch will die Geschichte als Poet und aufgeklärter Wissenschaftler auf seine Weise modernisieren; und in diesem Sinn gerät ihm sein »Totenhemdchen«, welches er sehr geliebt und in den folgenden Auflagen kaum verändert hat, kühl und ohne spirituelles Feuer eher blass.

Eine Generation später behandelt auch Bechsteins »Tränenkrüglein« die Darstellung der Spiritualität fast beiläufig. Im Verlauf des 20. Jahrhunderts gerät die Erzählung mehr und mehr in Vergessenheit. An der Wende zum 21. Jahrhundert jedoch ist die Trostgeschichte in das Bewusstsein und in das Interesse des Publikums zurückgekehrt. Diese erstaunliche Tatsache fordert zu den Fragen heraus:

– In welchen Verankerungen erscheint die Geschichte im Internet?
– Welche Nutzer interessieren sich für sie?
– Wie ist das neue Interesse zu erklären?

Das Exempel der obsessiven Trauer und seine Internetnutzer

Für die Referenzgeschichte ATU 769 und ihren Sitz im Internetleben sind drei Nutzergruppen festzustellen: Institutionen der ‚Trauerarbeit', Foren trauernder Eltern und Foren trauernder Katzenhalterinnen.

Gruppe 1: Institutionen der ‚Trauerarbeit'

Die Erzählung vom ‚Tränenkrüglein' wird von Institutionen aufgegriffen, die sich in betreuender Absicht mit trauernden und Abschied nehmenden Menschen befassen und diese als Leser adressieren.

Fall Nr. 1:

Webseite: *hilfsmittelservice.de.*
Linkfolge: *Arbeitsbereiche > Trauergruppe > Tröstliches > Das Tränenkrüglein.*
Betreiber: Diakonie im Kirchenkreis Husum-Bredstedt; Husum, ohne Datum.
URL: http://www.hilfsmittelservice.de/trauer1.htm.

Die mit einer Fotomontage von Menschen aller Generationen nur einfach illustrierte Webseite der Diakonie im Kirchenkreis Husum-Bredstedt zeigt die Links *Diakoniestationen – Arbeitsbereiche – Leistungen – Hilfsmittel-Service – Information – Termine – Fragen an uns*, womit sie auf die Angebote ‚Pflegen', ‚Beraten' und ‚Begleiten' hinweist. Unter *Arbeitsbereiche* finden sich Links zu den professionell angebotenen Tätigkeitsfeldern *Kranken- und Altenpflege, Tagespflege, Seniorenwohnzentrum, Gesprächskreise* u. a. m. Auf die ehrenamtlich ausgeübte Arbeit verweist der Link *Trauergruppe*: Er enthält den Besinnungstext »Trauer braucht Zeit« sowie die Information, dass an jedem Mittwoch eine abendliche Trauergruppe stattfindet. Über den Unterlink *Tröstliches* erreicht der Ratsuchende »Eine tröstliche Geschichte zum Unabwendbaren: Das Tränenkrüglein«. Die Erzählung wird kommentarlos und ohne Quellenangabe angeboten; ihr Text entspricht der Fassung von Bechstein (1853). Die Erzählung soll (und kann) für sich selbst sprechen. Offensichtlich befindet sich diese Unterseite im Aufbau, sie soll wohl einmal weitere »tröstliche« Geschichten enthalten. Das ‚Tränenkrüglein' stellt hierzu den ersten Texteintrag dar.

Fall Nr. 2:

Webseite:	*hospizbewegung-geseke.de.*
Linkfolge:	*Besinnliches > Das Tränenkrüglein.*
Betreiber:	Hospiz Bewegung Geseke e. V.; Geseke (Westf.), ohne Datum.
URL:	http://hospizbewegung-geseke.de/Besinnliches/Traenenkruegl-ein.php.

Der Verein Hospiz Bewegung Geseke widmet sich mithilfe von ehrenamtlichen Mitarbeitern der »Gastfreundschaft für Schwerstkranke und Sterbende«. Seine Webseite, die optisch mit dem Foto einer kleinen, zum Betreten einladenden Fußgängerbrücke (»Lebensbrücke«) ausgestattet ist, richtet sich an Personen, welche die Dienste des Vereins in Anspruch nehmen sollen. Unter den Links *Stiftung – Satzung – Aktuelles – Termine – Spenden – Rechtliche Fragen* findet sich der Link *Besinnliches.* Hierunter sind vier Texte anzuklicken: der Achtzeiler »Manche Menschen wissen nicht …«, die Erzählung »Das Tränenkrüglein«, die Erzählung »Das alte Mütterchen« sowie die Reflexion »Der fehlende Ton«, für die Kerstin Müller 2004 verantwortlich zeichnet. Die drei anderen Erzählungen erscheinen ohne Quellenangaben und Kommentar. Das ‚Tränenkrüglein' folgt Bechstein (1853). Diese erzählenden und reflektierenden Texte ergänzen die Informationsseiten mit den Sachinhalten zur Sterbebegleitung und Begräbnisorganisation, auf die es in erster Linie ankommt. Das ‚Tränenkrüglein' stellt also eine Art Garnierung dar, ein Angebot, mit welchem der Webseitenbesucher etwas anfangen kann oder auch nicht.

Gruppe 2: Foren trauernder Eltern

Seit etwa 2000 entstehen Webforen, deren Textbeiträge sich an Eltern richten, die um ein verstorbenes Kind trauern. Sie unterstützen die Eltern mit Texten der Tröstung und geben ihnen spirituelle, psychologische und praktische Lebenshilfe. Die Betreiber der Webseiten sind Eltern, Elternselbsthilfegruppen und Verlage von Lebenshilfebüchern, die Dialogplattformen für Eltern unterhalten. Ihre Autoren sind spezialisierte Ratgeber und betroffene Eltern, die sowohl ihre persönliche Trauer ausdrücken als auch andere Eltern in gleicher Lage trösten wollen. Sehr vorrangig sprechen sie dabei immer wieder ihre eigenen verlorenen Kinder an, denen sie mithilfe der Texte und beigefügten Illustrationen kleine virtuelle Denkmäler setzen.

Fall Nr. 3:

Webseite:	*stillgeboren.de.*
Linkfolge:	*Meditation > Geschichten > Geschichten > Das Tränenkrüglein;* 2005.
Verfasserin:	Pirko Silke Lehmitz, Buchholz i. d. Nordheide.
Betreiberin:	Dto.
URL:	http://www.stillgeboren.de.

Die Totgeburt ihres Sohnes brachte Frau Lehmitz 2000 dazu, die privat betriebene Webseite *stillgeboren.de* zu unterhalten (dieser Name ist offensichtlich ein Neologismus nach engl. *still born* ‚totgeboren'). Frau Lehmitz leistet damit zugleich ehrenamtliche Arbeit für eine regionale Hamburger Selbsthilfegruppe, die im Rahmen des Bundesverbandes *Verwaiste Eltern in Deutschland e. V.* organisiert ist. Die Webseite ist mit 300 Unterseiten (angegebener Stand: 4. Dezember 2006) so komplex, dass sie hier nur selektiv beschrieben werden kann. Die Unterseiten enthalten sowohl aktuelle Termininformationen als auch nachhaltig verfügbare Tröstungstexte, die dem alltäglichen Sprechen und Geschichtenerzählen sowie der Erinnerungskultur, Schriftliteratur und Liedtextkomposition entspringen.

Der Link *Sammlungen* enthält folgende Unterseiten:
- *Pressespiegel* (Zeitungsartikel 1998–2005)
- *Namensgedenken* (zärtliche Ansprachen an namentlich genannte Kinder; manche Texte und Namen sind in Kometenembleme eingeschrieben)
- *Gedichte* (lyrische Trauertexte von Frau Lehmitz)
- *Wünsche* (von einzelnen Mitmenschen formulierte gute Wünsche an die Trauernden)

- *Sprüchesammlung* (eine Zusammenstellung von gut gemeinten, aber letztlich gedankenlosen Kommentaren zu Frau Lehmitz' Leid, die sie sich in ihrem Verwandten- und Bekanntenkreis anhören musste)
- *Links* (zu Fachbegriffen, medizinischen Angeboten, Selbsthilfegruppen, »Bausteinen für Gedenkfeiern, Trauerritualen, Texten, Gebeten« usw.)
- *Gottesdienste* (Ansprachen, Schilderungen, Inhalte von bestimmten zeitlich datierten Gottesdiensten, zum Beispiel vom Frankfurter Kirchentag 2001)
- *Büchertips* (Hinweise auf 26 Lebenshilfebücher mit Leseproben und Links zum Internetbuchhandel)
- *Kalenderblätter* (Gedichte und Texte zu einzelnen Monaten und ihren Jahreszeitsymbolen)
- *Jahrestage* (Lebensdaten verstorbener Kinder mit ihren Namen, Eltern und deren E-Mail-Adressen)
- *Gästebuch* [Link am 29. Oktober 2007 inaktiv]

Auch der Link *Meditation* führt zu verschiedenen Textgruppen:
- *Pirkos Gedichte* (Trauerlyrik von Frau Lehmitz)
- *Liedtexte* (Texte der Popsänger Marius Müller-Westernhagen, Nena, Paul Simon, Phil Collins, Eric Clapton, Herbert Grönemeyer, Enya, Celine Dion, Danyel Gérard und Michael Jackson mit Links zum Internetmusikhandel)
- *Gedichte* (Texte von Frau Lehmitz, dazu »Einsendungen verwaister Eltern«, Texte von Mathias Claudius, Friedrich Rückert, Carl Zuckmayer, Hermann Hesse, Renate Salzbrenner, Joseph von Eichendorff und Margaret Fishback Powers)
- *Texte* (von Elisabeth Kübler-Ross, Sigmund Freud, Jörg Zink, James Jennings, Ben Artzi-Pelossof, Dieter Steuer, dazu Psalm 102 und »Irischer Segen«)
- *Geschichten: Geschichten und Märchen* (Lehmitz, ‚Schmetterling', Linda van Keyserlingk, ‚Das Tränenkrüglein', ‚Das Mädchen mit den Schwefelhölzern' und drei andere Märchen von Christian Andersen, Astrid Lindgren, Jorgos Canacakis, Kathleen Hunecke, Alexa Mohl, zum Teil mit Links zum Internetbuchhandel)

– *Leporello* (ein schachbrettartiges Raster mit Texten, Fotos und Zeichnungen)

Das ‚Tränenkrüglein' ist hiermit Teil einer Art Internet-Anthologie, aus der sich der einzelne Leser die Botschaften heraussuchen kann, die zu seiner persönlichen Art zu trauern passen.

Die seiteneigene Statistik der am 1. Juni 2000 eingerichteten Homepage berechnet bis einschließlich Juli 2004 über 190.000 Besucher mit durchschnittlich 8883 Besuchern pro Monat, 2050 pro Woche und 292 pro Tag. Durch den steilen Anstieg der Internetnutzer in Deutschland nach 2004 dürfte die Tageszahl der Webseitenbesucher erheblich gewachsen sein. Das ‚Tränenkrüglein' weist somit für eine nur kurze Präsenz im Internet bereits eine potentiell hohe Verbreitungsquote auf, die noch steigerbar scheint.

Als Quelle wird einmal »Deutsches Volksmärchen«, an anderer Stelle auf der Homepage »Unbekannt« vermerkt. Die Textfassung folgt weder Bechstein noch Grimm, sondern stellt eine Hybridfassung von beiden Varianten mit weiteren Elementen dar: In einer Doppeltverwendung der Requisiten ‚Totenhemdchen' und ‚Tränenkrüglein' ist das verstorbene Kind, dem die Mutter nachts im verschneiten Wald auf einem Botengang zwischen zwei Dörfern begegnet, sowohl durch ein »nasses Hemdchen« als auch durch einen »schweren Krug« bzw. »Steinkrug« so belastet, dass es einen »Heckenzaun« nicht wie die anderen Kinder überklettern kann. Erst als die Mutter »loslässt« und das Kind über den Zaun hebt, findet das Kind Anschluss. Diese Motivfolge zeigt sich zum Beispiel in den thüringischen Perchtha-Sagenvarianten nach Börner und Georg Brückner.[186] Der Erzählfassung des Elternforums ist insgesamt ein sehr gefühlige und auserzählte Sprache eigen, die sich in Wendungen zeigt wie »sie vermochte sich vor Herzeleid nicht zu fassen«, »da trippelte ängstlich

[186] »Das Kind mit dem Thränenkruge« (Börner 1838: 142–143, Orlagau); »Die Mutterthränen« und »Der Thränenberg« (Georg Brückner, 19. Jahrhundert, in: Scheinost 1993: 72–74, Nr. 141 und 144); weitere Varianten in Bolte & Polívka (1915: 486 f.).

ein Kind mit nackten Füßchen im kalten Schnee der Schar hinterher«, »als aber die salzigen Tränen des Kindes Äuglein netzten, da erkannte es die Mutter und sagte wie im Traum ‚O wie warm ist Mutterarm!'« usw. Der über den Grimm'schen Märchenton in seiner Verniedlichungstendenz weit hinausgehende Erzählstil trifft auch im Medium des World Wide Web den Nerv der Leser. Dem Erzähltext ‚Das Tränenkrüglein' angeschlossen ist eine gleich betitelte Textinterpretation aus dem Buch *Von Trennung, Tod und Trauer. Märchen vom Gelingen des Lebens* der Ratgeberautorin Angeline Bauer (2002: 55–64), deren einfachen Rephrasierungen und Plattitüden hier nicht weiter nachgegangen werden muss.

Zeitgleich mit der Internetrecherche für diesen Artikel erschien in der *Frankfurter Allgemeinen Zeitung* vom 17. Oktober 2007 ein Bericht, der auf die Tätigkeit des *Bundesverbands für Verwaiste Eltern in Deutschland* aufmerksam macht. Ausführlich dargestellt wird die Motivation und die Initiative von Frau Petra Hohn, die sich seit dem Suizid ihres 18-jährigen Sohnes als Bundesvorsitzende engagiert, um anderen trauernden Eltern institutionell beizustehen (vgl. Eppelsheim 2007). Bei dieser Motivation kommt dem Leser die alte syrisch-christliche Erzählung in den Sinn, in der die in ihrer persönlichen Trauer auf sich gestellte Frau ins Leben zurückfindet, indem sie sich ‚Armen und Bedürftigen' widmet.

Fall Nr. 4:

Webseite:	*totgeburt.net.*
Linkfolge:	*Sternenkinder > Gedenkseiten für kleine Sternenkinder > Silas 22.7.2003,* darin ‚Das Tränenkrüglein'.
Betreiber:	Projekte-Verlag Cornelius GmbH, Halle (Saale).
URL:	http://www.totgeburt.net.

Die Webseite *totgeburt.de* dient als Werbeplattform des Projekte-Verlags Cornelius in Halle, der Lebenshilfebücher zu verschiedenen Problemen anbietet.

Ein mit dem Titel *Sternenkinder* versehener Link enthält die Ansprachen, Gedenken, Tröstungen und Erfahrungsmitteilungen der trauernden Eltern. In einem Text wird die Tragik einer Totgeburt auch über minutiös zitierte medizinische Dokumente reflektiert. Optische Elemente der Webseite sind Zeichnungen von kindlichen Engeln, Sternenembleme mit eingeschriebenen Vornamen und Sterbedaten, Abbildungen fröhlicher Kinder und illustrierte Bucheinbände. Der Verlag ist außer auf Lesungen in Stadtbibliotheken auch in Kirchen vertreten, so im Oktober 2007 in der Petrusgemeinde in Halle-Kröllwitz und im Dom von Merseburg. In synergetischer Weise verdichtet die Webseite Funktionen des Buchmarkts (Werbung, Bestellformular, Autorenbetreuung), der elterlichen Trauer- und Gedenkkultur, der rechtlichen, medizinischen und verwaltungstechnischen Objektivierung des Sterbefalls sowie der Organisation von Trauergottesdiensten, bei denen man Trost in der christlichen Liturgie sucht.

Die Erzählung ‚Das Tränenkrüglein' erscheint mit dem Quellenvermerk »Brüder Grimm«. Allerdings entspricht der Text nicht KHM 109, sondern stellt eine verkürzte Form der unter Fall 3 erörterten Hybridfassung dar.

Fall Nr. 5:

Webseite: *gedankenfluestern.blog.de.*
Weblog: *Trauern hilft heilen. Gedanken und Gefühle an Frank > Das Tränenkrüglein.*
Verfasserin: marksma.
Betreiber: blog.de – Onlinedienst mokono GmbH, Berlin.
URL: http://gedankenfluestern.blog.de/2007/02/28/das_tranenkruglein -1818418.

Auf der Webseite des Berliner Onlinedienstes www.blog.de können Interessierte zu allgemeinen Geschäftsbedingungen interaktive Online-Tagebücher führen, die von befreundeten Webloggern kommentiert werden können. Die Nutzerin trägt den Bloggernamen »marksma« und beschreibt sich im

Profil als 57 Jahre alte Frau aus Berlin mit den Hobbys »digitale fotografie, horrorfilme, kino, lesen, mein garten, mittelalter, musik, tiere« (wobei die angegebenen Band-Namen dem ‚Metal Rock' zuzuordnen sind). Neben verschiedenen Themenseiten (Fotografie/Filme, Gartenpflege) unterhält Frau marksma seit Juni 2006 einen Weblog mit dem Titel *Trauern hilft heilen. Gedanken und Gefühle an Frank.* Auf ihr gedenkt sie in schmerzerfüllten, teils in Prosa, teils in Gedankenlyrik formulierten Worten ihres Sohnes Frank, der kurz vor Erreichen seines 21. Geburtstages zu Tode gekommen ist.

Frau marksmas Blogtexte und -fotos erscheinen unter einer feststehenden schwarz-weißen Kopfillustration. Diese besteht aus einer zweimalig nebeneinander angebrachten Zeichnung von einer männlichen Engelsfigur im Alter von etwa 20 Jahren, die in der Lederkleidung von ‚Metal'-Rockern mit wild wehenden schulterlangen Haaren und riesigen Erzengelflügeln im Begriff ist, einen perspektivisch schräg gezeichneten Kirchturm auf Inlinern hinunterzufegen. Offensichtlich handelt es sich um ein Identifikationsbild des jungen Mannes, das nach seinem Tod gewählt wurde. Die Weblogtexte werden durchgängig durch Fotos von brennenden Kerzen, Blumen, Glückslandschaften und Kinderporträts aufgelockert. Der älteste Text erscheint unten, der neueste jeweils oben auf der Seite. Etwa alle drei bis zwölf Tage kommt ein neuer Text hinzu, der zumeist zwischen Mitternacht und drei Uhr nachts ins Netz gestellt wird. Ihre Titel sind (vom ältesten zum neuesten vorgehend):

> *Wenn ich gewusst hätte* (19. Juni 2006). – *Noch ein Leben.* – *Gedanken.* – *Träume: Der Sternenhimmel.* – *Entschluss.* – *Letzte Reise.* – *Neue Stelle* [auf dem Friedhof]. – *Tränenmeer.* – *Nacht.* – *Lebensbaum.* – *Sternentraum.* – *Noch vier Wochen.* – *Dieser Tag* [Todestag 18. Dezember]. – *Siehst du.* – *Wieder ein Jahr.* – *Ohne Worte.* – *In der Nacht.* – *Wieder allein.* – *Wenn Lieb' in jenen Welten blüht.* – *Das Tränenkrüglein.* – *Für Dich.* – *Nachträglich.*– *Kennst du das?* – *Ende der Winterzeit.* – *Eine Rose für dich.* – *Spuren der Liebe.* – *Es reicht.* – *Dein Lied.* – *Vorbei* [der Muttertag]. –

Meine Abendsonne. – Erinnerungen. – Ein Wunsch. – Was bleibt? – Das menschliche Herz. – Mir fehlen die Worte. – Die Summe des Lebens. – Verlorene Zeit. – Du fehlst. – Für Nina. – Gedanken einer Nacht. – Mein Traum. – Ich hab' dich gesehen. – Du bist da ... – Bald ... – Du hast dich geirrt ... – Gedicht zur Nacht. – Noch 8 Tage ... – Weihnachtsmuffel. – Ohne Worte [Foto mit Grabkerze]. – Jeden Abend neu. – Schutzengel. – Erinnerung (31. Dezember 2007) [Abschluss der Dokumentation].

‚Wenn ich gewusst hätte' initiiert die Textseite mit drei Personenfotos des Sohnes und einem wohl von Frau marksma stammenden vierstrophigen Gedankengedicht, dessen erste Zeilen jeweils mit dem Halbsatz ‚Wenn ich gewusst hätte' anfangen. Die erste Strophe lautet: »wenn ich gewusst hätte, dass es das letzte mal ist, / dass ich dich einschlafen sehe, hätte ich dich besser zugedeckt / und zu einem Gott gebetet, / er möge deine Seele beschützen.« *Das Tränenkrüglein* wurde am 28. Februar 2007 um 02:36 Uhr nachts als 19. Nachricht eingestellt. Es erscheint ohne weiteren Zusatz, lediglich mit der eher bibliothekarisch notierten Quellenangabe »Bechstein, Ludwig« versehen, dessen Fassung der Internettext wörtlich entspricht. Am Nachmittag dieses Tages erschien der erste von neun Blog-Kommentaren. Ihre kurzen Texte mit Frau marksmas Reaktionen lesen sich wie folgt:

- zwerg84 (28. Februar 2007, 14:58 Uhr): *eine schöne, mich zu tränen rührende geschichte. Halte dich feste.*
- marksma (2. März 2007, 17:24 Uhr) *Danke...* .
- Nurel (2. März 2007, 17:18 Uhr): *Schluck ...* [mit zwei Emoticons, von denen eines mit hochgezogenen Mundwinkeln eines mit heruntergezogenen am Kopf streichelt, bis auch dieses die Mundwinkel nach oben zieht].[187]

[187] Nurels Kommentar nimmt die Position 3 in der Reihenfolge der Einträge ein, die in der Dialogstruktur der Nachrichten logisch ist. Die Zeitangabe 17:18 Uhr ist hier diskrepant und vielleicht auf eine Ungenauigkeit in der einprogrammierten Uhrzeiteinstellung zurückzuführen.

- marksma (2. März 2007, 17:26 Uhr): *Die Geschichte hatte ich in meinem Trauerseminar kennen gelernt … und manchmal ist es wohl besser, wenn man sich daran erinnert. Er hat am 14. diesen Monat Geburtstag, wäre 21 geworden ...*
- Nurel (2. März 2007, 18:02 Uhr): *Bleib bloß nicht an jenem Tag allein! Nimm Dir was schönes vor! Drück Dich Nurel.*
- marksma (2. März 2007, 19:59 Uhr): *Nein, mein Mann ist ja zu Hause und wir gehen natürlich zum Friedhof. Irgendwie bin ich immer wieder überrascht, dass ihn seine Freunde nicht vergessen haben … das meine ich im positiven Sinn, weil dann immer Blumen und Kerzen auf seinem Grab sind* […].

Frau marksma hat das ‚Tränenkrüglein' also nicht selbst in der Literatur gefunden, sondern in einem Trauerseminar erfahren. Als Tröstungstext hat es ihr so gefallen, dass sie es für wert hält, es in ihre Blognachrichten einzureihen. Während diese von Frau marksma frei nach ihren augenblicklichen Gefühlen verfasst werden, bleibt das ‚Tränenkrüglein' das einzige übernommene Versatzstück, das auch jüngere Kommentatoren anspricht, wenngleich es von ihnen vielleicht nicht ausgesucht worden wäre. Durch die Aufzählung der Metal-Rock-Bandnamen, deren Liedtexte auch recht melancholisch sein können (wenn man sich um ihre Bedeutung kümmert), wird das ‚Tränenkrüglein' in einen aktuellen Popsong-Zusammenhang hineingestellt, der nicht im Widerspruch zur Stimmung des ‚Bechstein-Märchens' steht.

Gruppe 3: Foren von Katzenhalterinnen

In sehr ähnlicher Weise ist ‚Das Tränenkrüglein' auch für trauernde Katzenhalterinnen von Bedeutung. Ganz so wie die verlorenen Menschenkinder werden auch die verlorenen Katzen bedacht und angesprochen, wobei die Bloggerinnen sich auch in die Katzen hineinversetzen und sie zu den Menschen sprechen lassen. Eine große Rolle spielen Erinnerungen an den zärtlichen Umgang mit der Katze und den Spaß, den man an ihr hatte, wenn sie fraß oder spielte. Über die Zeitspanne des Blogschreibens ist der Ausdruck der Trauer äußerst sentimental, verkitscht (die tote Katze soll nun ihr »Glück bei unseren Engelskatzen über der Regenbogenbrücke finden«[188]), sehr repetitiv und von einer übergroßen Sehnsucht nach dem Tier geprägt, wie sie in dem extremen Ausmaß bei den Kindeseltern nicht artikuliert wird. Die Erzählforschung kann diese Formen nicht als Kuriosum abtun, sondern sollte sich darum bemühen, sie als Ausdrucksweisen der Not und Vereinsamung von Menschen des anbrechenden 21. Jahrhunderts zu verstehen. Wer selbst kein inniger Tierliebhaber ist, wird sich diesem Phänomen mit einem Fremdverständnis nähern müssen, das methodisch dort am gerechtesten ansetzt, wo man die Akteure bei ihren eigenen Worten nimmt.

Fall Nr. 6:

Webseite:	*forum.zooplus.de.*
Linkfolge:	*zooplus Tiertalk – Mein Haustierforum > Katzentalk > Erfahrungsaustausch > Trauer & Trost > Ein Abschiedsbrief an unseren kleinen Murkel.*
Verfasserin:	Kerstin (DannyWa); Korrespondentin: Helga (Grizabella); 2004.
Betreiber:	zooplus AG, Unterföhring.
URL:	http://forum.zooplus.de/forum/showtread.php?t=26204.

Der Betreiber der Webseite ist eine Vertriebsfirma für Haustierartikel, die hiermit diskreterweise außerhalb der Blogseiten ihre Produkte bewirbt. In einem eigenen Blog, der sich an die emotionalen Seiten der Käufer richtet (»Dieses Forum ist für die schweren Stunden im Leben eines Tierhalters gedacht. Hier können Sie beim Verlust Ihres Tieres Trost suchen oder spenden«), können Personen, die um ihre Katzen trauern, ihr Leid klagen, einander kondolieren und trösten.

[188] Blogpartner »Gast_5329« vom 8. Dezember 2004 um 17:21 Uhr unter http://forum.yellopet.de/tierfriedhof-widmung-8651.htm (Abruf 11. Oktober 2007).

Die Erzählung ‚Das Tränenkrüglein' ist Teil eines Dialogs, den die Katzenliebhaberin Kerstin am 24. Mai 2004 mit einem Erinnerungsbrief an »unseren kleinen Liebling Felix, liebevoll auch Murkel genannt«, der von einem Auto überfahren wurde, eröffnete. Unter der Überschrift ‚Ein Abschiedsbrief an unseren kleinen Murkel' wurden in 3,5 Monaten 48 Nachrichten ausgetauscht, deren Serie Kerstin am 5. September 2004 mit Dankesworten an die Schreibpartner abschloss. Das ‚Tränenkrüglein' war Gegenstand von vier Nachrichten, Kerstins Dialogpartnerin eine Bloggerin namens Helga:

- *Kerstin*, 3. Juni 2004, 18:34 Uhr, #25: [Tenor:] »Katzen … sind unbeschreiblich liebenswerte Wesen. Unser kleiner Murkel hat uns soviel an Liebe zurückgegeben, er war wirklich wie ein kleines Kind für uns. … Reden kann ich über unseren kleinen Murkel nicht, ich fange sofort an zu weinen. Es tut einfach so unsagbar weh. … mit Murkel ist auch ein Stück von mir gegangen …«
- *Helga*, 3. Juni 2004, 22:56 Uhr, #27: [Einige Trostworte mit Parallelbezug auf die verstorbene Mutter, dann:] »… Kennst du die Geschichte vom ‚Tränenkrüglein', ich glaube, sie ist von den Brüdern Grimm? Die habe ich als Kind am meisten geliebt, obwohl mir schon klar war, dass die Weisheit daraus den Menschen viel abverlangt, nämlich das Loslassen. Wenn du magst, erzähle ich sie dir beim nächsten Mal. … Gute Nacht!«
- *Kerstin*, 4. Juni 2004, 21:07 Uhr, #28: »… Liebe Helga, die Geschichte vom ‚Tränenkrüglein' kenne ich nicht, wenn du möchtest erzähl sie mir bitte. Die Geschichte von dir liebe Eva mit dem kleinen roten Kater ist auch sehr schön, auch sehr traurig, geht unheimlich ans Herz, ich habe anstelle des kleinen roten Katers immer meinen kleinen Murkel gesehen …«
- *Helga*, 5. Juni 2004, 13:26 Uhr, #32: »Liebe Kerstin, und alle die dies lesen wollen, Hier ist die Geschichte vom Tränenkrüglein, und ich bemühe mich, sie so einigermaßen in den Originalzügen wiederzugeben, bitte aber um Verständnis, sie stammt aus meiner Kindheit, und die ist ein geraumes Weilchen her. *Eine Mutter hatte ein Töchterchen, das sie innig liebte, es war ihr ein und alles. Das Töchterchen wurde leider sehr krank, es konnte ihm auch kein Arzt mehr helfen, und so starb es.*

Die Mutter war untröstlich, sie weinte und weinte, die Tränen wollten nicht versiegen, sie war zu nichts mehr anderm fähig als zu weinen. Eines Nachts erschien das Töchterchen seiner Mutter, es war so schön wie eh und je, die Mutter erstarrte, dachte es sei zurückgekommen und hörte plötzlich auf zu weinen. Das Töchterchen aber sagte: ‚Schau, ich kann meine Ruhe nicht finden, wenn du soviel weinst und am Leben nicht mehr teilhaben willst. Ich habe ein Krüglein mitgebracht, in dem ich deine Tränen gesammelt habe. Es ist fast voll, wenn es überläuft, bedeutet das, dass ich für den Rest der Ewigkeit meine Ruhe verloren habe.‘ Es strich der Mutter einmal sacht übers Haar, dann war es verschwunden. Die Mutter konnte nicht mehr einschlafen, sie dachte nach. Andertags bemühte sie sich ihr Leben wieder aufzunehmen, denn sie verstand das als Bitte und Auftrag ihres verstorbenen Töchterchens. So oder so ähnlich. Ich verstehe es natürlich nicht als dahingehend, dass man auf der Stelle das Weinen und die Trauer stoppen sollte, denn wie sollte das gehen. Ich meine ja selbst, dass man sich Zeit dafür lassen muß und mit sich selbst freundlich umgehen soll, bloß keine Zwänge. Aber im Laufe der Zeit wird es wieder Aufgaben geben, an denen man nicht vorbeigehen sollte …« [Kursivdruck zur Hervorhebung der Geschichte]

– *Kerstin*, 5. Juni 2004, 23:13 Uhr, #33: »… Deine Geschichte liebe Helga, sie ist sehr schön, und ich muß auch zugeben, nach dem ersten mal Lesen, ich mußte den Computer ausmachen und habe geweint und geweint …«

Das ‚Tränenkrüglein‘ wird hier von Helga also nicht aus einer Leseedition abgeschrieben, sondern in Anlehnung an die Bechstein-Fassung nacherzählt, wobei auch die sie umrahmenden Textteile im Wortsinne von ‚Chatroom‘ (Plauderstübchen) im Duktus des Sprechens verfasst sind.

Fall Nr. 7:

Webseite: *forum.yellopet.de.*
Linkfolge: *Haustier Foren > Haustier-Album > Virtueller Tierfriedhof > Virtuelle Gedenkstätte für Mogli Mai 2003 – 7. Dezember 2004,* darunter *Das Tränenkrüglein,* 8. Dezember 2004.
Verfasserin: Claudia (in Antwort auf Nadine); 2004.
Betreiber: Yellopet.com.de, Produktion der Zeitraum GmbH, Saarbrücken.
URL: http://forum.yellopet.de/tierfriedhof-widmung-8651.htm.

Sehr ähnlich liest sich der Blog »Virtuelle Gedenkstätte für Mogli Mai 2003 – 7. Dezember 2004«, den die Bloggerin Nadine am 8. Dezember 2004 um 12:33 Uhr auf der Webseite initiierte. Betreiberin dieser Webseite ist die Firma Yellopet.com.de in Saarbrücken, deren Motivation die Gleiche ist wie die der Firma zooplus (die sie als »Shopping-Partner« verlinkt). Bereits 14 Minuten später meldet sich »Tina1975« mit ersten Trostworten. 30 Minuten nach Nadines Nachricht (genannt »Widmung«) vermerkt die Blog-Korrespondentin Claudia in einer Anrede an die Katze (!): »Aber für deine Dosine[189] Nadine, die dich so schrecklich vermisst, habe ich was Schönes gefunden ... in der nächsten Widmung«. Und noch in derselben Minute (13:03 Uhr) schickt Claudia Nadine eine Abschrift vom ‚Tränenkrüglein', das sie folglich als Versatzstück an schnell zugänglicher Stelle auf ihrer Festplatte gespeichert haben muss. Den unbefangenen Leser überrascht der unmittelbare Schlagabtausch nach der ersten Eingabe. Er zeugt von einer ungemein wachen Aufmerksamkeit der Forumsnutzerinnen auf einen neuen Trauerfall, der sich sogleich mit ihrem eigenen Verlust verbindet. Gleichermaßen überrascht die Schnelligkeit, mit der Claudia das ‚Tränenkrüglein' wie aus einer Notapotheke zur Verfügung stellen kann. Verwendet wird die Bechstein-Fassung, als deren Quelle indes »(Grimm)« genannt wird.

[189] Als in seiner Herkunft nicht klärbar steht *Dosine* auf ungezählten Webseiten für ‚Katzenfreundin, Katzennärrin'.

Fall Nr. 8:

Webseite:	*de ambarino Heilige Birma und Norwegische Waldkatzen.*
Linkfolge:	*Wichtiges* > *Trauer,* darunter *Das Tränenkrüglein.*
Verfasserin:	Claudia und Thomas Frank.
Betreiber:	Claudia Frank, München, und Thomas Frank, Pickens near Greenville, South Carolina, USA.
URL:	http://deambarino.bavarian-petcare.com/wichtiges/traenenkrueglein.htm.

Die von dem Ehepaar Frank betriebene Homepage *de ambarino* verehrt in Texten und Fotos Katzen der Rasse Birma (»Heilige Birma de ambarino«) und betreibt die Webseite zur Beratung und Kommunikation über ihre Katzenlieblinge: »Ich [Claudia] stehe jedem gerne mit Rat und Tat zur Verfügung, soweit es in meinen Kräften steht, und am liebsten telefonisch oder persönlich. Unsere Katzen sowie deren Umfeld kann jeder Interessierte gerne persönlich kennen lernen.« Verschiedene Links liefern Informationen zur Ernährung, zu Medizinischem (Blutgruppenproblem, Impfthema, Frühkastration, Giftpflanzen usw.) und zum neuen Zuhause des Katzennachwuchses, die fast alle exotische Namen tragen (Fuego, Fresa, Toronja, Oxalis …). Unter dem Link *Wichtiges* erscheint der Unterlink *Trauer,* der u. a. zum Text ‚Das Tränenkrüglein' führt. Als Quellenvermerk wird »Gebrüder Grimm« vermerkt, tatsächlich handelt es sich jedoch um eine verkürzte Hybridfassung, wie sie unter Fall 3 diskutiert wurde. Im Gegensatz zu den Chatforen wird die Trosterzählung auf dieser Webseite nicht aktuell eingesetzt, sondern sie steht für den Fall des Todes einer Katze prophylaktisch zur Verfügung.

Eine wichtige Hilfe zum Verständnis für die nicht allen Mitmenschen nachvollziehbare »Katzenverrücktheit« (so Selbstaussagen von Bloggerinnen) bietet das Ratgeberbuch *Abschied vom geliebten Tier* der Tierärztin Carmen Stäbler (2004). Gegenüber den emotionalen Darstellungen und Selbstdarstellungen der Bloggerinnen bietet sie, die Veterinärmedizinerin und selbst Katzenfreundin ist, eine distanziertere Binnenperspektive, die der Vermittlung dieser

Mentalität entgegenkommt. Die Tierärztin schreibt in Erinnerung an einen Katzenverlust in ihrer Kindheit:

> »Durch meine Arbeit für ‚Ein Herz für Tiere' [sic] habe ich erfahren, wie vielen Menschen es ähnlich ergeht wie mir als Kind: Sie verlieren einen tierischen Gefährten, der sie Jahre, jahrzehntelang begleitet hat. Schlagartig ist nichts mehr wie vorher, fehlen die vertrauten Geräusche und Verrichtungen im Alltag. Kein Knarzen der Treppe mehr am Morgen, keine warme Pfote mehr, die auf Essenszeiten aufmerksam macht, kein verschusseltes Spielzeug mehr unterm Sessel. Hunderte trauernder Tierbesitzer haben meine Kollegen und ich am Telefon sich aussprechen lassen. Bis das Internet uns wie vielen anderen eine Chance gab, Leidensgenossen zueinander zu führen, miteinander reden zu lassen. Das Trauerforum war von Anfang an eine der besuchtesten Seiten und ich weiß, daß es für viele Menschen, die in ihrer Umgebung auf Unverständnis stießen, der einzige Ort war, an dem sie offen ihre Gefühle zeigen konnten.« (Stäbler 2004: 7).

Für den Erzählforscher tun sich Gattungszusammenhänge auf: Die Fernmündlichkeit des Telefons stellt sicherlich die unmittelbarste und emotionalste Möglichkeit des Klagens, Weinens und Schluchzens dar, hat aber für den Trauernden nur eine begrenzte Nachhaltigkeit. Der Chatraum ist dagegen ein distanzierteres Medium (in dem Emoticons die verbale Sprache ersetzen, aber eigentlich auch nur banale Zeichen bleiben), welches jedoch immer wieder auf den Bildschirm zu holen ist. Abgesehen davon erleichtert das Internet den Trauerhelfern die Arbeit. Beide Medien werden durch ein Buch ergänzt, das durch seine Materialität, Gliederung, Imperative und narrativen Identifizierungsangebote eine Art Rückgrat in dieser Krise darstellt, durch das die sogenannte ‚Trauerarbeit' strukturiert wird. Einer der Imperative der Tierärztin Stäbler (2004: 43) lautet: »Geben Sie Ihrem Tier ein virtuelles Grab im Internet!« In Form eines Chatforums angelegt, kann es der Tierleiche keinen Platz geben, wohl aber die unmittelbaren Bedürfnisse der Artikulation von Trauer und Einsamkeit zufriedenstellen.

Fazit der Internetanalyse

Aufgabe des Kapitels war es, die Typenforschung zu AaTh/ATU 769 um das Medium Internet zu erweitern. Aus ungefähr tausend Webseiten wurden acht herausgefiltert, deren Komplexität Hinweise auf die Bedeutung des ‚Tränenkrügleins' für die heutige Zeit gibt. Aus der übergroßen Informationsfülle jeder dieser acht Webseiten wurden die für das ‚Tränenkrüglein' unmittelbar bedeutsamen Begleittexte selektiert, wie es sich in den Ausdrucken zeigt. Die Fülle dieser Begleittexte wurde in ihren hierarchischen Strukturzusammenhängen (Hyperlinks) per Titel oder Autorennamen aufgelistet und damit in ihren Signifikaten um das ‚Tränenkrüglein' gruppiert. Über Zitate wurden die Autoren und Blogger beim Wort genommen.

Nach Maßgabe der Webseitenauswahl bleibt der Text des ‚Tränenkrügleins' integral. Entweder erscheint er vollständig im Wortlaut der Druckvorlage oder aber so nacherzählt, dass er wie mündliche Erzählvarianten auch auf eine bekannte Vorlage zurückzuführen ist. Dieser Tendenz arbeitet zweifellos die Kürze und Einepisodigkeit der Erzählung zu. Die Textverhältnisse der acht dokumentierten Verwendungen des ‚Exempels der obsessiven Trauer' im Internet können in folgender Weise systematisch dargestellt werden:

Fall	Webseite (Verfasser)	Textfassung	Quellenangabe	Quellennachweis
1	hilfsmittelservice.de (Diakonie Husum-Bredstedt)	Buchfassung	Ø	Bechstein 1853
2	hospizbewegung-geseke.de	Buchfassung	Ø	Bechstein 1853
3	stillgeboren.de (Pirko L.)	Buchfassung (?)	»Deutsches Volksmärchen« bzw. »Unbekannt«	Hybridfassung (ausführlich)
4	totgeburt.net (Silas' Eltern)	Buchfassung (?)	»Brüder Grimm«	Hybridfassung (verkürzt)
5	gedankenfluestern.blog.de (marksma)	Buchfassung	»Bechstein, Ludwig«	Bechstein 1853
6	forum.zooplus.de (Kerstin)	Nacherzählung	»ich glaube von den Brüdern Grimm«	Bechstein-Anleihe
7	forum.yellopet.de (Claudia)	Buchfassung	»Grimm«	Bechstein 1853
8	deambarino.bavarian-petcare.com (Claudia und Thomas Frank)	Nacherzählung	»Gebrüder Grimm«	Hybridfassung (verkürzt)

Die meisten Webseitenautoren greifen auf Bechsteins ‚Tränenkrüglein' zurück, dessen Text sie entweder vollständig zitieren oder nacherzählen. In der Quellenangabe wird die Bechstein-Fassung dann jedoch »Grimm« zugeschrieben. In drei Fällen liegen Hybridformen vor: Zwei Fassungen haben die Zuschreibung »Gebrüder Grimm«, die dritte begnügt sich mit der Bezeichnung »Deutsches Volksmärchen«. In der Regel geht es den Webseitenautoren nicht um kritische Quellendifferenzierungen. Der Hinweis auf jeweils einen deutschen Märchenstar oder ‚die deutsche Märchentradition' reicht aus. Dem Nutzer ist letztlich alles gleich.

Die Zusammenstellung thematisch verwandter Erzähl- und Liedtexte erfolgt nach dem simplen Prinzip ‚catch as catch can'. Sie wird größtenteils aus Neuerfindungen von Autodidakten sowie aus der Popmusik der letzten 10 bis 15 Jahre gespeist und qualifiziert auch das ‚Tränenkrüglein' als einen aktuellen Text. Das freie Zusammenstellen von Texten und Bildern des Internetzeitalters erweist sich methodisch als Nachfahre der Kompilationsliteratur, die zu Zeiten des damals neuen Buchdrucks beliebt war (vgl. Alsheimer 1996). Dieses Sampling sichert dem ‚Tränenkrüglein' ein Weiterleben, wenn auch nur als beliebig wählbare Partikel unter anderen Partikeln.

Donald Wilgus' trotziger Einwurf »The text is the thing« behält seine ungebrochen gültige Berechtigung (vgl. Wilgus 1973), aber gerade im internetmedialen Zusammenhang des ‚Tränenkrügleins' gilt das Diktum: »The context is the thing.« Der Referenztext ‚Tränenkrüglein' benötigte in dieser Studie keine Analyse, da er der Bechstein-Fassung entspricht. Umso wichtiger war sein Textumfeld aus den begleitenden Trauertexten und den Textteilen, die Betreiber und Autor zu Organisation, Intention und Botschaft der Webseite herausgaben. Es sind diese Texte, die den Kontext des ‚Tränenkrügleins' bestimmen und daher zu den Zieltexten werden, welche die Interneterzählforschung nun zu analysieren hat. Durch die vorgegebene Kommunikationsstruktur *Autor* (im Vordergrund) – *Betreiber* (im Hintergrund) – *Adressat* (im Vordergrund) sind die entsprechenden Funktionen im Wesentlichen ökonomisch und sozial bestimmt. Für den Betreiber soll sich die Webseite wirtschaftlich lohnen. Für ihn geht wohl das Kalkül auf, dass durch anwachsende interessante Informationen seine Webseite Aufmerksamkeit findet und dadurch die gewünschte Werbekraft für seine Produkte entwickelt. Gleichzeitig stellt der Betreiber einen kommunikativ und emotional gebrauchten Interaktionsraum zur Verfügung. Der Autor wendet sich mit sehr persönlichen Aussagen an eine teils bekannte, größtenteils völlig unbekannte Öffentlichkeit, bei der er Gehör und Rat erhalten will. Wer als Autor die am Bildschirm lesenden Leidensgenossen trösten will, will auch immer sich selbst in seinem eigenen Leid und Verlust trösten und bestätigen. Die Alltagssprachlichkeit des Chats, die sich bis zum comichaften ‚Erikativ' steigern kann (Fall Nr. 5: »Schluck«), kommt dabei der Identifikation mit dem Gelesenen entgegen.

Die Trauerseiten bedienen sich sprachlich gern kosmischer Begriffe in einer neuen Metaphorik, deren Neologismen an kindliche Himmelsvorstellungen anschließen. Als Euphemismen dienen sie der Beschwichtigung, dass die Verbindung zu den verstorbenen Kindern oder Katzen nicht abgerissen sei. Tot- oder frühgeborene Kinder sind ‚Sternenkinder', Katzen und Hunde gehen über eine ‚Regenbogenbrücke' in ein grünes Naturreich, in dem sie in Vollkommenheit leben (vgl. Stäbler 2004: 204). Die immense Trefferquote im Internet – ‚Sternenkinder' 513.000[190], ‚Regenbogenbrücke' 441.000 Treffer[191] – zeigt, dass diese Wörter mittlerweile bereits in den Sprachgebrauch eines Großteils der Gesellschaft eingegangen sind. Die Diminutivform ‚Tränenkrüglein' zeigt dabei eine semantische Affinität zu diesen Neologismen einer ‚Wellness', die zu der glatten Technizität des Internetmediums in Kontrast steht.

[190] Deutlich weniger Treffer weist der Singular ‚Sternenkind' auf: 83.700. Die beliebtere Pluralform ‚Sternenkinder' schafft eine Ethnisierung, die ein totes Kind vergesellschaftet und damit wohl die Eltern über ihren Einzelfall hinaus tröstet.

[191] Der schweizerische Verein *Regenbogen* unterstützt einen weltweiten Gedenktag für verstorbene Kinder. Über die Virtualität des Internets hinaus wird so die Elterntrauer auch in Person universal. Hierzu Rebekka Haefeli, ‚Plötzlich ist nichts mehr so, wie es einmal war', *Neue Zürcher Zeitung* Nr. 280, 1./2. Dezember 2007, p. 35.

Das Nomen ‚Totenhemdchen' (Grimm) kann in diesem Zusammenhang trotz vieler Verkleinerungen keinen Anklang finden, da es die harte Realität des Totseins beim Namen nennt.

Was ist aus dem ‚Tränenkrüglein' geworden? Es ist das Versatzstück geblieben, welches es als integraler Text schon immer gewesen ist. Die Prediger haben die Geschichte neben anderen Versatzstücken wie Sprichwörter und Bibelzitate jedoch immer wieder in die Gewissheit der christlichen Heilserwartung eingeflochten. Die Sammler des 19. Jahrhunderts stellten es in den Diskurs der nationalen Erneuerung, der nicht frei von quasireligiösen Bezügen gewesen ist. Im Internetgebrauch wird das ‚Tränenkrüglein' dagegen durch die Montagemöglichkeiten des ‚Cut and Paste' und durch die Lakonie der Blogger aus allen größeren Ideenzusammenhängen herausgelöst, der Intention der Webseiten bei- und untergeordnet und auf diese Weise deklassiert. Der panoramische Blick der vergleichenden Erzählforschung stellt ein krasses Gefälle zwischen der Vision der Prediger und der Banalität der Katzenhalterinnen fest. Trotzdem trägt das Internet dazu bei, das blass gewordene Versatzstück ‚Tränenkrüglein' in eine Zukunft zu tradieren, in welcher sein Nukleus jederzeit in neue Sinnzusammenhänge verflochten werden kann. Der Fortgang bleibt jedoch ungewiss.

Kann das ‚Tränenkrüglein' immer noch trösten? Nicht die Geschichte hat sich verändert, aber der Glaube an die christliche Botschaft der Erlösung, der die Geschichte geprägt hat, ist bei den Nutzern verblasst. Dennoch spüren die Menschen noch immer die christliche Hilfeleistung des Trostes und nehmen sie gerne an. Die Grundaussage dieses Trostes ist in den verschiedenen Schattierungen und Abstufungen immer sichtbar, aber sie wird nicht mehr angewendet, weil das Gespür dafür zerfallen ist. Der Nutzer baut seinen Trost nach Belieben und auf seine Weise in sein Leben ein. Auf den Homepages kann sich jeder Trauernde heraussuchen, was er individuell brauchen und gebrauchen kann. Aber er baut nicht mehr auf eine offenbarte Heilsgewissheit, sondern sucht die Solidarität anderer ‚Auch-Leidender'. Der Effekt des Tröstens hat sich damit verändert: Das christliche Exempel verwies auf die

Hoffnung der Auferstehung und ermahnte deshalb, das obsessive Weinen zu beenden; im Umkehreffekt lesen die Webnutzer die Geschichte und können dann nicht mehr aufhören zu weinen. Der ‚internet user', der jahrelang immer wieder aufs Neue die virtuelle Anteilnahme an seinem Leid sucht, liefert sich dabei ungeschützt dem Universum des ‚World Wide Web' aus. Mit seiner luftigen Leichtigkeit und Oberflächlichkeit ist der Cyberspace eine Art Ersatzhimmel. Die christliche Metapher ‚Himmel' steht für »die Fülle des Heils der in Gott endgültig geretteten Menschen«[192]. »Und er, Gott, wird bei ihnen sein – ihr Gott. Und abwischen wird er jede Träne von ihren Augen. / Und der Tod wird nicht mehr sein, / und Leid und Wehgeschrei und Not / werden nicht mehr sein.« (Off. 21,3–4)[193]

Was ist aus der Botschaft der Spiritualität geworden, die das ‚Tränenkrüglein' einstmals vermittelte? Sie hat sich im Internet-Orkus verflüchtigt.

---

192 Rahner & Vorgrimler (1961: 171–172).

193 *Das Neue Testament*. Übersetzt von Fridolin Stier. München: Kösel/Düsseldorf: Patmos, 1989, p. 564.

3. Methodische Ergebnisse der Typenstudie

Von einem einzelnen Erzähltext ausgehend führten forschendes systematisches Sammeln sowie unerwartete archivarische Entdeckungen eine Anzahl von Texten zu einem Corpus zusammen, welche in ihrem Kern alle identisch sind. Die sich seit 30 Jahren erneuernde und kritisch hinterfragte geographisch-historische Methode hat durch ihre Systematik geholfen, aus einer diffusen Vielfalt von Erzählungen und Vorstellungen diese ‚eine Geschichte' zu identifizieren, welche in ihrer inhaltlich-motivischen sowie strukturell einepisodischen Homogenität den unverwechselbaren Referenztext darstellt. Die geographisch-historische Methode vermittelt einen panoramischen Blick über seine Verbreitung und eine Übersicht über seine jeweiligen Gattungen. Außer dieser Gesamtübersicht hat die GHM die Parameter zur Verfügung gestellt, mit deren Hilfe auch jede einzelne Variante der Referenzgeschichte in ihrer jeweiligen Lebenswelt und in ihren Produktionsbedingungen historisch und vergleichend in Beziehung gesetzt werden kann. Es sind die Produktionsstätten der untersuchten Texte und die Biographien ihrer Autoren, welche die Varianten in einen zeitlich umrissenen und geographisch kartierbaren Raum gesetzt haben. Dieser panoramische Blick lässt das folgende Muster erkennen:

1. Im 9. Jahrhundert zeichnet in Syrien ein christlicher Kopist die dort geläufige Geschichte auf, welche im christlichen Abendland der folgenden Jahrhunderte eine nachhaltige Wirkung entfaltet. Das 13. Jahrhundert als belegbares Datum und der flandrische Sprachraum als Zentrum der Ausbreitung stehen mit Thomas von Cantimpré als dem ersten namentlich bekannten Rezipienten am Ausgangspunkt einer bis heute dauernden Ausbreitung der Geschichte.

2. Weitere namentlich bekannte Prediger und Exempelsammler sorgen bis zum Beginn des 16. Jahrhunderts für Diffusionen im niederländisch-rheinisch-elsässisch-französischen Raum.[194] Die Diffusionswege folgen primär den Entstehungsorten der Handschriften und Drucke und den sie verbindenden Handelsstraßen: Brüssel – Paris – Douai – Leyden – Zwolle – Amsterdam – Deventer – Köln – Straßburg – Hagenau. Jenseits dieser

unmittelbaren Kommunikationslinien zweigt sich jede weitere mündliche und mediale Vermittlung der Geschichte in einem unübersehbar bleibenden Dickicht von menschlichen Kontakten, Bedürfnislagen und Archivierungsorten ab, bleibt aber, solange sie nicht übersetzt wird, auf den deutschen Sprachraum beschränkt. Später folgen auch Leipzig und Krems mit den Liedproduktionen der sächsischen Drucker Gregor Ritzsch und Christian Walter. Im 17. Jahrhundert erreichte die Erzählung über das *Magnum Speculum Exemplorum* den slawischen Raum. Varianten des Exempels, das hier in mehrepisodischen Erzählungen (Märchen?) erscheinen kann, sind überwiegend erst für das 19. Jahrhundert belegt.[195] Als Letztes kommen im 19. Jahrhundert die großen Verlagsstädte Göttingen und Leipzig mit den Leitfassungen der Märchen von Grimm und Bechstein hinzu. Spätestens durch diese beiden Herausgeber, die mit ihren Editionen von »deutschen Märchen« bewusst zum Projekt der deutschen Nation beitragen wollten, wird die Referenzgeschichte im ganzen deutschen Sprachraum bekannt.[196] Im 21. Jahrhundert überschreitet wiederum das Medium Internet diese modellhaft vorstellbaren Routen und überlässt die Referenzgeschichte einer anderen Räumlichkeit von diffuser und ahistorischer Verbreitung an potentiell allen Orten der Welt.

---

[194] Die mögliche französische Überlieferung vor Gerson wurde in der vorliegenden Studie nicht verfolgt. Ihre Erforschung wäre Kennern der Regionalsprachen Frankreichs nahezulegen.
Für die Zeit nach Gerson ist festzustellen, dass AaTh 769 im Typenindex von Delarue & Tenèze (1997) nicht verzeichnet ist.

[195] Siehe Alsheimer (1971: 30–86; 2007: 966–967), der die Verbreitung des *Magnum Speculum Exemplorums* in Polen und Russland darstellt.
Textbelege erscheinen bei Bolte & Polívka (1915: 486–488), die auf wendische, serbokratische, slowenische, tschechische, polnische, weißrussische und ‚kleinrussische' Fassungen hinweisen. Eine Darstellung der Überlieferungskette vom frühen 17. Jahrhundert ins 19. Jahrhundert bleibt Desiderat für die slawistische Erzählforschung.

[196] Eine Forschungsfrage bleibt, in wie viele der über 160 Übersetzungssprachen der KHM (Angabe lt. Brüder-Grimm-Museum Kassel, s. www.grimms.de) das ‚Totenhemdchen' kulturspezifisch übersetzt worden ist. Die gleiche Frage stellt sich für Bechsteins ‚Tränenkrüglein'.

3. Die panoramisch vergleichende historische Sichtweise der GHM ermöglicht es, die Aufmerksamkeit auf ein nicht mehr reduzierbares, leicht zu übersehendes, aber signifikantes Erzählelement der Geschichte zu lenken. Es geht um ein einziges Lexem, um die Bezeichnung für das ‚Tränenbehältnis' und um die Reihung seiner Requisitverschiebungen. Das Geflecht der Erzählvarianten zeigt folgende Transformationskette: weißer Talar – trauerbeschwertes Gewand – Tränenblase des Gewandes – tränengefüllte *hoyken* (Mantelkapuze) – *roc* (langer Mantel) – Gschirr (Krug) – großer Krug – Threnen-Krüglein – Tränenkrüglein – Totenhemdchen. Gerade diese Requisitverschiebungen fordern zu dem Variantenvergleich und zu ihrem gegenseitigen Verständnis heraus: Es ist nicht mehr möglich, die eine Fassung zu lesen, ohne alle anderen in diesem Punkt vergleichend im Sinn zu haben. Bei der Aufzählung dieser Reihe handelt es sich nicht um eine genealogische Anordnung, sondern um eine Anordnung in der Gleichzeitigkeit des Ungleichzeitigen. Die heutige GHM beschränkt sich aber nicht mehr auf den Vergleich kleinteiliger Erzählelemente und einzelner Stoffpartikel, sondern sie will auch Texte als geschlossene Sinneinheiten im Vergleich sehen, Texte als Zeugnisse menschlichen Denkens, die sich in verschiedenen historischen Bedingungen und in verschiedenen Gattungen verschiedentlich ausdrücken.

4. Auch die Gattung als Gebrauchsweise hat sich in den letzten Jahren noch einmal weiterentwickelt. Sie ist nun nicht mehr ausschließlich literaturwissenschaftlich zu definieren, sondern auch als Medium, als gefügte Form der Kommunikation, zu sehen. Wieder bewährt sich die vergleichend-umfassende Sicht in einer doppelten Erkenntnis: Die Referenzgeschichte ist einerseits ungemein stabil, andererseits besitzt sie die erstaunliche Fähigkeit, sich in den verschiedensten Gattungen auszudrücken. Kaum wird eine Gattung zur literarischen Mode, schon hat die Referenzgeschichte sich ihrer bemächtigt. Spätestens mit dem Druckmedium löst sich die schriftliche Unilinearität der Überlieferung auf. In einer genealogisch nicht mehr zu überprüfenden Häufung zeigt sich die Geschichte in verschiedenartigen, nebeneinander herlaufenden Gattungen und Textsorten:

didaktisch-moralische Erzählung, Predigtexempel, vertontes Epicedium, populäres Flugblattlied, ‚konsolatorischer Brief', ‚geistliches Lied', Gelegenheitsgedicht, Märchen und ‚Volkverhal' in der Aufzeichnung der wissenschaftlichen Feldforschung. Das Internet schafft keine neue Gattung, aber einen neuen Gebrauch, der webseitenimmanent ablesbar ist.

5. Sozialgeschichtlich gesehen sind die Adressatenkreise vielfältig: Kleriker, Illiterati, Großbürger, höfisch-feudale Kreise, Unternehmerfamilien, Biedermeierpublikum, Landarbeiter, Mittelstand, die klassenlose Gesellschaft des Internets – angesprochen waren alle, konfessionsübergreifend. Bemerkenswert im Zusammenhang der Genderforschung ist der Tatbestand, dass das Exempel ausschließlich von Männern literalisiert worden ist. Das öffentliche Sprechen und die mediale Dokumentation lagen bis in die neuere Zeit in den Händen der Männer und konnte von ihnen in Buchform materialisiert werden. Das private Sprechen der Frauen ist zwar respektiert, aber nicht unmittelbar von ihnen selbst aufgezeichnet worden, wie schon Cantimprés klassischer Ausspruch gezeigt hat: »Meine Mutter hat mir erzählt …«

Im Sinne der sich erneuernden geographisch-historischen Methode ist bei der Studie ATU 769 das volle kontextuelle Umfeld der Texte gewürdigt worden. Gemäß dieser Zielvorstellung sind die Geschichten in der Vielstimmigkeit ihrer Originalsprachen, wie sie den Autoren aus der Feder geflossen sind, wiedergegeben worden. Zur Unterstützung dienen ihre beigefügten wortgetreuen Übersetzungen. Darüber hinaus sollen die Texte auch materiell, im äußeren Bild des Faksimiles mit der jeweiligen Schreibweise sichtbar werden, um sie wieder neu zu beleben und vor dem Vergessen zu bewahren.

Das Exempel nimmt im Kosmos aller AaTh/ATU-Nummern eine Sonderstellung hinsichtlich seiner Spiritualität und seines visionären Denkens ein. Ausgehend von dem christlich-syrischen Erzähler des 9. Jahrhunderts fand es zunächst Gehör im westlichen Abendland und literalisierte den christlichen Auferstehungsglauben potentiell für alle Menschen und alle Länder bis heute.

Sprachlich gesehen besteht die Erzählung aus einem nicht mehr teilbaren Nukleus, der die Stabilität der Geschichte sowohl über die Jahrhunderte hinweg als auch innerhalb der verschiedensten Medien garantierte. In seinem Kerngedanken beschreibt das Exempel den Lehrauftrag des Christentums von der Auferstehung Jesu als Ur-Trost der Menschheit. In diesem Zusammenhang geht die Geschichte über die Darstellung des Frauenschicksals hinaus und umfasst textüberschreitend die allgemeine conditio humana von Leid und Tränen. Das Exempel bleibt in seiner Einfachheit lebensbezogen und wirkt vitalisierend, weil es der auszehrenden obsessiven Trauer einen Überlebensentwurf entgegenzusetzen hat.

Danksagung

Mein besonderer Dank gilt:

Berlioz, Dr. Jacques, CNRS-EHESS, Lyon
Brückner, Prof. Dr. Wolfgang, Universität Würzburg
Cockx-Indestege, Dr. Elly, Dilbeek (Belgien)
Dinzelbacher, Prof. Dr. Peter, Universität Wien
Dörr, Dr. Hans, Siegburg
El-Shamy, Prof. Dr. Hasan, Indiana University, Bloomington
Fischer, Dr. Michael, Deutsches Volksliedarchiv, Freiburg im Breisgau
Friemel, Dr. Berthold, Grimm-Sozietät zu Berlin
Fuchs, Dr. Gisela, Universität Bonn
Führer, Christian, Pfarrer Nikolaikirche, Leipzig
Geider, Prof. Dr. Thomas, Universität Frankfurt
Hascher-Burger, Dr. Ulrike, Hoofddorp
Henn, Dr. Gerhard, Universität Würzburg
Hofer, Henrik, Universitätsbibliothek der Humboldt-Universität zu Berlin
Honemann, Prof. Dr. Volker, Universität Münster
Hussar, Bernd, Siegburg
Jason, Dr. Heda, Jerusalem
Kaufhold, Prof. Dr. Hubert, Universität München
Kraume, Dr. Herbert, Merzhausen
Kraus, Prof. Adalbert, Universität München
Lentes, Dr. Thomas, Universität Münster
Liepsch, Evelyn, Goethe- und Schiller-Archiv, Weimar
Linder-Beroud, Dr. Waltraud, Deutsches Volksliedarchiv, Freiburg im Breisgau
Lox, Dr. Harlinda, Universität Gent
Mahnke, Dr. Lutz, Ratsschulbibliothek Zwickau
Marzi, Hannelore, Frankfurt am Main
Marzolph, Prof. Dr. Ulrich, Enzyklopädie des Märchens, Göttingen

McGuire, Prof. Dr. Brian Patrick, Universität Roskilde
Moisy, Dr. Sigrid von, Bayerische Staatsbibliothek München
Moos, Prof. Dr. Peter von, Béon (Schweiz)
Nagel, Prof. Dr. Peter, Universität Bonn
Oswald, Dr. Gertrud, Österreichische Nationalbibliothek Wien
Ratzmann, Prof. Dr. Wolfgang, Universität Leipzig
Reinfeldt, Ulrike, Landeskirchliches Archiv der PEK, Greifswald
Röhrich, Prof. Dr. Lutz, Universität Freiburg im Breisgau
Seibert, Albert, Bödingen
Schmidt-Knaebel, Prof. Dr. Susanne, Universität Hamburg
Schneemelcher, Dr. Peter, Universität Bonn
Solf, Michael, Siegburg
Speidel, Nizza, Bonn
Stutvoet-Joanknecht, Dr. Christine M., Apeldoorn
Tappert, Dr. Birgit, Universität Bonn
Top, Prof. Dr. Stefaan, Universität Leuven
Uther, Prof. Dr. Hans-Jörg, Enzyklopädie des Märchens, Göttingen
Van Effelterre, Dr. Katrien, Universität Leuven
Weigel, Heinrich, Eisenach
Widmaier, Dr. Thomas, Deutsches Volksliedarchiv, Freiburg im Breisgau
Wittenberg, Andreas, Staatsbibliothek zu Berlin
Yokota, Prof. Dr. Shinobu, Nanzan Universität in Nagoya, Japan

Bibliothèque de Valenciennes
Bibliothèque nationale de France, Division Orientale, Paris
Bibliothèque Nationale et Universitaire, Strasbourg
British Library, Oriental and India, London
Erzbischöfliche Diözesan- und Dombibliothek, Köln
Forschungsstelle Enzyklopädie des Märchens, Göttingen
Goethe- und Schiller-Archiv, Klassik Stiftung Weimar
Herzog August-Bibliothek, Wolfenbüttel
Hochschul- und Landesbibliothek Fulda
Institut für Europäische Ethnologie, Humboldt-Universität, Berlin

Kulturstiftung Meiningen
Österreichische Nationalbibliothek Wien
Ratsschulbibliothek Zwickau
Stadsarchief en Athenaeumbibliotheek Deventer
Universitätsbibliothek Freiburg im Breisgau
Universitätsbibliothek der Humboldt-Universität zu Berlin
Universitäts- und Landesbibliothek Bonn

Abkürzungen

AaTh (Aarne/Thompson) = The Types of Folk-Tale

ATU (Aarne/Thomson/Uther) = The Types of International Folktales

BUA = Bonum universale de apibus

FFC = Folklore Fellows' Communications

EM = Enzyklopädie des Märchens. Handwörterbuch zur historischen und vergleichenden Erzählforschung

GHM = geographisch-historische Methode

KHM = Brüder Grimm: Kinder- und Hausmärchen

Motif-Index = Stith Thompson: Motif-Index of Folk-Literature

Quellen- und Literaturverzeichnis

Aarne, Antti. 1914. *Leitfaden der Vergleichenden Märchenforschung* (FFC, 13). Hamina: Suomalaisen Tiedeakatemian Kustantama.

Alsheimer, Rainer. 1971. *Das Magnum Speculum Exemplorum als Ausgangspunkt populärer Erzähltraditionen. Studien zu seiner Wirkungsgeschichte in Polen und Rußland* (Europäische Hochschulschriften, XIX, 3). Frankfurt: Peter Lang.

Alsheimer, Rainer. 1996. ‚Kompilationsliteratur'. In: *Enzyklopädie des Märchens* 8: 111–114.

Alsheimer, Rainer. 2007. ‚Speculum exemplorum'. In: *Enzyklopädie des Märchens* 12: 961–968.

Anonym. 1618. *Magnum Speculum Exemplorum, ex plusquam octoginta auctoribus, pietate, doctrina et antiquitate venerandis, varijsque historiis, tractatibus & libellis excerptum, ab Anoninmo quodam, qui circiter annum Domini 1480. vixisse deprehenditur.* Colonia [Köln]: Conradus Butgenius (im Besitz der Erzbischöflichen Diözesan- und Dombibliothek Köln).

Anonym. 1705. Von einem armen Weib und und einem kleinen Kind. Zeitungslied. Quelle: Anonym, *Zwey neue Lieder / Das Erste: Ein erschröckliches Exempel unnd Mirackel von einem Lutherischen Prædicanten von Breßlau. Das Anderte: Von einem armen Weib und und einem kleinen Kind,* Crembs [Krems]: Christian Walter, 1705. Exemplar im Besitz der Österreichischen Nationalbibliothek, Wien.

Anonym. 1914. *Märchen aus Bayern.* Wissenschaftliche Beilage zum Jahresbericht des Vereins für bayerische Volkskunde und Mundartforschung in Würzburg (e. V.) auf das Jahr 1914. Würzburg: Selbstverlag des Vereins für bayerische Volkskunde und Mundartforschung in Würzburg.

Ariès, Philippe. 1975. *Geschichte der Kindheit.* München/Wien: Carl Hanser. Frz. Orig. (1960) L'Enfant et la Vie familiale sous l'Ancien Régime.

Arnim, Bettine von. 1984. *Goethes Briefwechsel mit einem Kinde.* Hrsg. v. Waldemar Oehlke. Frankfurt: Insel.

Arnim, Bettine von. 2004. *Briefe.* Hrsg. v. Heinz Härtel, Ulrike Landfester und Sibylle von Steinsdorff (Werke und Briefe in vier Bänden, 4). Frankfurt: Deutscher Klassiker Verlag.

Auerbach, Erich. [9]1994 ([1]1946). *Mimesis. Dargestellte Wirklichkeit in der abendländischen Literatur.* Tübingen/Basel: Francke.

Baeyens, Kamiel & Stefaan Top. 1989. ‚Volksverhalen uit Merchtem-Peizegem, 9'. *De Brabantse Folklore en Geschiedenis* 262: 159–169.

Balys, Jonas. 1936. *Lietuviu pasakojamosios tautosakos motyvu katalogas – Motif-Index of Lithuanian Narrative Folk-Lore* (Folk-Lore Studies, II). Kaunas: Lietuviu Tautosakos Archyvo Leidinys.

Bauer, Angeline. 2002. *Von Trennung, Tod und Trauer. Märchen zum Gelingen des Lebens.* Gütersloh: Gütersloher Verlagshaus.

Bauer, Gerhard (Hrsg.). 1989. Johann Geiler von Kaysersberg. *Sämtliche Werke, Bd I.* Berlin: de Gruyter, pp. 201–235.

Baughman, Ernest W. 1953. *A Comparative Study of the Folktales of England and North America.* Ph. D. Thesis, Indiana University.

Bausinger, Hermann. 1960. »Historisierende« Tendenzen im deutschen Märchen seit der Romantik. Requisitverschiebung und Requisiterstarrung, *Wirkendes Wort* 10: 279–286.

Bausinger, Hermann. ^{2}1980. *Formen der ‚Volkspoesie'* (Grundlagen der Germanistik, 6). Berlin: Erich Schmidt.

Bausinger, Hermann. 1989. ‚Ungleichzeitigkeiten. Von der Volkskunde zur empirischen Kulturwissenschaft'. In: *Kultursoziologie – Symptom des Zeitgeistes?* Hrsg. v. Helmuth Berking und Richard Faber. Würzburg: Königshausen & Neumann, pp. 267–285.

Bausinger, Hermann. 2004. ‚Requisit'. In: *Enzyklopädie des Märchens* 11: 586–595.

Bautz, Friedrich Wilhelm. 1990. ‚Gerson, Johannes'. In: Friedrich Wilhelm Bautz (Hrsg.). *Biographisch-Bibliographisches Kirchenlexikon*, 2. Herzberg: F. W. Bautz, pp. 229–230.

Bechstein, Ludwig. 1845. Das Thränenkrüglein. Faksimileabdruck nach Ludwig Bechstein. *Deutsches Märchenbuch*, Leipzig: Wigand. Exemplar im Besitz des Baumbach-Hauses, Meiningen.

Bechstein, Ludwig. 1840. Brief von Ludwig Bechstein an Ludwig Storch. Meiningen, 14.05.1840. Ausschnitt. Goethe- und Schiller-Archiv, Weimar, Signatur GSA 4/71.3.

Bechstein, Ludwig. Das Arbeitszimmer Ludwig Bechsteins d. Ä. ca. 1850. Bleistiftzeichnung, 16,3 mal 22 cm, von Ludwig Bechstein d. J., Meininger Museen, Inv. Nr. V 11091.

Bechstein, Ludwig. 1841. Der wilde Birnbaum. *Thuringia. Zeitschrift zur Kunde des Vaterlandes* 6.1841: unpag.

Bechstein, Ludwig. 1845. *Deutsches Märchenbuch*. Leipzig: Georg Wigand. – Nachdruckausgabe → Bechstein 1996.

Bechstein, Ludwig. 1853. *Ludwig Bechsteins Märchenbuch*. 1., illustrierte Ausgabe. Leipzig: Georg Wigand. – Nachdruckausgabe → Bechstein 1965.

Bechstein, Ludwig. 1965. *Sämtliche Märchen*. Hrsg. v. Walter Scherf. München: Winkler.

Bechstein, Ludwig. 1996. *Deutsches Märchenbuch*. Hrsg. v. Hans-Heino Ewers. Stuttgart: Reclam.

Bechstein, Ludwig. 1997. *Deutsches Märchenbuch*. Hrsg. v. Hans-Jörg Uther (Die Märchen der Weltliteratur). München: Diederichs.

Beck, Friedrich. 1844. *Gedichte*. München: Literarisch-artistische Anstalt.

Beck, Friedrich. 1856. ‚Das Thränenkrüglein'. München. Handschrift. 2 pp. Goethe- und Schiller-Archiv, Klassik Stiftung Weimar, Nr. GSA 96/4372.

Beck, Friedrich. 1861. *Still-Leben. Lyrische Dichtungen in neuer Auswahl*. München: Fleischmann.

Becker, K. 1996. ‚La Sale, Antoine de'. In: *Enzyklopädie des Märchens* 8: 783–785.

Bellmann, Werner. 1979. ‚Bechstein, Ludwig'. In: *Enzyklopädie des Märchens* 2: 15–19.

Berlioz, Jacques & Marie Anne Pole de Beaulieu (Hrsg.). 1992. *Les Exempla médiévaux. Introduction à la recherche, suivie des tables critiques de l'Index Exemplorum' de Frederic C. Tubach*. Carcassonne: Garae/Hesiode.

Beß, B. 1899. ‚Gerson'. In: D. A. Hauck (Hrsg.), *Realencyklopädie für protestantische Theologie und Kirche*, 7. Leipzig: Hinrichs, pp. 612–617.

Beulcke, Jochem Hinrich. 1760 bis 1764. Wundergeschicht, So sich In Holstein 1687: den 2 Junÿ begeben. Zeitungslied. Abschrift aus dem handschriftlichen Liederbuch des Jochem Hinrich Beulcke aus Voigtshagen, Pommern, datiert 1760 bis 1764. Maschinenschriftliche Abschrift des Deutschen Volksliedarchivs Freiburg i. Br. von 1954, Signatur A 191879.

Bolte, Johannes & Georg Polívka. 1913–32. *Anmerkungen zu den Kinder- und Hausmärchen der Brüder Grimm*, 1–5. Leipzig: Theodor Weicher (Nachdruck Hildesheim: Olms, 1992).

Bolte, Johannes & Georg Polívka. 1915. *Anmerkungen zu den Kinder- und Hausmärchen der Brüder Grimm*, 2. Leipzig: Theodor Weicher (Nachdruck Hildesheim: Olms, 1992).

Börner, Wilhelm. 1838. *Volkssagen aus dem Orlagau.* Altenburg: Julius Helbig.

Braid, Donald. 2002. ‚Performanz'. In: *Enzyklopädie des Märchens* 10: 730–743.

Braudel, Fernand. 1958. Histoire et sciences sociales: La longue durée. In: Annales 13, pp. 725–753.

Brednich, Rolf Wilhelm. 1974–75. *Die Liedpublizistik im Flugblatt des 15. bis 17. Jahrhunderts, I: Abhandlung; II: Katalog der Liedflugblätter des 15. und 16. Jahrhunderts* (Bibliotheca Bibliographica Aureliana, LV; LX). Baden-Baden: Valentin Koerner.

Bremond, Claude. 1993. ‚Jacques de Vitry'. In: *Enzyklopädie des Märchens* 7: 387–394.

Brentano, Dominikus von (Übs.). 1815. *Die heilige Schrift des alten Testaments. Dritten Theils Erster Band, welcher die Psalmen enthält.* Frankfurt: Franz Varrentrapp.

Brückner, Wolfgang (Hrsg.). 1974. *Volkserzählung und Reformation. Ein Handbuch zur Tradierung und Funktion von Erzählstoffen und Erzählliteratur im Protestantismus.* Berlin: Erich Schmidt.

Brückner, Wolfgang. 1984. ‚Exempelsammlungen'. In: *Enzyklopädie des Märchens* 4: 591–626.

Brückner, Wolfgang. 1993. ‚Jesuitische Erzählliteratur'. In: *Enzyklopädie des Märchens* 7: 562–570.

Brückner, Wolfgang. 2002. ‚Predigt. 1. Allgemeines'. In: *Enzyklopädie des Märchens* 10: 1243–1245.

Brückner, Wolfgang. 2006. ‚Sitz im Leben'. In: *Enzyklopädie des Märchens* 12, (2): 760–761.

Buber, Martin. 1958. *Das Buch der Preisungen (Psalmi).* Köln: Hegner.

Burger, Christoph. 2002. ‚Jean Gerson – Theologie, die erbauen soll'. In: Ulrich Köpf (Hrsg.), *Theologen des Mittelalters. Eine Einführung.* Darmstadt: Wissenschaftliche Buchgesellschaft, pp. 212–227.

Cantimpré, Thomas von [Thomas Cantimpratensis]. o. J. [ca. 1473]. *Bonum universale de proprietatibus apum* [Synonym: Bonum universale de apibus]. Köln: vermutlich Goiswin Gops und Johann Schilling [im Besitz der Universitäts- und Landesbibliothek Bonn, Inkunabel 1151, Ibc. 1152 (ca. 1478–1480). Signatur Cop. 1218].

Cantimpré, Thomas von. o. J. [1451]. Exempeltext in Ch. M. Stutvoet-Joanknecht, *Der Byen Boeck*. Amsterdam 1990.

Cantimpré, Thomas von. 1627. Exempeltext in Georg Colvenerius, *Thomae Canti-pratani Miraculorum et exemplorum memorabilium sui temporis libri duo.* Opera et studio Georgii Colvenerii. 3. Aufl. Duaci [Douai]: Bellerus ([1]1605).

Cantimpré, Thomas von. 1727. »De S. Christina Mirabili Virgine Vita«. In: *Acta Sanctorum Julii, 24. Juli*, 5. Antwerpen, pp. 650–660.

Cantimpré, Thomas von. Der Byen Boek. Exempel Nr. 243, bich II, Seite 76. MS.2.100, folio 236 recto/verso: Photo et collection de la Bibliothèque Nationale et Universitaire de Strasbourg.

Cod. Add. Syriac Manuscripts. An account of a woman of Jerusalem. Handschrift: N. N. (syrisch). Cod. Add. 14, 535 fol. 45b–47a, British Library, Asian and African Collections, London. Übersetzung aus dem Syrischen in die deutsche Sprache von Peter Nagel, Manuskript, Bonn 2003.

Codex syriaque. o. D. Erzählung über eine Witwe und ihre fünf Söhne. Handschrift: N. N. (syrisch). 9. Jahrhundert. Codex syriaque 234, fol. 291a–293a, 3 ff. Bibliothèque nationale de France, Paris. Manuscrits occidentaux. Département des Manuscrits, Fond Syriaque, Cote 234. Übersetzung aus dem Syrischen in die deutsche Sprache von Peter Nagel, Manuskript, Bonn 2004.

Connolly, James Louis. 1928. *John Gerson, Reformer and Mystic.* Louvain: Librairie universitaire.

Crane, T. F. 1890. *The Exempla or Illustrative Stories from the Sermones Vulgares of Jacques de Vitry* (Publications of the Folklore Society, 26). London: Nutt.

Daxelmüller, Christoph. 1984. ‚Exemplum'. In: *Enzyklopädie des Märchens* 4: 627–649.

Delarue, Paul & Marie-Louise Tenèze. 1997. *Le Conte populaire française. Catalogue raisonnée des versions de France et des pays de langue française d'outre-mer* (Ed. en un seul vol., reprenant les 4 tomes publ. entre 1976 et 1985). Paris: Maisonneuve & Larose.

Dinzelbacher, Peter. 1981. *Vision und Visionsliteratur im Mittelalter* (Monographien zur Geschichte des Mittelalters, 23). Stuttgart: Anton Hiersemann.

Durstmüller, Anton, d. J. 1982. *500 Jahre Druck in Österreich. Die Entwicklungsgeschichte der graphischen Gewerbe von den Anfängen bis zur Gegenwart.* Wien: Hauptverband der graphischen Unternehmungen Österreichs.

Ehlich, Konrad. 2000. ‚Der ‚Sitz im Leben' – eine Ortsbesichtigung'. In: Martin Huber/Gerhard Lauer (Hrsg.), *Nach der Sozialgeschichte. Konzepte für eine Literaturwissenschaft zwischen Historischer Anthropologie, Kulturgeschichte und Medientheorie.* Tübingen: Max Niemeyer, pp. 535–549.

Eisenmann, Susanne. 1996. *Sed Corde Dicemus. Das volkstümliche Element in den deutschen Predigten des Geiler von Kaysersberg* (Europäische Hochschulschriften, I, 1565). Frankfurt: Peter Lang.

El-Shamy, Hasan. 1995. *Folk Traditions of the Arab World. A Guide to Motif Classification*, I–II. Bloomington: Indiana University Press.

El-Shamy, Hasan. 2004. *A Tale-Type Index of the Arabic-Speaking World.* Bloomington: Indiana University Press.

Eppelsheim, Philip. 2007. ‚An einem Tag im November', *Frankfurter Allgemeine Zeitung* Nr. 241 vom 17. Oktober 2007, p. 44.

Enzyklopädie des Märchens. 1977–2011 f. Hrsg. v. Kurt Ranke [Bd. 1–4]/Rolf Wilhelm Brednich [Bd. 5–13 f.]. Berlin/New York: Walter de Gruyter.

Erk, Ludwig (Hrsg.). 1856. *Deutscher Liederhort. Auswahl der vorzüglichen deutschen Volkslieder der Vorzeit und Gegenwart mit ihren eigenthümlichen Melodien.* Berlin: Th. Chr. Fr. Enslin.

Febvre, Lucien. [1941] 1977. Sensibilität und Geschichte. Zugang zum Gefühlsleben früherer Epochen. In: Claudia Honegger (Hrsg.), Schrift und Materie der Geschichte, pp. 313–334. Frankfurt/M: Suhrkamp. Originaltitel: La sensibilité et l'histoire. Comment restituer la vie affective d'autrefois? In: Annales d'histoire sociale 3 (1941), pp. 5–20.

Fischer, Michael. 2005. ‚Schönster Herr Jesu' [Liedkommentar]. Arbeitsstelle »Freiburger Anthologie – Lyrik und Lied. Digitale Dokumentation von lyrischen Kurztexten«, Deutsches Seminar I, Universität Freiburg i. Br./Deutsches Volksliedarchiv, Freiburg i. Br., Typoskript, 12 pp. Online im Internet: www.lyrik-und-lied.de/media/GBA/typ/479/Liedkommentar.pdf (Zugriff 14. Januar 2008).

Fränkel, Ludwig. 1898. ‚Wolf: Johann(es) Wilhelm'. In: *Allgemeine Deutsche Biographie*, 43. Hrsg. Bayerische Akademie der Wissenschaften. Leipzig: Duncker & Humblot, pp. 765–777.

Frenken, Goswin. 1914. *Die Exempla des Jakob von Vitry.* München: Beck.

Fuchs, Gisela. 2003. Syriac Manuscripts, Cod. Add. 14, 535, fol. 45b–47a: Mitarbeit an Übersetzung von Peter Nagel. Manuskript, Universität Bonn.

Funk, Philipp. 1909. *Jakob von Vitry. Leben und Werke.* Leipzig: Teubner.

Geiler von Kaysersberg, Johannes. 1510. ‚Trostspiegel'. In: *Granatapfel (Malogranatus),* Augsburg: Otmar [Hansen] (Exemplar im Besitz der Universitäts- und Landesbibliothek Bonn).

Geiler von Kaysersberg, Johannes. 1989. ‚Doctor Keyserspergs Trostspiegel / so dir Vatter / Mutter / Kynd / oder Freünd gestorben synt'. In: Ders., *Sämtliche Werke,* 1: *Die deutschen Schriften.* Hrsg. v. Gerhard Bauer (Ausgaben deutscher Literatur des XV. bis XVIII. Jahrhunderts). Berlin/New York: de Gruyter, pp. 203–235.

Genette, Gérard. 1989. *Paratexte. Das Buch vom Beiwerk des Buches.* Frankfurt/New York: Campus.

Gerson, Jean. 1407. Consideration. Cy commence un sermon des mors fait a Paris a Saint Severin lan de grace 1407 [...]. Manuskript: fr. 25552, f. 5v–15v, Bibliothèque nationale de France, Paris.

Gerson. 1425. Gerson preaches to the people. Abbildung, ca. 1425. Ms. 230., fol. 39. Bibliothèque de Valenciennes.

Gerson. 1480. Jean Gerson, Sermons sur la Passion. Abbildung, ca. 1480. Ms. 230, fol. 57. Bibliothèque de Valenciennes.

Gerson, Jean. 1960. *Œuvres complètes, 1: Introduction Générale.* Introduction, texte et notes par Mgr. Palémon Glorieux. Paris/Tournai/Rom/New York: Desclée.

Gerson, Jean. 1966. ‚Consideration sur la mort des amis' (ca. 1403). In: Ders., *Œuvres complètes,* 7: *L'œuvre française.* Introduction, texte et notes par Mgr. Palémon Glorieux. Paris/Tournai/Rom/New York: Desclée, pp. 316–326.

Glorieux, Mgr. Palémon. 1960 ‚Essai biographique'. In: Jean Gerson, *Œuvres complètes,* 1: *Introduction Générale.* Paris/Tournai/Rom/New York: Desclée, pp. 105–139.

Godding, Robert (Hrsg.). 1981. »Une Œuvre inédite de Thomas Cantimpré. La ‚Vita Ioannis Cantipratensis'«, *Revue d'Histoire Ecclésiastique* 1981: 241–316.

Goetze, Alfred. 71971. *Frühneuhochdeutsches Glossar.* Berlin/New York: Walter de Gruyter.

Graf, Georg. 1944. *Geschichte der christlichen arabischen Literatur,* I: *Die Übersetzungen* (Studi e Testi, 118). Città del Vaticano: Biblioteca Apostolica Vaticana.

Graff, Paul. 1937. *Geschichte der Auflösung der alten gottesdienstlichen Form in der evangelischen Kirche Deutschlands,* 1: *Bis zum Eintritt der Aufklärung und des Rationalismus.* 2., verm. u. verb. Auflage. Göttingen: Vandenhoeck & Ruprecht (unveränd. Nachdruck Waltrop: Hartmut Spenner, 1994).

Griese, Sabine & Volker Honemann. 2002. ‚Zauber – Segen – Katechese. Position und Leistung der xylographischen Einblattdrucke in der Medienwelt des 15. Jahrhunderts'. In: Christel Meier, Volker Honemann, Hagen Keller & Rudolf Suntrup (Hrsg.), *Pragmatische Dimensionen mittelalterlicher Schriftkultur* (Münstersche Mittelalter-Schriften, 79). München: Wilhelm Fink, pp. 233–249.

Grimm. 1815. Das Todtenhemdchen. Faksimileabdruck: KHM 23. ‚Das Todtenhemdchen' nach Brüder Grimm, *Kinder- und Hausmärchen*, II. Vergrößerter Nachdruck der zweibändigen Erstausgabe von 1812 und 1815 nach dem Handexemplar des Brüder-Grimm-Museums Kassel mit sämtlichen handschriftlichen Korrekturen und Nachträgen der Brüder Grimm. Hrsg. v. Heinz Rölleke. Göttingen: Vandenhoeck & Ruprecht, 1986, pp. 132–133.

Grimm, Brüder. 1975 (1810). *Die älteste Märchensammlung der Brüder Grimm.* Synopse der handschriftlichen Urfassung von 1810 und der Erstdrucke von 1812. Hrsg. u. erläutert v. Heinz Rölleke (Bibliotheca Bodmeriana, Texte I). Cologny-Genève: Fondation Martin Bodmer.

Grimm, Brüder. 1983 (1856/57). *Kinder- und Hausmärchen*, 1–3. Ausgabe letzter Hand mit den Originalanmerkungen der Brüder Grimm. Hrsg. v. Heinz Rölleke (Universal-Bibliothek Nr. 3193). Stuttgart: Philipp Reclam Jun.

Grimm, Brüder. 1985 ([3]1837). *Kinder- und Hausmärchen.* Vollständige Ausgabe auf der Grundlage der dritten Auflage (1837). Hrsg. v. Heinz Rölleke (Bibliothek deutscher Klassiker, Bd. 5). Frankfurt: Deutscher Klassiker Verlag.

Grimm, Brüder. 1986 ([1]1815). *Kinder- und Hausmärchen*, 2. Vergrößerter Nachdruck der zweibändigen Erstausgabe von 1812 und 1815 nach dem Handexemplar des Brüder-Grimm-Museums Kassel [...]. Hrsg. v. Heinz Rölleke. Göttingen: Vandenhoeck & Ruprecht.

Grimm, Brüder. [4]1989 ([2]1819). *Kinder- und Hausmärchen*, 1. Nach der zweiten vermehrten und verbesserten Auflage von 1819, textkritisch revidiert und mit einer Biographie der Grimmschen Märchen versehen. Hrsg. v. Heinz Rölleke (Die Märchen der Weltliteratur). München: Eugen Diederichs.

Grimm, Brüder. 1996. (1857). *Kinder- und Hausmärchen*, 1–4. Nach der Großen Ausgabe von 1857, textkritisch revidiert, kommentiert und durch Register erschlossen. Hrsg. v. Hans-Jörg Uther (Die Märchen der Weltliteratur). München: Eugen Diederichs.

Grimm, Jacob. 1835. *Deutsche Mythologie.* Göttingen: Dieterich.

Grimm, Jacob. 1968. *Circular wegen Aufsammlung der Volkspoesie.* Facsimile Wien 1815. Mit einem Nachwort von Kurt Ranke, hrsg. von Ludwig Denecke. Kassel: Brüder-Grimm-Museum.

Grözinger, A. 1994. ‚Consolatio'. In: Gert Ueding (Hrsg.), *Historisches Wörterbuch der Rhetorik,* 2. Tübingen: Max Niemeyer, pp. 367–373.

Grünwaldt, Klaus. 2004. ‚Hermann Gunkel und der ‚Sitz im Leben''. In: Rüdiger Zymner & Manfred Engel (Hrsg.), *Anthropologie der Literatur. Poetogene Strukturen und ästhetisch-soziale Handlungsfelder.* Paderborn: Mentis, pp. 324–337.

Guardini, Romano (Übs.). 1950. *Deutscher Psalter.* Nach der lateinischen Ausgabe Papst Pius XII. München: Kösel.

Gunkel, Hermann. 1909. ‚Bibelwissenschaft: I. Altes Testament. C. Literaturgeschichte Israels'. In: Friedrich Michael Schiele (Hrsg.), *Die Religion in Geschichte und Gegenwart. Handwörterbuch in gemeinverständlicher Darstellung,* 1. Tübingen: J. C. B. Mohr., Sp. 1189–1194.

Gunkel, Hermann. 1926. *Die Psalmen* (Göttinger Handkommentar zum Alten Testament, II. Abt., 2. Bd). Göttingen: Vandenhoeck & Ruprecht.

Gurevič, Aron J. 1997. *Himmlisches und irdisches Leben. Bildwelten der schriftlosen Menschen im 13. Jahrhundert. Die Exempel.* Amsterdam: Verlag der Kunst.

Hagius, Cunradus (Übs.). 1606. *Psalmen Davids: Wie die hiebeuor unter allerley Melodeyen in Teutsche Gesangreimen, durch den Herrn Casparum Ulenbergium bracht.* Ursel: Cornelius Sutorius (im Besitz der Erzbischöflichen Diözesan- und Dombibliothek Köln).

Heiske, Wilhelm (Hrsg.). 1967. *Deutsche Volkslieder. Balladen,* 5. Freiburg i. Br.: Verlag des Deutschen Volksliedarchivs.

Hermant, Paul. 1937. Le Folklore dans l'œuvre de Thomas de Cantimpré, *Le Folklore brabançon* 16: 329–393.

Holbek, Bengt. 1984a. ‚Epische Gesetze'. In: *Enzyklopädie des Märchens* 4: 58–69.

Holbek, Bengt. 1984b. ‚Formelhaftigkeit, Formeltheorie'. In: *Enzyklopädie des Märchens* 4: 1416–140.

Holland, Hyancinth. 1902. ‚Beck: Friedrich'. In: *Allgemeine Deutsche Biographie,* 46. Hrsg. Bayerische Akademie der Wissenschaften. Leipzig: Duncker & Humblot, pp. 296–297.

Honemann, Volker. 1987. ‚Der Tod bei Geiler von Kaysersberg'. In: J. Hogg (Hrsg.), *Zeit, Tod und Ewigkeit in der Renaissanceliteratur* (Analecta Cartusiana, 117). Salzburg: Institut für Anglistik und Amerikanistik, pp. 90–107.

Honemann, Volker. 1996. ‚Frühe Flugblätter. Zum deutschen Einblattdruck des 15. und frühen 16. Jahrhunderts', *Pirckheimer-Jahrbuch* 11: 15–41.

Huch, Ricarda. 1917. *Ausbreitung und Verfall der Romantik.* Leipzig: H. Haessel.

Huizinga, Johan. [10]1969. *Herbst des Mittelalters. Studien über Lebens- und Geistformen des 14. und 15. Jahrhunderts in Frankreich und in den Niederlanden.* Stuttgart: Kröner. Originaltitel: [2]1921. Herfsttij der Middeleeuwen. Studies over levens- en gedachtenvormen der veertiende en vijftiende eeuw in Frankrijk en de Nederlanden. Haarlem.

Jason, Heda. 1965. ‚Types of the Jewish-Oriental Oral Tales', *Fabula* 7: 115–124.

Jason, Heda. 1975. *Types of Oral Tales in Israel*, II (IES Studies, 2). Jerusalem: Israel Ethnographic Society.

Kagan, Ziporah. 1964. *A Tale for Each Month 1963. Twelve Selected and Annotated IFA Folktales* (Israel Folktales Archives Publication Series, 6). Haifa: Haifa Municipality Ethnological Museum and Folklore Archives.

Kaufmann, Alexander. 1899. *Thomas von Chantimpré.* Köln: Bachem.

Johann Geiler von Kaysersberg. 1510. Trostspiegel. *Das Buch Granatapfel (Malogranatus).* Augsburg. Gb 4° 1274/5 – Rara. Universitäts- und Landesbibliothek Bonn.

Doctor keyserspergs Trostspiegel (…). Titelblatt. 1503. Abbildung: ein Hauptspiegel »Gotlicher wil« und acht kleinere Spiegel. Druck O 5535, ba. Universitätsbibliothek Freiburg im Breisgau.

Klatt, Werner. 1969. *Hermann Gunkel. Zu seiner Theologie der Religionsgeschichte und zur Entstehung der formgeschichtlichen Methode.* Göttingen: Vandenhoeck & Ruprecht.

Krainz, Johann. 1880. *Mythen und Sagen aus dem steirischen Hochlande.* Bruck a. d. Mür: Carl Zölp (Nachdruck Hildesheim/New York: Georg Olms, 1979).

Kraml, Roman. 2008. *Die Vita der Christina Mirabilis. Historische Hintergründe und Deutungen.* Magisterarbeit, Universität Wien. Online im Internet: http://othes.univie.ac.at/757/1/06-19-2008_9601164.pdf (Zugriff 24. Juni 2009).

Kraume, Herbert. 1980a. *Die Gerson-Übersetzungen Geilers von Kaysersberg.* Zürich: Artemis.

Kraume, Herbert. 1980b. ‚Geiler, Johannes von Kaysersberg'. In: K. Ruh (Hrsg.), *Die deutsche Literatur des Mittelalters. Verfasserlexikon*, 2. Berlin/New York: Walter de Gruyter, Sp. 1141–1152.

Krohn, Kaarle. 1926a. *Die folkloristische Arbeitsmethode.* Oslo: H. Aschehoug; Leipzig: Otto Harrassowitz [etc.].

Krohn, Kaarle. 1926b. *Antti Aarne.* (FFC 64). Helsinki: Suomalainen Tiedeakatemia.

Kroker, Ernst. 1896. ‚Leipzig in Liedern und Gedichten des dreißigjährigen Krieges', *Schriften des Vereins für die Geschichte Leipzigs* 5: 31–99.

Krummacher, Hans-Henrik. 1974. ‚Das barocke Epicedium', *Jahrbuch der Deutschen Schillergesellschaft* 18: 89–125.

Kühnau, Richard. 1910. *Schlesische Sagen*, 1: *Spuk- und Gespenstersagen.* Leipzig: B. G. Teubner.

Laicus, Johannes (Pseud. J. W. Wolf). 1853. *Aus der Kindheit. Erinnerungen von Johannes Laicus* (Katholische Trösteinsamkeit, 1). Mainz: Kirchheim (Nachdruck Saarlouis: Hausen [1928]).

La Sale, Antoine de. 1979 [1457]. *Le Reconfort de Madame de Fresne.* Edité d'après les mss. 10748 et II 7927 de la Bibliothèque Royale de Bruxelles par Ian Hill. University of Exeter.

Le Goff, Jacques. 1984. *Die Geburt des Fegefeuers.* Stuttgart: Klett-Cotta (frz. Orig. *La naissance du purgatoire*, Paris 1981).

Lévi-Strauss, Claude. 1962. *La Pensée sauvage.* Paris: Plon (dt. Übs.: *Das wilde Denken*, Frankfurt: Suhrkamp, 1973).

Liber Psalmorum. o. D. *Nova Vulgata. Bibliorum Sacrorum Editio.* Editio Typica Altera. Online-Fassung auf der Homepage des Vatikans: http://www.vatican.va/archive/bible/nova_vulgata/documents/nova-vulgata_index_lt.html.

List, Stephan. 1922. ‚Die Münchener Romantik und die Gesellschaft von den drei Schilden', *Oberbayerisches Archiv für vaterländische Geschichte* 63: 1–142.

Lobwasser, D. Ambr. 1679. *Die Psalmen Davids. Frantzösischer Melodey nach.* Genff [Genf]: Widerholdt. Digitalfassung, Herzog-August-Bibliothek Wolfenbüttel, online im Internet: http://diglib.hab.de/wdb.php?imgtyp=1&dir=drucke%2Fxb-1304-2&pointer=41.

Lorck, Carl B. 1879. *Die Druckkunst und der Buchhandel in Leipzig durch vier Jahrhunderte.* Leipzig: J. J. Weber.

Luther, Martin. 1534. *Biblia, das ist die gantze Heilige Schrifft deudsch.* Wittemberg. Vollständiger Nachdruck Köln: Benedikt Taschen, o. J.

Lüthi, Max. ²1990. *Das Volksmärchen als Dichtung. Ästhetik und Anthropologie.* Göttingen: Vandenhoeck & Ruprecht.

Maennersdoerfer, Maria Christa. 1965. *Schicksal und Wille in den Märchen der Brüder Grimm.* Dissertation, Universität Bonn.

Maennersdoerfer, Maria Christa. 2006. ‚Das Exempel der obsessiven Trauer in seinen frühesten Textzeugnissen und Lebenszusammenhängen', *Jahrbuch für Europäische Ethnologie* (3. Folge des *Jahrbuchs für Volkskunde*) 1: 59–80.

Maennersdoerfer, Maria Christa. 2007. ‚Das Exempel der obsessiven Trauer und seine Transformationen', *Jahrbuch für Europäische Ethnologie* (3. Folge des *Jahrbuchs für Volkskunde*) 2: 63–82.

Maennersdoerfer, Maria Christa. 2008. ‚Das Exempel der obsessiven Trauer im Internet', *Jahrbuch für Europäische Ethnologie* (3. Folge des *Jahrbuchs für Volkskunde*) 3: 203–220.

Maennersdoerfer, Maria Christa. 2009. ‚Tränenkrüglein'. In: *Enzyklopädie des Märchens* 13, 2: 861–864.

Manger, Klaus. 1983. *Literarisches Leben in Straßburg während der Prädikatur Geilers von Kaysersberg (1478–1510).* Heidelberg: Winter.

Marti, Kurt. 1992. *Die Psalmen 42–72: Annäherungen.* Stuttgart: Radius.

McGuire, Brian Patrick. 2005. *Jean Gerson and the Last Medieval Reformation.* University Park, PA: Pennsylvania State University Press.

McGuire, Brian Patrick (Hrsg.). 2006. *A Companion to Jean Gerson.* Leiden (etc.): E. J. Brill.

Meuli, Karl. 1975. ‚Vom Tränenkrüglein, von Predigerbrüdern und vom Trösten' (1943). In: Ders., *Gesammelte Schriften*, 1. Hrsg. v. Thomas Glenzer. Basel/Stuttgart: Schwabe, pp. 387–435.

Misrahi, Jean. 1970. ‚The Sources of ‚Le Réconfort de Madame de Fresne''. In: *Mélanges de langue et de littérature du moyen âge et de la renaissance offerts à Jean Frappier par ses collègues, ses élèves et ses amis*, 2. Genf: Droz, pp. 823–829.

Mölk, Ulrich. 1996. ‚Motiv, Stoff, Thema'. In: Ulrich Ricklefs (Hrsg.), *Fischer Lexikon Literatur*, 2. Frankfurt: Fischer Taschenbuch, pp. 1320–1337.

Moos, Peter von. 1971–72. *Consolatio. Studien zur mittellateinischen Trostliteratur über den Tod und zum Problem der christlichen Trauer*, 1–4 (Münstersche Mittelalter-Schriften). München: Wilhelm Fink.

Moser, Dietz-Rüdiger. 1981. *Verkündigung durch Volksgesang. Studien zur Liedpropaganda und -katechese der Gegenreformation.* Berlin: Erich Schmidt.

Moser-Rath, Elfriede. 1959. ‚Erzähler auf der Kanzel. Zu Form und Funktion des barocken Predigtmärleins', *Fabula 2*: 1–26.

Moser-Rath, Elfriede. 1964. *Predigtmärlein der Barockzeit.* Berlin: Walter de Gruyter.

Mourin, Louis. 1952. *Jean Gerson, Prédicateur Francais.* Bruges: De Tempel.

Müllenhoff, Karl. 1845. *Sagen, Märchen und Lieder der Herzogthümer Schleswig Holstein und Lauenburg.* 4. Aufl., Kiel: Schwers.

Müller, Roswitha. 1969. ‚Christian Walter, der Erstdrucker von Krems (1677–1707)', *Das Waldviertel. Wachauer und Waldviertler Zeitschrift für Heimatkunde und Heimatpflege* NF 18, (1/3): 1–9.

Müller, I./Röhrich, L. 1967. ‚Der Tod und die Toten', *Deutsches Jahrbuch für Volkskunde* 13: 346–397.

Nagel, Peter. 2003. Syriac Manuscripts, Cod. Add. 14, 535, fol. 45b–47a: An account of a woman of Jerusalem. Übersetzung aus dem Syrischen in die deutsche Sprache unter Mitarbeit von Gisela Fuchs und Peter Schneemelcher. Manuskript, Universität Bonn.

Nagel, Peter. 2004. Codex syriaque 234: fol. 291a–293a. Erzählung über eine Witwe und ihre fünf Söhne. Übersetzung aus dem Syrischen in die deutsche Sprache. Manuskript, Universität Bonn.

Nagel, Peter. 2006. Brief an Maria Christa Maennersdoerfer, Bonn, 27. Januar 2006.

Nève, Joseph. 1903. *Antoine de La Salle. Sa vie et ses ouvrages d'après documents inédits.* Paris: H. Champion; Bruxelles: Falk (Nachdruck Genève: Slatkine Reprints, 1975).

Olearius, Adam. 1626. *Colloquium, Oder Gespräch des verstorbenen Töchterleins mit seiner hinterlassenen Mutter.* Leipzig: Gregor Ritzsch. (Druck im Besitz der Ratsschulbibliothek Zwickau).

Opitz, Martin. 2002 ([1]1624). *Buch von der deutschen Poeterey.* Hrsg. Herbert Jaumann (Universal-Bibliothek, 18214). Stuttgart: Philipp Reclam.

Pascoe, Louis B. 1973. *Jean Gerson, Principles of Church Reform* (Studies in Medieval and Reformation Thought, 7). Leiden: E. J. Brill.

Peeters, K. C. 1963. ‚Der Einfluß der Brüder Grimm und ihrer Nachfolger auf die Volkskunde in Flandern', *Brüder-Grimm-Gedenken* 1: 405–420.

Pfeiffer, Joachim. 2004. ‚Newsgroups, Foren und Chats. Veränderte Voraussetzungen einer Deutschdidaktik im Zeitalter des Internets'. In: Berthold Metz, Joachim Pfeiffer, Michael Staiger & Adalbert Wichert, *Lesen, Schreiben und Kommunizieren im Internet. Theorie und Praxis teilvirtueller Hochschullehre.* Herbolzheim: Centaurus, pp. 93–105.

Pirenne, Henri. [1946]. Sozial- und Wirtschaftsgeschichte Europas im Mittelalter. Bern: Francke. Sammlung Dalp. Originalfassung in: Histoire Du Moyen Âge. Tome VIII: La Civilisation Au Moyen Âge Du XIe Au Milieu Du XVe Siècle.

Prüfer, Arthur. 1895. *Johann Hermann Schein*. Habilitationsschrift, Universität Leipzig (Faksimilenachdruck mit Titelseite *Johann Hermann Schein*, Kassel/Basel/London/ New York: Bärenreiter, 1989).

Rahner, Karl & Herbert Vorgrimler. 1961. *Kleines Theologisches Wörterbuch.* Freiburg i. Br.: Herder.

Ranke, Kurt. 1959. ‚Deutsche Beiträge zur internationalen Erzählforschung', *Zeitschrift für Volkskunde* 55: 280–284.

[Ranke, Kurt] Herausgeber und Redaktoren der EM. 1977. ‚Vorwort'. In: *Enzyklopädie des Märchens* 1: v–vii.

Ranke, Kurt. 1977. ‚Archetypus. 2. Philologie'. In: *Enzyklopädie des Märchens* 1: 748–750.

Rauscher, Wolfgang. 1689. Unnötiges Wainen einer Mutter über jhren verstorbnen Sohn leschte ihm das Fegfeur nit auß. Exempel. Exzerpt aus Wolfgang Rauscher, *Oel und Wein Deß Mitleidigen Samaritans Für die Wunden der Sünder*, Dominicale I, Dillingen: Bencard, 1689, pp. 332–333. Exemplar im Besitz der Hochschul- und Landesbibliothek Fulda.

Rausmaa, Pirkko-Liisa. 1969/70. ‚Antti Aarne (1867–1925)', *Arv* 25/26: 35–43.

Rausmaa, Pirkko-Liisa. 1977. ‚Aarne, Antti Amatus'. In: *Enzyklopädie des Märchens* 1: 1–2.

Ringseis, Emilie (Hrsg.). 1886–1891. *Erinnerungen des Dr. Johann Nepomuk v. Ringseis*, 1–4. Regensburg/Amberg: J. Habbel.

Ritter, Christine. 2003. *Rachels Klage im antiken Judentum und frühen Christentum. Eine auslegungsgeschichtliche Studie* (Arbeiten zur Geschichte des antiken Judentums und des Urchristentums, 52). Leiden/Boston: E. J. Brill.

Ritzsch, Gregorius. 1627. *Threnen-Krüglein*. Leipzig: Gregorius Ritzsch (Druckschrift im Besitz der Ratsschulbibliothek Zwickau). Signatur: 6.6.32.(22).

Röhrich, Lutz. 1974 ([1]1956). *Märchen und Wirklichkeit.* Wiesbaden: Franz Steiner.

Rölleke, Heinz. 1986. *Die Märchen der Brüder Grimm.* Eine Einführung. München/Zürich: Artemis.

Rölleke, Heinz. 1979. ‚Brentano'. In: Enzyklopädie des Märchens 2: 762–780.

Schambach, Georg/Wilhelm Müller. 1855. *Niedersächsische Sagen und Märchen.* Göttingen: Vandenhoeck & Ruprecht (Nachdruck Stuttgart: W. Kohlhammer, 1948).

Scheinost, Marina. 1993. *Der verborgene Schatz. Erstdruck der handschriftlichen thüringischen Sagensammlung von Georg Brückner (1800–1881).* Hildburghausen: Verlag Frankenschwelle Hans J. Salier.

Schenda, Rudolf. 1969. ‚Stand und Aufgaben der Exemplaforschung', *Fabula* 10: 69–85.

Schmidt, Leopold. 1938. ‚Niederösterreichische Flugblattlieder', *Jahrbuch für Volksliedforschung* 6: 104–137.

Schmidt-Knaebel, Susanne. 1999. *Textlinguistik der Einfachen Form.* Frankfurt (etc.): Peter Lang.

Schmidt-Knaebel, Susanne. 2000. *‚Man muß doch jemand haben, gegen den man sich ausspricht' – Ludwig Bechsteins Briefe an Dr. Ludwig Storch.* Aachen: Shaker.

Schmidt-Knaebel, Susanne/Axel Schneider. 2001. ‚Ludwig Bechstein – Leben und Werk: Zeittafel'. In: *Ludwig Bechstein. Dichter, Sammler, Forscher. Festschrift zum 200. Geburtstag,* 1. Hrsg. Hennebergisches Museum Kloster Veßra (Südthüringer Forschungen, 31.1; Jahrbuch 2001 des Hennebergisch-Fränkischen Geschichtsvereins, 16.1). Kloster Veßra/Meiningen/Münnerstadt: Hennebergisch-Fränkischer Geschichtsverein, pp. 11–19.

Schneemelcher, Peter. 2003. Syriac Manuscripts, Cod. Add. 14, 535, fol. 45b–47a: Mitarbeit an Übersetzung von Peter Nagel. Manuskript, Universität Bonn.

Schneemelcher, Wilhelm (Hrsg.). [6]1990. *Neutestamentliche Apokryphen in deutscher Übersetzung,* I: Evangelien. Tübingen: J. C. B. Mohr.

Schneemelcher, Wilhelm (Hrsg.). [6]1997. *Neutestamentliche Apokryphen in deutscher Übersetzung,* II: Apostolisches, Apokalypsen und Verwandtes. Tübingen: J. C. B. Mohr.

Schneider, Axel. 2001. ‚Ludwig Bechstein als Sammler'. In: *Ludwig Bechstein. Dichter, Sammler, Forscher. Festschrift zum 200. Geburtstag.* Hrsg. im Auftrag des Ludwig-Bechstein-Kuratoriums durch die Meininger Museen, Bd. 2 (Südthüringer Forschungen, 31.2; Jahrbuch 2001 des Hennebergisch-Fränkischen

Geschichtsvereins, 16.2). Meiningen/Kloster Veßra/Münnerstadt: Meininger Museen in der Kulturstiftung Meiningen, pp. 44–66.

Schneider, Ingo. 1996. ‚Erzählen im Internet. Aspekte kommunikativer Kultur im Zeitalter des Computers', *Fabula* 37: 8–27.

Schneider, Rolf-Rüdiger. 1980. *Bechsteins ‚Deutsches Märchenbuch'. Ein Beitrag zur Entstehungs- und Wirkungsgeschichte.* Dissertation, Universität Wuppertal.

Schürer, Markus. 2005. *Das Exemplum oder die erzählte Institution. Studien zum Beispielgebrauch bei den Dominkanern und Franziskanern des 13. Jahrhunderts* (Vita Regularis, 23). Berlin: Lit Verlag.

Schwibbe, Gudrun & Ira Spieker. 1999. ‚Virtuelle Friedhöfe', *Zeitschrift für Volkskunde* 95: 220–245.

Seidl, Theodor. 2004. ‚Tränenschlauch und Lebensbuch. Syntax und Semantik von Psalm 56,9'. In: Neutestamentliche Abhandlungen NF Bd. 47. Ebner, M. & Heininger, B. (Hrsg). Paradigmen auf dem Prüfstand. Münster: Aschendorf, pp. 155–172.

Seneca, Lucius Annaeus. 1969. ‚Ad Marciam de consolatione – Trostschrift an Marcia'. In: L. A. Seneca, *Philosophische Schriften*, I: *Dialoge I–VI.* Lateinisch und Deutsch. Hrsg. v. Manfred Rosenbach. Darmstadt: Wissenschaftliche Buchgesellschaft, pp. 313–395.

Siuts, Hinrich. 1967. ‚Das Verhältnis von Volkslied und Modelied im deutschen Volksgesang', *Jahrbuch für Volksliedforschung* 12: 1–20.

Stäbler, Carmen (Hrsg.). 2004. *Abschied vom geliebten Tier. Ein Ratgeber für den Umgang mit Trauer.* Norderstedt: Books on Demand.

Stier, Fridolin. 1989. Das Neue Testament. München: Kösel.

Stowasser, J. M., M. Petschenig & F. Skutsch. 2005. *Lateinisch – Deutsches Schulwörterbuch.* München: Oldenbourg.

Stutvoet-Joanknecht, Christine M. 1990. *Der Byen Boeck. De Middelnederlandse vertalingen van ‚Bonum universale de apibus' van Thomas van Cantimpré en hun achtergrond.* Amsterdam: VU Uitgeverij.

Theiß, Winfried. 1987. ‚Geiler von Kaysersberg, Johann'. In: *Enzyklopädie des Märchens* 5: 904–907.

Threnus à 6 voci. Manuskript, Leipzig 1617. Goethe- und Schiller-Archiv, Stiftung Weimarer Klassik und Kunstsammlungen, Nr. M 2652.

Tomkowiak, Ingrid. 1993. *Lesebuchgeschichten. Erzählstoffe in Schullesebüchern 1770–1920*. Berlin/New York: Walter de Gruyter.

Tomkowiak, Ingrid. 2004. ‚Rauscher, Wolfgang'. In: *Enzyklopädie des Märchens* 11: 367–370.

Top, Stefaan. 1995. ‚Anderhalve eeuw studie van de volkscultur in Vlaanderen', *De Brabantse Folklore en Geschiedenis* 288: 335–350.

Top, Stefaan. 2006. ‚Die Bedeutung Johann Wilhelm Wolfs (1817–1855) und seiner ‚Niederländischen Sagen' (Leipzig 1843)', *Rheinisches Jahrbuch für Volkskunde*, Beiheft 4/2006 *(Erzähler und Erzähltes)*: 11–28.

Tubach, F. C. 1969. *Index Exemplorum. A Handbook of Medieval Religious Tales* (FFC 204). Helsinki: Suomalainen Tiedeakatemia.

Uther, Hans-Jörg. 1974. ‚Bericht über die ‚Enzyklopädie des Märchens' und den gegenwärtigen Stand der Forschung', *Fabula* 15: 250–255.

Uther, Hans-Jörg. 2004. *The Types of International Folktales. A Classification and Bibliography Based on the System of Antti Aarne and Stith Thompson*, I–III (FFC 284–285). Helsinki: Suomalainen Tiedeakatemia.

Uther, Hans-Jörg. 2008. *Handbuch zu den ‚Kinder- und Hausmärchen' der Brüder Grimm. Entstehung, Wirkung, Interpretation*. Berlin/New York: Walter de Gruyter.

Van der Vet, Wouter Antonie. 1902. *Het Biënboec van Thomas van Cantimpré en zijn exempelen*. s'Gravenhage: Martinus Nijhoff.

Vansteenberghe, E. 1935. ‚Gerson à Bruges', *Revue d'Histoire Ecclésiastique* 31: 5–52.

Verdam, Jacob. 2002. *Middelnederlandsch handwoordenboek*. Nachdruck der Ausgabe 1932. s'Gravenhage: Martinus Nijhoff.

Wagner, Andreas. 1996. ‚Gattung und ‚Sitz im Leben'. Zur Bedeutung der formgeschichtlichen Arbeit Hermann Gunkels (1862–1932) für das Verstehen der sprachlichen Größe ‚Text''. In: Susanne Michaels/Doris Thopinke (Hrsg.), *Texte – Konstitution, Verarbeitung, Typik* (Edition Linguistik 13). München/Newcastle: Licom Europa, pp. 117–129.

Wagner, Heinrich. 2001. ‚Ludwig Bechstein als Historiker'. In: *Ludwig Bechstein. Dichter, Sammler, Forscher. Festschrift zum 200. Geburtstag*. Hrsg. im Auftrag des Ludwig-Bechstein-Kuratoriums durch das Hennebergische Museum Kloster Veßra, Bd. 1 (Südthüringer Forschungen, 31.1; Jahrbuch 2001 des Hennebergisch-Fränkischen Geschichtsvereins, 16.1). Kloster Veßra/Meiningen/Münnerstadt: Hennebergisch-Fränkischer Geschichtsverein, pp. 21–32.

Walker, Jill. 2005. ‚Blog (Weblog)'.
In: David Herman, Manfred Jahn & Marie-Laure Ryan (Hrsg.), *Routledge Encyclopedia of Narrative Theory*. London/New York: Routledge, p. 45.

Webseitenreferenzen:
http://deambarino.bavarian-petcare.com
http://forum.yellopet.de
http://forum.zooplus.de/
http://gedankenfluestern.blog.de: Abbildung ‚Metal Rock'-Engel auf Inlinern bei Abfahrt an Kirchturm. Urheber unbekannt. Oktober 2007.
http://hospizbewegung-geseke.de
http://www.hilfsmittelservice.de
http://www.stillgeboren.de
http://www.totgeburt.net

Wegehaupt, Heinz. o. J. [nach 1981]. *Hundert Illustrationen aus zwei Jahrhunderten zu Märchen der Brüder Grimm*. Hanau: Dausien.

Weiser, Artur (Übs.). 1955. *Das Alte Testament Deutsch*, 14/15: *Die Psalmen*. Berlin: Evangelische Verlagsanstalt.

Wensinck, Arent Jan. 1915. ‚Über das Weinen in den monotheistischen Religionen Vorderasiens'. In: Gotthold Weil (Hrsg.), *Festschrift für Eduard Sachau zum siebzigsten Geburtstag gewidmet von Freunden und Schülern*. Berlin: Reimer, pp. 26–35.

Wichert, Adalbert. 2004. ‚Sprachdidaktische Überlegungen zu Definition, Beschreibung und Bewertung von Hypertexten'. In: Berthold Metz, Joachim Pfeiffer, Michael Staiger & Adalbert Wichert, *Lesen, Schreiben und Kommunizieren im Internet. Theorie und Praxis teilvirtueller Hochschullehre.* Herbolzheim: Centaurus, pp. 43–70.

Wilgus, Donald Knight. 1973. ‚The Text Is the Thing', *Journal of American Folklore* 86: 241–252.

Wimpfeling, Jakob & Beatus Rhenanus. 1970. *Das Leben des Johannes Geiler von Kaysersberg* (Jacobi Wimpfelingi Opera selecta, 2, 1). Hrsg. v. Otto Herding unter Mitarbeit v. Dieter Mertens. München: Fink.

Witkowski, Georg. 1909/1994. *Geschichte des literarischen Lebens in Leipzig.* Nachdruck der Orig.-Ausg. Leipzig und Berlin. München [etc.]: K. G. Saur.

Wolf, Johann Wilhelm. 1843a. *Niederländische Sagen*. Leipzig: F. A. Brockhaus.

Wolf, Johann Wilhelm (Hrsg.). 1843b. *Wodana. Museum voor Nederduitsche Oudheidskunde,* II. Gent: C. Annoot-Braeckman.

Wolf, Johann Wilhelm. 1845. ‚Mutterthränen', *Deutsche Märchen und Sagen.* Leipzig: F. A. Brockhaus

Wright, William. 1871. *Catalogue of Syriac Manuscripts in the British Museum Acquired since the Year 1838*, 2. London: Longman.

Wustmann, Rudolf. 1926. *Musikgeschichte Leipzigs*, 1: *Bis zur Mitte des 17. Jahrhunderts.* 2. unveränd. Aufl., Leipzig: Fr. Kistner & C. F. W. Siegel.

Yokota, Shinobu. 2004. ‚Die Überlieferung des ‚Tränenkrüglein'-Motivs', *Academia Literature and Language* (Nanzan University, Nagoya) 75: 63–81 (in Japanisch, mit deutscher Kurzfassung).

Zumthor, Paul. 1990. *Einführung in die mündliche Dichtung.* Berlin: Akademie Verlag.

Register